FRASER VALLEY REGIONAL LIBRARY

MW01686329

Laura Baldini

Aspergers Schüler

Laura Baldini

ASPERGERS SCHÜLER

Roman

PIPER

Mehr über unsere Autorinnen, Autoren und Bücher:
www.piper.de

Wenn Ihnen dieser Roman gefallen hat, schreiben Sie uns unter Nennung des Titels »Aspergers Schüler« an *empfehlungen@piper.de*, und wir empfehlen Ihnen gerne vergleichbare Bücher.

Inhalte fremder Webseiten, auf die in diesem Buch hingewiesen wird, macht sich der Verlag nicht zu eigen und übernimmt dafür keine Haftung. Wir behalten uns eine Nutzung des Werks für Text und Data Mining im Sinne von § 44 b UrhG vor.

Von Laura Baldini liegen im Piper Verlag vor:
In der Reihe »Bedeutende Frauen, die die Welt verändern«:
Lehrerin einer neuen Zeit (Maria Montessori)
Ein Traum von Schönheit (Estée Lauder)
Der strahlendste Stern von Hollywood (Katharine Hepburn)

Unser Versprechen für mehr Nachhaltigkeit
Klimaneutrales Produkt
FSC®-zertifiziertes Papier
Hergestellt in Deutschland

FSC
www.fsc.org
MIX
Papier | Fördert gute Waldnutzung
FSC® C014496

ISBN 978-3-492-07185-7
4. Auflage 2024
© Piper Verlag GmbH, München 2023
Redaktion: Dr. Annika Krummacher
Satz: Satz für Satz, Wangen im Allgäu
Gesetzt aus der Adobe Devanagari
Druck und Bindung: GGP Media GmbH, Pößneck
Printed in Germany

HEILPÄDAGOGISCHE ABTEILUNG
DER UNIVERSITÄTSKINDERKLINIK, WIEN 1932

ERICH

Der Stuhl steht in der Mitte des Raums. Sie können mich alle beobachten. Ich weiß nicht, wie viele es sind, denn ich kneife die Augen zusammen. Meine Muskeln sind steinhart und tun weh. Schon beginnt mein Bein zu wippen. Das tut es immer, wenn ich nervös bin, und ich presse die Hand aufs Knie, damit es aufhört, aber es nützt nichts.

Ich öffne die Augen ein ganz kleines bisschen und schaue heimlich in das Gesicht des Mannes, der vor mir sitzt. Er trägt einen weißen Kittel, also ist er ein Arzt. Sein Gesicht ist schmal, auf der Nase sitzt eine kleine Brille, und das kurze Haar kringelt sich an den Schläfen. Er wirkt angespannt, seine Muskeln sind ebenso hart wie meine. So etwas erkenne ich sofort. Es hilft mir, die Menschen besser einzuordnen. Er schaut mich an wie ein Bauer seine kranke Kuh. Da beginnt mein rechtes Auge zu zucken.

Wenn ich mich jetzt nicht konzentriere, verliere ich den Halt. Dann muss ich aufspringen, schreien und mit den

Fäusten gegen meine Schläfen trommeln. Was dann passiert, weiß ich. Sie stürzen sich auf mich und greifen nach mir, zwängen mich in eine Jacke und binden die langen Ärmel am Rücken zusammen. Das letzte Mal haben sie mir dabei ein Stück von einem Schneidezahn ausgeschlagen. Dabei war mir der Zahn erst vor ein paar Monaten gewachsen. Seither fahre ich ständig mit der Zunge über die scharfe Kante – so lange, bis die Zunge blutet. Die Jacke ist eine unendliche Qual. Ich habe Angst, darin zu ersticken. Allein beim Gedanken daran bricht mir kalter Schweiß aus.

Ich atme flacher und beginne, in Gedanken Zahlenreihen zu bilden. Bei jeder ungeraden Zahl zähle ich drei dazu, und von jeder geraden Zahl ziehe ich eins ab. Woher ich das kann, weiß ich nicht. Es war einfach da. Ich habe immer schon alles gezählt. Wenn ich das tue, verschwindet manchmal die Angst, und ich kann die Fragen meines Gegenübers beantworten.

Doch heute klappt es mit dem Zählen nicht. Der Raum fühlt sich an wie eine Blase, in der ich haltlos hin und her schlittere. Die Stimmen der Menschen verschwimmen zu einem Brei. Keines ihrer Worte erreicht mich. Sie bleiben wie ungeordnete Silbenreihen in der Luft hängen.

Ich öffne die Augen. Das Licht ist viel zu grell. Es brennt auf meiner Haut wie Feuer. Ich will mich kratzen, weiß aber, dass ich das nicht darf. Die Stelle am Handgelenk ist vom letzten Mal noch blutig. Solange ich den Arzt anschaue, behalte ich die Kontrolle. Sein Gesicht ist ruhig. Er richtet seine Aufmerksamkeit auf mich, ohne mir dabei direkt in die Augen zu schauen. Weiß er, wie ich mich fühle? Seine Worte an mich sind sachlich. Keine gebrüllten Befehle oder Schimpftiraden, wie ich sie sonst oft zu hören bekomme.

»Wir nehmen den Jungen auf die Station auf.«

Redet er über mich? Irgendjemand antwortet ihm. Eine Frau? Oder doch ein Mann? Mein Herz rast. Es sind zu viele Fremde im Raum.

»Er ist ein autistischer Psychopath.«

Die Worte kommen mir vertraut vor. Ich habe sie schon mal gehört, kann mit ihnen aber nichts anfangen.

Auf einmal tritt jemand von der Seite auf mich zu und fasst mir an die Schulter. Viel zu schnell, viel zu nah. Schreiend springe ich auf. Alle Bemühungen waren umsonst. Die Farben um mich herum explodieren. Ein wildes Durcheinander. Keine Ordnung mehr. Die Worte verwandeln sich in sinnlose Fetzen, die an meinen Ohren vorbeirasen. Selbst die Äußerungen des Arztes, die ich eben noch verstanden habe, sind nur noch Lärm. Ich balle meine Hände zu Fäusten, will sie gegen die Schläfen schlagen, um den vertrauten Schmerz zu spüren. Um sicherzugehen, dass ich am Leben bin und mich nicht in der Leere auflöse.

Da fällt mein Blick auf die Jacke. Ich winde mich, will weglaufen. Ich beiße zu. Keine Ahnung, wen ich erwische. Jemand schlägt mir ins Gesicht. Dann spüre ich, wie meine Hände in die Jacke geschoben werden. Es ist zu spät. Es gibt kein Entkommen.

WIEN 1986

SARAH

Dicke Regentropfen klatschten an das staubige Fenster des winzigen Büros und liefen an der Scheibe entlang. Sollte der Regen irgendwann aufhören, würden hässliche Schlieren zurückbleiben. Doch im Moment war kein Ende des nassen Wetters in Sicht.

Sarah war Regen gewöhnt, sie hatte die achtundzwanzig Jahre ihres bisherigen Lebens in Gloucester verbracht, und im Südwesten Englands standen oft heftige Schauer und Nieselregen auf der Tagesordnung. Sie hatte gehofft, dass das Wetter in Wien besser sein würde. In ihrem Reiseführer hatte gestanden, dass die durchschnittliche Anzahl von Regentagen im September acht betrug. Diese Zahl war längst überschritten.

Seit zwei Wochen war Sarah nun schon in der Stadt des Walzers und der Kaffeehäuser und hatte die Sonne nur ein einziges Mal zu Gesicht bekommen. Gerade als sie auf dem Turm des Stephansdoms gestanden und über die Stadt geschaut hatte, war es ein paar zaghaften Sonnenstrahlen gelungen, die graue Wolkendecke zu durchbrechen. Sofort hatten die nassgrünen Dächer zu leuchten begonnen und in Sarah eine Vorstellung davon geweckt, wie Wien an einem warmen Herbsttag aussehen könnte. Doch schon während sie die enge Wendeltreppe hinuntergeklettert war, hatte sich der Himmel wieder zugezogen. Als sie auf die Straße hinaustrat, wäre sie beinahe in einen jungen Mann hineingelaufen. Statt ungehalten zu sein, hatte er ihr ein warmes, gewinnendes Lächeln geschenkt. Zu gerne hätte sie ihn in ein Gespräch verwickelt, aber er war genauso rasch, wie sich die Sonne verflüchtigt hatte, wieder aus ihrem Blickfeld verschwunden.

Bei dem schlechten Wetter hätte Sarah sich ganz auf ihre eigentliche Aufgabe konzentrieren können. Schließlich war ihr Aufenthalt in Wien kein Urlaub, sondern ein Forschungsaufenthalt. Von der Begeisterung, die sie beim Abschied von ihrer Mutter in Heathrow verspürt hatte, war nur wenig übrig geblieben.

»Warum ausgerechnet Wien?«, hatte ihre Mutter sie gefragt, als sie ihr das erste Mal von ihren Plänen erzählt hatte. »Du könntest doch nach Bremen oder Hamburg gehen. Dort haben wir Verwandte und Freunde. Meinetwegen auch nach Heidelberg, die Stadt hat eine hervorragende Universität.«

Sarahs Mutter stammte aus einer kleinen Ortschaft in der Nähe von Bremen, weshalb ihre Tochter akzentfrei Deutsch sprach. Emilia Winter war vor dreißig Jahren der Liebe wegen nach England gezogen, und nachdem die Ehe mit Colin Albright in die Brüche gegangen war, hatte sie sich entschieden, der Kinder wegen in Gloucester zu bleiben.

»Wie soll ich denn in Heidelberg oder Hamburg zu Hans Asperger forschen?«, hatte Sarah entgegnet. »Der Mann hat in Wien gearbeitet und dort auch seine Arbeiten veröffentlicht.«

Beim Abschied hatte ihre Mutter sie in den Arm genommen und so fest an sich gedrückt, als würde sie nach Papua-Neuguinea auswandern und nicht bloß für ein halbes Jahr nach Wien gehen. »Pass gut auf dich auf«, hatte sie geschnieft und dann all die guten Ratschläge wiederholt, die sie ihr schon in den letzten Wochen mitgegeben hatte. Sarah hatte alles geduldig über sich ergehen lassen.

»Sag Harry, dass ich ihm eine Postkarte aus dem Zoo in Schönbrunn schreiben werde. Ich suche nach einer Karte mit Pinguinen«, hatte Sarah gesagt. »Und wenn es keine gibt, werde ich ihm eine zeichnen.« Dann hatte sie sich aus der Umarmung ihrer Mutter gelöst und war zum Gate geeilt.

»Träumst du mit offenen Augen?«

Sarah zuckte zusammen. Vor ihr im Büro stand Johannes, der Assistent, mit dem sie das Zimmer teilte und der sich während ihres Aufenthalts um sie kümmern sollte. Der Professor, der eigentlich dafür bezahlt wurde, hatte keine Zeit für ausländische Studenten, die an ihren Doktorarbeiten schrieben.

»Ich bin mit meinen Gedanken wohl etwas abgedriftet«, gab Sarah zu. Sie richtete sich auf und legte den Kopf in den Nacken, denn Johannes war mindestens zwei Meter groß. Auf der spitzen Nase saß eine runde Metallbrille. Heute trug er ein türkisfarbenes Hemd mit einem schicken Palmenmuster. »Kommst du mit in die Mensa?«, wollte er wissen.

Sarah schob die Bücher, die sie sich gestern in der Institutsbibliothek ausgeliehen hatte, zur Seite. »Gern.«

»Dann lass uns gehen«, meinte Johannes.

Über einen fensterlosen Gang liefen sie zum Treppenhaus. Der Aufzug, ein quietschender Paternoster, war ständig überfüllt. Sarah fuhr nicht gerne damit. Sie hatte ständig Angst, den Ausstieg zu verpassen und zu spät aus der Kabine zu springen. Und sie wäre keineswegs die Erste gewesen, die sich dabei verletzte. Erst letzte Woche war eine Studentin mit einem gebrochenen Knöchel und aufgeschlagenen Knien ins Krankenhaus gebracht worden.

Seit ihrem ersten Tag im NIG fragte sich Sarah, warum der Bau »Neues Institutsgebäude« hieß, denn er war dreckig und heruntergekommen. Die Wände in den Fluren und im Treppenhaus waren mit Plakaten gepflastert: Werbung für Restaurants und Kaffeehäuser, Ankündigungen für Vorträge und Theateraufführungen, aber auch politische Botschaften. Johannes hatte ihr erklärt, dass die Parteien ihre Kandidaten für die bevorstehenden Nationalratswahlen bewarben.

»Das hängt aber schon länger hier«, meinte Sarah und deutete auf ein Plakat mit dem Slogan *Jetzt erst recht* und einem Hinweis auf eine Wahl am 8. Juni.

»Das sind ja auch die Reste der Bundespräsidentenwahl«, erklärte Johannes. »Nachdem die ganze Welt darüber entsetzt war, dass Kurt Waldheim Mitglied der SS war, fiel der Volkspartei kein besserer Slogan ein, um ihre Wähler davon zu überzeugen, jetzt erst recht für Waldheim zu stimmen.«

»Und das hat gewirkt?«, fragte Sarah ungläubig.

»Wie du siehst. Kurt Waldheim ist in der Stichwahl zum

Präsidenten gewählt worden. Und jetzt hat Österreich einen Präsidenten, der nur noch von Diktatoren empfangen wird und in den USA auf der Watchlist steht.«

Johannes lief weiter die Treppe hinunter, und Sarah folgte ihm. Sie würde bei anderer Gelegenheit nachfragen, was es genau mit der Waldheim-Affäre auf sich hatte.

Die Mensa befand sich im Untergeschoss. Schon auf dem Gang duftete es verführerisch. So mitgenommen und schäbig das Gebäude auch sein mochte – das Essen in der Mensa war köstlich. Selbst in den teuren Innenstadtlokalen von Gloucester bekam man selten Gerichte von dieser Qualität.

»Ich beneide euch um diese Mensa«, meinte Sarah.

»Heute gibt es Buchteln, die sind ganz in Ordnung«, entgegnete Johannes. »Aber sonst ist das Essen ein Fraß. Bei jedem Würstlstand in der Stadt kriegt man etwas Besseres.«

Sarah wollte widersprechen, doch sie behielt ihre Bemerkung lieber für sich. Johannes machte sich gerne über sie lustig, und sie wollte auf keinen Fall die Vorurteile über die britische Küche weiter befeuern.

In einer Ecke des riesigen Saals fanden sie einen Vierertisch, der bloß von einem jungen Mann besetzt war. Johannes ging zielstrebig auf ihn zu.

»Ist hier noch frei?«

»Nur zu.« Der Angesprochene blickte kurz von seinem Teller hoch und widmete sich dann wieder den Unterlagen, die neben ihm auf dem Tisch lagen. Er hatte struppiges, blondes Haar, das ihm unordentlich in die Stirn fiel, und trug ein dunkles Poloshirt. Eine abgewetzte Lederjacke hing über seiner Stuhllehne.

»Soll ich dir eine Portion Buchteln mitnehmen?«, fragte Johannes. »Dann kannst du die Plätze für uns besetzen.«

»Ja bitte«, sagte Sarah. »Und eine Packung Lattella.«

»Trinkst du eigentlich noch etwas anderes?«, fragte Johannes belustigt.

»Ich hätte nie gedacht, dass ein Abfallprodukt der Milchproduktion so gut schmecken kann«, sagte Sarah. Sie liebte das süße Molkegetränk, das es zu Hause nicht gab.

Kaum hatte Johannes sich auf den Weg zur Essensausgabe gemacht, warf ihr der Blonde einen neugierigen Blick zu.

»Kennen wir uns?«, fragte er.

Und plötzlich fiel Sarah ein, wo sie ihn schon einmal gesehen hatte.

»Ich hätte dich neulich am Stephansdom beinahe umgelaufen«, sagte sie.

»Ja, richtig! Ich erinnere mich.« Da war wieder dieses gewinnende Lächeln. »Bist du aus Deutschland?«

»Nein, aus England, Gloucester.«

»Und warum redest du dann wie ein Piefke?« Auf seiner rechten Wange bildete sich ein Grübchen. Er schien sich gerade über sie lustig zu machen.

»Ich habe keine Ahnung, was ein Piefke ist«, meinte Sarah irritiert. »Aber meine Mutter stammt aus Deutschland.«

»War das der Grund, warum du auf den Südturm geklettert bist? Sightseeing?«

»Ich muss gestehen, dass der Dom das einzige Wahrzeichen ist, das ich bis jetzt besichtigt habe.«

»Das kann nicht sein!« Mit gespielter Empörung richtete er sich auf. »Das muss dringend geändert werden. Die Stadt hat viel mehr zu bieten.«

»Bestimmt. Leider hatte ich bisher keine Zeit.«

»Zeit nimmt man sich«, meinte er. »Was kann so wichtig sein, dass du keine Zeit hast, dich ein paar Stunden in der Stadt umzusehen?«

»Meine Doktorarbeit.«

»Welche Studienrichtung?«

»Psychologie.«

»Oje.« Er verzog leidend den Mund. »Eine von denen, die glauben, den Menschen auf den Grund der Seele schauen zu können?«

»Nein«, sagte Sarah. »Wie kommst du auf die Idee?«

»Die meisten Psychologiestudenten, die ich kenne, haben dieses Fach gewählt, weil sie sich entweder selbst heilen wollen oder sich erhoffen, alle anderen Menschen entschlüsseln zu können. Aber das ist bestimmt ein Vorurteil. Bitte entschuldige.«

»Schon gut«, meinte Sarah. »Wir sind alle nicht gegen Vorurteile gefeit.«

»Welches Thema erforschst du?«, fragte er.

»Ich beschäftige mich mit Autismus. Genauer gesagt mit der Entdeckung des Autismus durch den Wiener Arzt Dr. Hans Asperger.«

»Das ist ja interessant. Ist das eine Krankheit?«

»Autismus ist eine Behinderung.«

»Wo ist der Unterschied?«

»Eine Krankheit ist im Idealfall heilbar, die Behinderung nur therapierbar.«

»Guter Gedanke«, meinte er. »Darüber habe ich noch nie nachgedacht.«

»Das tun die wenigsten Menschen«, sagte Sarah. »Und mit Autismus beschäftigt man sich wohl auch nur als Forscher oder als Betroffener. Was studierst du eigentlich?«

»Publizistik. Wobei ich hoffe, dass ich mich nicht bis zum Ende durchs Studium quälen muss, sondern vorher schon einen Job als Journalist bekomme.« Er lachte. Es klang ansteckend und herzlich. Dabei schlug er das Heft, das vor ihm lag, zu. »Im Moment arbeite ich an einem Artikel über den Spiegelgrund.«

»Spiegelgrund? Was ist das?«

Er griff nach seiner Kaffeetasse und nahm den letzten Schluck. Etwas zu schwungvoll stellte er sie zurück auf die Untertasse, und der Löffel schlug klirrend gegen den Rand. »Eine ganz spezielle Kinderklinik.«

»Inwiefern speziell? Hat man dort zu bestimmten Themen geforscht?«

»Geforscht?« Er zog erstaunt die Augenbrauen hoch, doch noch bevor er eine Erklärung abgeben konnte, kam Johannes zurück.

»Einmal Buchteln mit Vanillesoße und eine Packung Lattella.«

Er stellte das Tablett auf den Tisch und ließ sich selbst auf einen Stuhl plumpsen.

Der Publizistikstudent griff nach seinen Unterlagen und stopfte sie in eine speckige Ledertasche, die er vom Boden aufhob. Gleich mehrere bunte Sticker klebten darauf. *Stoppt den Kraftwerksbau!*, las Sarah. Auf anderen stand: *Rettet die Au!* und *Hainburg.*

»Ich würde mich gerne länger mit dir unterhalten«, sagte er. »Leider muss ich jetzt los. Bestimmt sieht man sich wieder. Die Uni ist klein.« Er stand auf. »Ich heiße übrigens Stefan.« Er streckte ihr die Hand entgegen.

Sarah ergriff sie. Seine Finger waren kräftig und warm. »Sarah.«

»Freut mich, bis bald.« Er strich sich die blonden Strähnen aus der Stirn, dann ging er mit beschwingten Schritten zum Ausgang.

Johannes starrte ihm düster nach. »Was war das denn für ein eingebildeter Heini?«

»Stefan, ein Publizistikstudent«, sagte Sarah. Sie fand nicht, dass er eingebildet wirkte. Ganz im Gegenteil – er kam ihr sympathisch vor und war zudem ziemlich gut aussehend. Aber das wollte sie auf keinen Fall mit Johannes erörtern.

»Er schreibt über den Spiegelgrund«, sagte sie stattdessen. »Hast du davon schon mal gehört?«

»Neulich war ein Artikel in der Zeitung. Aber ich muss gestehen, dass ich ihn nur überflogen habe. Nach der ganzen Waldheim-Geschichte habe ich im Moment genug von der Vergangenheit. Es gibt ja auch noch andere Themen. Außerdem solltest du nicht alles glauben, was Typen wie dieser Stefan erzählen.«

»Wieso?«

»Sie bauschen winzige Dinge zu riesigen Themen auf. Blender, die große Worte schwingen. Aber außer heißer Luft steckt nicht viel dahinter. Der Typ ist in unserem Alter und hat anscheinend nicht einmal einen Magister in der Tasche.«

Sarah fand Johannes' harsche Kritik nicht angebracht. Schließlich wussten weder er noch sie, wie lange Stefan schon studierte oder warum er womöglich länger für sein Studium gebraucht hatte. Sie zog den Teller näher zu sich, griff nach der bunten Lattellapackung und ertappte sich bei der Hoffnung, Stefan schon recht bald wieder über den Weg zu laufen.

Als sie abends das Universitätsgebäude verließ, lag eine Mappe voller Kopien in ihrer Umhängetasche. Den halben Nachmittag hatte sie am Kopierer verbracht und Abzüge von Fachliteratur gemacht. Es war spät geworden und dämmerte bereits. Langsam ratterte die Straßenbahn stadtauswärts, Richtung Neustift am Walde. An der Endhaltestelle stieg Sarah aus und lief eine schmale Straße entlang, die einen kleinen Hügel hinaufführte. Als sie an einer öffentlichen Telefonzelle vorbeikam, stellte sie schuldbewusst fest, dass sie wieder vergessen hatte, eine Telefonwertkarte zu kaufen. Mit den wenigen Schillingmünzen, die sie in ihrer Geldbörse hatte, würde sie gerade »Hallo« und »Wie geht es dir?« zu ihrer Mutter sagen können, ehe die Verbindung wieder abbräche. Die Telefonate nach England waren unverschämt teuer. Sie nahm sich vor, am nächsten Tag eine Karte zu erstehen, am besten mit einem Guthaben von mindestens fünfzig Schilling, damit sie ihrer Mutter von ihren ersten Tagen in Wien erzählen konnte.

Vielleicht würde sie hinterher auch Benedict anrufen. Doch schon im nächsten Moment verwarf sie den Gedanken wieder. Sie würde ohnehin nur zu seiner Sekretärin Mrs Summer durchkommen, die sie so lange in der Warteschleife hängen lassen würde, bis das Guthaben aufgebraucht war. Zu Hause durfte Sarah den Professor für englische Literatur nicht anrufen. Die Gefahr, dass seine Frau oder eines seiner pubertierenden Kinder ans Telefon ging, war zu groß.

Sarah versuchte, Benedict wieder aus ihren Gedanken zu verbannen. Die unglückliche Beziehung zu ihm war ein weiterer Grund dafür gewesen, nach Wien zu gehen. Sie brauchte Abstand, um in Ruhe nachzudenken, und zwar mit absoluter Benedict-Abstinenz.

Inzwischen hatte sie ihr Ziel erreicht. Vor ihr ragte die Jugendstilvilla auf, in der sie ein Zimmer gemietet hatte. Das Gebäude hatte schon bessere Tage gesehen. Überall blätterte der Putz von den Außenwänden, in den Ecken der hübschen Erker bildete sich Schimmel, und das Geländer des Balkons war ebenso verrostet wie das quietschende Gartentor, das Sarah jetzt öffnete. Bestimmt saß Fräulein Weichsel, Sarahs Vermieterin, in ihrem Wintergarten und beobachtete, wie sie durch den verwilderten Garten zur Haustür ging.

Gleich bei ihrer Ankunft hatte Sarah sich in diesen Ort verliebt. Seit Jahren schienen hier die Pflanzen wachsen zu dürfen, wie es ihnen gefiel. Nur der Rasen wurde von Zeit zu Zeit gemäht. Die knorrigen Äste der Apfelbäume bogen sich unter den reifen Früchten, und wilde Rosenbüsche rankten am Gartenschuppen empor. Manchmal hörte sie abends einen Igel in der dichten Hecke schnaufen, und es hätte sie nicht gewundert, wenn dort auch andere Wildtiere wohnten. Es war ein verwunschenes Paradies, das zum Spinnen fantastischer Geschichten einlud. Sarah war in einer winzigen Wohnung einer Sozialsiedlung am Rand von Gloucester aufgewachsen und hatte immer von so einem Garten geträumt.

Sie betrat das Haus durch den Vordereingang. Da ihre Vermieterin die Tür erst spätabends absperrte, bevor sie schlafen ging, musste Sarah keinen Schlüssel herauskramen.

Wie erwartet, hatte Fräulein Weichsel sie kommen sehen. »Guten Abend«, rief sie aus dem Wintergarten.

Sarah war ihre einzige Mieterin. Die alte Dame hatte sie auf Anhieb in ihr Herz geschlossen und umgekehrt. Sie bestand darauf, als Fräulein angesprochen zu werden, da sie nie verheiratet gewesen sei. »Das war mir leider nicht vergönnt«, hatte sie gleich am ersten Abend traurig gesagt und damit zugleich signalisiert, dass sie nicht mehr erzählen wollte. Sarah vermutete, dass ihr Liebster im Krieg gefallen war, denn im Esszimmer hing eine alte Sepiafotografie eines hübschen jungen Mannes. Dieses Zimmer war wie die meisten anderen im Haus ungenutzt. Fräulein Weichsel aß ausschließlich in der Küche und verbrachte den Großteil des Tages im Garten oder im Wintergarten.

»Haben Sie schon gegessen?«, erkundigte sich Fräulein Weichsel. Die Verpflegung war keineswegs Bestandteil des Mietvertrags, aber die alte Dame lud Sarah jeden Abend zum Essen ein. Sie war eine hervorragende Köchin und hatte es sich zur Aufgabe gemacht, Sarah die österreichische Küche näherzubringen.

»Nein, noch nicht.«

»Ich habe Krautfleckerl gemacht. Kennen Sie die?«

Sarah verneinte. Aber dem Geruch nach zu urteilen würde es wie immer köstlich schmecken.

Sie hängte ihre Regenjacke auf und folgte Fräulein Weichsel in die Küche. Hier schien die Zeit stehen geblieben zu sein. In einer weißen Anrichte standen Teller, Tassen und Gläser, die so aussahen, als stammten sie aus dem vorigen Jahrhundert. Auf einer gemütlichen Eckbank lag eingerollt der Kater Moritz, der den ganzen Tag zu verschlafen pflegte. Als Sarah die Küche betrat, hob er träge den Kopf, nur um ihn wieder sinken zu lassen und weiterzuschlafen. Vor einem Herd, den man mit Holz befeuerte und der gleichzeitig den Raum beheizte, stand Fräulein Weichsel und rührte in einer schwarzen, gusseisernen Pfanne.

»Setzen Sie sich.« Die alte Frau trug eine geblümte Schürze über einem braunen Kleid und hatte das graue Haar zu einem ordentlichen Knoten frisiert. Der einzige Schmuck, den sie angelegt hatte, war eine goldene Kette mit einem ovalen Anhänger, den man aufklappen konnte. Beim Kochen verstaute sie den Anhänger unter ihrer Bluse, damit er nicht im Weg war.

»Hatten Sie einen erfolgreichen Tag an der Universität?«

»Ich denke schon«, wich Sarah aus. Sie wusste nicht, ob das Kopieren von Fachliteratur wirklich als Erfolg zu verbuchen war.

Fräulein Weichsel nahm die Pfanne vom Herd und trug sie zum Tisch. Jetzt erst sah Sarah, dass bereits für zwei gedeckt war. Ihre Vermieterin hatte mit dem Essen auf sie gewartet. Sarah setzte sich auf die Bank neben Moritz, der laut schnurrte, sich aber keinen Millimeter bewegte.

Fräulein Weichsel stellte die dampfenden Krautfleckerl auf dem Tisch ab und nahm ebenfalls Platz, ehe sie das Essen auf die beiden Teller verteilte.

»Haben Sie neue Menschen kennengelernt?«, erkundigte sich Fräulein Weichsel wie jeden Abend.

»Ja, ich habe mich in der Mensa ein bisschen mit einem Studenten unterhalten.«

»Aha.« Fräulein Weichsel hob neugierig den Kopf. »Es freut mich, dass Sie endlich soziale Kontakte knüpfen. Bis jetzt sind Sie ja bloß in Ihrem Zimmer gehockt, oder Sie haben gearbeitet.«

Sarah musste schmunzeln, dass Fräulein Weichsel sich wegen ihres Mangels an sozialen Kontakten sorgte, während sie selbst ihr Haus nur verließ, um einkaufen zu gehen. Die Vermutung ihrer Vermieterin, dass sie ständig am

Schreibtisch saß, stellte Sarah lieber nicht richtig. In Wirklichkeit fiel es ihr schwer, sich auf ihre Arbeit zu konzentrieren, seit sie in Wien angekommen war.

»Und welche Fachrichtung hat dieser Student belegt?«, wollte Fräulein Weichsel wissen.

»Er möchte Journalist werden und schreibt gerade an einem Artikel, von dem er mir erzählt hat.«

»Interessant. Worüber denn?«

Sarah musste nachdenken. Was hatte Stefan noch gesagt?

»Über eine Kinderklinik. Ich kann mich an den Namen aber nicht mehr erinnern.«

»Na, macht nichts. Sie werden schon wieder darauf kommen.«

»Bestimmt«, meinte Sarah. Ihr fiel ein, dass sie Fräulein Weichsel nach der Waldheim-Affäre fragen könnte. Sie hatte gar nicht mehr daran gedacht, Johannes in der Mensa noch einmal darauf anzusprechen.

»Was hat es eigentlich mit dieser Waldheim-Affäre auf sich?«, fragte sie. »Ich habe das von England aus nicht so genau verfolgt.«

»Ach, die ganzen Diskussionen über unseren Bundespräsidenten haben viel Staub aufgewirbelt«, sagte Fräulein Weichsel ungewohnt streng. »Die Zeitungen waren voll mit alten Nazigeschichten, die längst vergessen waren. Sobald man den Fernseher aufgedreht hat, wurde über den Krieg geredet. Ich will das alles nicht mehr hören. Ich habe genug davon. Das Thema muss irgendwann einmal abgeschlossen werden.«

»Denken Sie nicht, dass es wichtig ist, sich mit seiner eigenen Vergangenheit auseinanderzusetzen?«, fragte Sarah vorsichtig.

»Nein«, antwortete ihre Vermieterin ungehalten. »Der Krieg ist lange vorbei, Gott sei Dank.« Sie stach energisch mit ihrer Gabel nach einem Krautfleckerl. Zum ersten Mal, seit Sarah in der Villa wohnte, verhielt sich die alte Dame ihr gegenüber abweisend. Sie hatte eindeutig signalisiert, dass das Thema für sie beendet war. Sarah fing ebenfalls zu essen an.

Eine Weile schwiegen beide. Sarah fragte sich, warum Fräulein Weichsel so harsch reagiert hatte, und um die Stimmung zu heben, bemerkte sie: »Die Krautfleckerl sind wirklich himmlisch.«

Fräulein Weichsel lächelte versöhnlich. »Ein Rezept meiner Mutter. Sie war Köchin in einem großen Haushalt auf der Ringstraße.«

»Und welchem Beruf ging Ihr Vater nach?«

»Er war Schuhmacher, starb aber im Ersten Weltkrieg.«

»Das tut mir leid«, sagte Sarah.

Sie fragte sich, wie es kam, dass die Tochter einer alleinerziehenden Köchin in einer Jugendstilvilla wohnte. Denn trotz seiner Baufälligkeit war das Haus mit Sicherheit ein kleines Vermögen wert.

Der Rest des Abendessens verlief unter Schweigen. Sarah gelang es nicht, das Gespräch erneut in Gang zu bringen.

Erst beim gemeinsamen Abwasch fingen sie wieder zu plaudern an. Fräulein Weichsel meinte, das Wetter in den nächsten Tagen solle besser werden, und sie könne dann endlich die Nüsse, Äpfel und Birnen im Garten ernten.

Als Sarah sich in ihr Zimmer zurückzog, war alles wieder friedlich, wie gewohnt.

Nach der lauwarmen Dusche wickelte sich Sarah zuerst in einen flauschigen Bademantel und dann zusätzlich in eine dicke Wolldecke. Auch der alte Boiler im Badezimmer bedurfte einer Sanierung. Beim Aufdrehen des Wasserhahns rumpelte und krachte er, als würde er jeden Moment explodieren. An die seltsamen Geräusche konnte Sarah sich gewöhnen, an die kühlen Wassertemperaturen nicht.

»Kaltes Wasser hält frisch und jugendlich«, hatte Fräulein Weichsel behauptet. Auf sie selbst schien das zuzutreffen. Ihre Haut hatte wenig Falten, und die alte Dame war körperlich noch so rüstig, dass sie problemlos auf hohe Leitern steigen konnte, um Obst zu ernten.

Sarah setzte sich an den Schreibtisch, ein wunderschönes, altes Möbelstück mit unzähligen Schubladen und Fächern. Gerne hätte sie so einen Tisch zu Hause in Gloucester gehabt. Aber zum einen waren Antiquitäten sündhaft teuer, zum anderen würde der Tisch in ihrem winzigen Wohnzimmer wie ein Eindringling aus einer anderen Welt aussehen. Sie musste sich wohl weiterhin mit dem kleinen Tisch der Billigmöbelkette aus Schweden begnügen.

Sarah zog die Decke enger um ihre Schultern und widmete sich den kopierten Unterlagen. Hoffentlich kam niemand im Institut dahinter, wie viele Seiten es waren. Gleich bei ihrer Vorstellung hatte der Institutsleiter sie darum gebeten, sparsam mit den Kopien umzugehen. »Die Wartung der Geräte kostet ein Vermögen. Gehen Sie in die Bibliothek, und leihen Sie sich dort die Bücher aus, die Sie benötigen.«

Sarah hatte in ihrem Leben schon so viele Stunden in verstaubten Bibliotheken verbracht, dass sie lieber auf Kopien zurückgriff.

Ganz oben auf dem Stapel lag ein Artikel über die Entstehung der Heilpädagogischen Abteilung an der Wiener Universitätskinderklinik in den Zwanzigerjahren. Es war die Abteilung, in der Asperger später gearbeitet und geforscht hatte. Bedeutende Namen der Psychotherapie stachen ihr ins Auge: Alfred Adler, Bruno Bettelheim, Erik Erikson, Anna Freud, Erich Fromm, Carl Gustav Jung und Melanie Klein. Sie alle waren in dem 1922 gegründeten Psychoanalytischen Ambulatorium tätig gewesen, einer Einrichtung für die ambulante Behandlung, die für die Patienten sogar kostenlos war. Offenbar hatte es eine enge Zusammenarbeit zwischen diesem Ambulatorium und der Heilpädagogischen Abteilung gegeben, deren Gründer und Leiter Dr. Erwin Lazar gewesen war.

Sie betrachtete ein schlecht kopiertes Gruppenfoto, auf dem der Mitarbeiterstab der Heilpädagogischen Abteilung im Jahr 1933 zu sehen war. Gleich viele Männer wie Frauen lächelten in die Kamera, sie alle trugen weiße Mäntel. In der sitzenden Reihe rechts vorne erkannte Sarah Dr. Hans Asperger. Sie verehrte diesen Arzt, der herausgefunden hatte, dass Menschen mit Autismus die Welt mit anderen Augen sahen und differenzierter wahrnahmen. Sie waren nicht minderintelligent und keineswegs »autistische Psychopathen«, wie sie bezeichnet worden waren, bevor Asperger seine Forschungen publiziert hatte. Ganz im Gegenteil – viele von ihnen verfügten über faszinierende Inselbegabungen, die sie zwar vom Rest der Bevölkerung unterschieden, sie aber mit ganz besonderen Fähigkeiten ausstatteten.

Der schlanke, groß gewachsene Mann mit dem schmalen Gesicht und der kleinen, runden Brille war Sarah im Zuge ihrer Forschungen vertraut geworden. Von der Frau, die hinter ihm stand, fiel ihr gerade nur der Vorname ein, Viktorine. Sarah blätterte in ihren Unterlagen. Wo steckte nur der kopierte Bericht des Bostoner Psychiaters Joseph Michaels? Darin befand sich eine Namensliste, da war sie sich ganz sicher. Er hatte 1936 im *American Journal of Orthopsychiatry* die Abläufe in der Heilpädagogischen Abteilung von der Morgentoilette bis zur Gymnastik im Detail beschrieben.

Sie wühlte sich durch einen Haufen aus Kopien, Mitschriften und Büchern. An ihrem Chaos hatte auch der wunderschöne Schreibtisch nichts geändert. Schließlich fand sie den Bericht ganz unten im Stapel und vertiefte sich darin.

Michaels war von der Klinik beeindruckt gewesen, was Sarah gut nachvollziehen konnte. Die hier angewandten Methoden waren bahnbrechend gewesen. Bis heute setzte man in vielen europäischen Kliniken Methoden ein, die nicht annähernd so human und modern waren wie damals in Wien. Besonders begeistert äußerte sich Michaels über die Beurteilungsverfahren im Ambulatorium, die sich von den strikten Diagnoseprotokollen in anderen Einrichtungen unterschieden. Wöchentlich wurden etwa sechzig bis siebzig Kinder und Jugendliche zur medizinischen Abklärung an die Klinik verwiesen. Für den stationären Aufenthalt standen fünfundzwanzig Betten zur Verfügung. Die Kinder sollten im Krankenhaus so leben, als wären sie zu Hause. Die Tage verliefen nach einem geregelten Zeitplan. Um keine Langeweile aufkommen zu lassen, erhielten die Kinder sogar Unterricht – eine Neuigkeit im Krankenhausalltag. Es gab montags Mathematik, dienstags Lesen, Orthografie und Textkomposition am Mittwoch, Geografie oder Geschichte am Donnerstag, Naturkunde am Freitag und samstags Handarbeiten oder Zeichnen. In der Regel blieben die Kinder vier bis sechs Wochen.

In dem Artikel kam zwar kein einziges Kind zu Wort, doch Michaels betonte, dass die Mitarbeiter um eine individualisierte Beurteilung aller Schützlinge bemüht seien. Er würdigte im Besonderen die Arbeit von Erwin Lazar, Georg Frankl und Anni Weiss. Asperger wurde nicht erwähnt, dabei hatte er doch später die Leitung der Abteilung übernommen. Wie hatte der Amerikaner ihn in seinem Bericht einfach übergehen können? Schließlich hatte Asperger die Diagnose Autismus erstmals mit wertschätzenden Worten beschrieben und die betroffenen Kinder aus der defizitorientierten Ecke herausgeholt.

Sarahs Blick fiel auf den Namen Viktorine Zak. Richtig, so hieß die Frau, die auf dem Foto hinter Asperger stand. Sie war jung und ausgesprochen hübsch. Dunkle Locken umspielten ihr Gesicht, das eine offene Freundlichkeit ausstrahlte.

Sarah lehnte sich seufzend zurück und starrte aus dem Fenster. Der Garten lag in völliger Dunkelheit da. Sarah dachte über ihr eigenes Aussehen nach. Sie war weder groß noch klein oder besonders hübsch. Alles an ihr war durchschnittlich – bis auf ihre rotblonden Locken. Als Kind hatte sie die Farbe gehasst, weil man sie in der Schule dafür verspottet hatte. Benedict hingegen liebte ihr Haar. Meistens band sie es zu einem praktischen Pferdeschwanz zusammen, nur bei besonderen Anlässen trug sie es offen. Wie bei den meisten Menschen mit rotem Haar überzogen ihre Haut unzählige Sommersprossen. Kaum kam die Sonne hinter den Wolken hervor, breiteten sich die Flecken auch auf ihren Schultern und Armen aus.

Die Sommersprossen und das rote Haar waren ein Erbe ihres Vaters, mit dem sie nur den allernötigsten Kontakt pflegte, der sich auf Geburtstage und Feiertage beschränkte. Die Treffen verliefen stets nach demselben Muster: Ihr Vater lud sie in eine billige, von einem Inder betriebene Pizzeria in Gloucester ein, wo die Pasta nach Curry und Suppenwürfel schmeckte. Sie nahmen an einem Fenstertisch Platz, von wo man auf die Straße schauen konnte, wenn das Gespräch stockte, was meist schon nach der ersten Frage der Fall war. Ihr Vater erkundigte sich nach ihrem Befinden, und sie antwortete mit stereotypen Floskeln. Dann folgte Schweigen. Früher hatte er ihr am Ende einen Umschlag überreicht. Das Geldgeschenk fiel stets sehr sparsam aus, obwohl er sich hätte ausrechnen können, dass Sarahs Mutter kein Geld übrig hatte, um Sarah auch nur kleine Extrawünsche zu erfüllen wie eine Schallplatte oder ein neues T-Shirt. Später im Bett hatte Sarah Tränen der Wut und der Enttäuschung geweint, doch am nächsten Tag hatte sie sich meistens wieder im Griff gehabt und so getan, als wäre alles bestens in ihrem Leben. Inzwischen hatte sie sich damit abgefunden, dass ihr Vater keinerlei echtes Interesse an ihr hatte.

Mit einem Schütteln versuchte Sarah, ihn aus ihrem Kopf zu verbannen. Während sie die Krankenschwester Viktorine Zak und Asperger betrachtete, kam es ihr so vor, als würde ihre Hand seine Schulter berühren und eine Vertrautheit zwischen ihnen bestehen, die über das Arbeitsverhältnis hinausging. Und schon waren Sarahs Gedanken wieder bei ihrer eigenen Geschichte. Wie würden sie und Benedict wohl auf einem Gruppenfoto aussehen? Würde man erkennen, dass sie sich heimlich trafen? Bis jetzt hatten sie ihre

Affäre vor Freunden und Kollegen verheimlichen können. Nur Sarahs Mutter ahnte, dass sich ihre Tochter mit einem verheirateten Mann eingelassen hatte. Sie hatte sie einmal darauf angesprochen, doch Sarah hatte abgeblockt, und seither kamen bloß noch vorwurfsvolle Blicke, aber keine Fragen.

Sarah presste die Augen fest zusammen, bis sie nur noch helle Kreise sah. Als sie sie wieder öffnete, widmete sie sich endlich ihren Unterlagen und las konzentriert, ohne ein einziges Mal abzuschweifen.

HEILPÄDAGOGISCHE ABTEILUNG,
KINDERKLINIK WIEN 1932

ERICH

Ich sitze wieder in dem kleinen Raum, in den sie mich jetzt täglich führen. Diesmal mit dem Gesicht zur kahlen Wand. Zuerst stand der Tisch am Fenster, dort konnte ich aber nicht stillhalten. Die Bilder, Stimmen und Geräusche von draußen haben mich so zappelig gemacht, dass ich aufspringen musste und ziellos im Raum herumgelaufen bin. Immer im Kreis, bis mir ganz schwindelig wurde. Die Krankenschwester hat den Tisch schließlich zur Wand geschoben, mich an der Hand genommen und zum Tisch geführt. Zuerst wollte ich mich losreißen, davonlaufen. Aber ihre Hand ist nicht wie die der anderen. Der Druck ist fest genug, dass ich ihn spüren kann, aber auch nicht so stark, dass er wehtut. Und jetzt sitze ich hier.

Die Schwester ist neben mir und beobachtet mich. Sie trägt eine weiße Uniform, genau wie die anderen in der Klinik. Auf dem Kopf hat sie eine weiße Haube. Trotzdem kann ich die dunklen Locken darunter sehen. Sie glänzen und schauen genauso weich aus wie die Locken von Max, unserem Hofhund. Ich mag es, die Nase in sein warmes Fell zu stecken, und ich vermisse ihn, wie auch die anderen Tiere. Bei Menschen würde ich eine solche Nähe wie zu Max nicht ertragen. Alle sagen, das ist so, weil ich schwachsinnig bin. Aber es stimmt nicht. Ich bin ganz sicher nicht schwach. Im Gegenteil, ich bin sehr kräftig. Als der Knecht mich mit der Schaufel geschlagen hat, habe ich mich gewehrt und zurückgeschlagen. Luis hat auf der Stirn und aus der Nase geblutet. Ich auch, aber mich haben sie weggebracht und ihn auf dem Hof gelassen.

»Heute widmen wir uns der Schrift«, sagt die Frau mit den schönen Haaren. Ob sie es zulässt, wenn ich ihre Locken ganz kurz berühre? Bloß um zu sehen, ob sie sich wie das Fell von Max anfühlen? Sie schiebt mir einen Kasten hin. Jeden Tag bringt sie andere Sachen mit. Ich kann damit nichts anfangen. Sie will, dass ich die Dinge anschaue. Aber ich sehe nur die runden Astlöcher auf der hölzernen Tischplatte. Solange ich draufstarre, muss ich nicht aufspringen. Das Muster gibt mir Sicherheit. Wenn ich die Löcher abzähle und gedanklich in einer Reihe ordne, dann weiß ich, dass ich nicht ins Leere stürze. Ich kann sie nach ihrer Größe und nach ihrer Farbe ordnen, ohne sie anfassen zu müssen. Ich kann die kleinen von den großen abziehen, die Zahl verdreifachen und wieder halbieren. Das passiert alles in meinem Kopf.

Für gewöhnlich fange ich gleich zu Beginn des Unterrichts mit dem Zählen an, doch heute ist alles besser. Die leere Wand fühlt sich gut an. Sie ist einfach nur weiß. Keine Bäume, die Schatten werfen, keine Blätter, die sich bewegen, keine Kinder, die vorbeilaufen, keine Krankenschwestern und Ärzte, die sich im Garten unterhalten. Die Astlöcher verlieren an Wichtigkeit. Nun wage ich doch einen Blick in den Kasten. Kleine rechteckige Kärtchen befinden sich darin. Die Frau nimmt eines davon mit spitzen Fingern heraus und zeigt es mir.

»Das ist ein A«, sagt sie. »Kannst du das wiederholen? A?«

Ich starre wieder an die Wand. Solange ich nicht in ihr Gesicht schauen muss, ist alles gut. Ich presse die Lippen fest aufeinander und spanne die Muskeln an.

Sie nimmt eine andere Karte heraus. »Sieh mal. Das ist ein E. Damit beginnt dein Name Erich.« Sie wiederholt den Laut. »E!«

Auch das E schiebt sie zu mir und wartet. Ich starre weiter an die Wand, doch dann schaue ich aus den Augenwinkeln doch auf die Karten. Irgendwie interessieren sie mich. Die Zeichen scheinen eine wichtige Bedeutung zu haben. Genau wie die Zahlen. Ich habe die Zahlenzeichen sofort den Mengen zuordnen können, die längst in meinem Kopf waren. Die schöne Frau holt eine weitere Karte aus dem Kasten und legte sie vor mich auf den Tisch. Gerne würde ich die Karten ordentlich nebeneinander aufreihen. Aber ich wage es nicht, danach zu greifen. Wenn ich die Karten ordne, heißt es wieder, ich sei schwachsinnig.

»Und hier haben wir ein V.« Sie klingt immer noch genauso freundlich wie zu Beginn des Unterrichts. Ihre Stimme wird nicht lauter oder gar bedrohlich. Es sind auch keine seltsamen Untertöne darin, die ich nicht zuordnen kann.

»Das ist der Anfangsbuchstabe meines Namens. V wie Viktorine.« Sie schiebt die Karte zu mir. »Das V schaut ein bisschen aus wie ein Vogel. Meinst du nicht auch?«

Ich habe Angst, dass sie gleich weiterredet und ich nichts mehr verstehe. Zu viele Wörter verwirren mich. Die Silben drehen sich dann sinnlos in meinem Kopf.

Schwester Viktorine lehnt sich zurück und wartet auf meine Reaktion. Es dauert, bis ihre Wörter zu mir vordringen und ich sie verarbeite. Die Stille im Raum hilft mir beim Nachdenken. Nichts, was mich ablenkt oder verunsichert.

V wie ein Vogel. Sie hat recht. Ich stelle mir einen Vogel vor, wie er hoch am Himmel fliegt. Schwester Viktorines Name beginnt mit einem Vogel. Ich mag Vögel, genau wie alle anderen Tiere.

Würde ich das E an den Anfang setzen, gefolgt von einem V und einem A, würde ein weiterer Name entstehen: Eva. Die Bäuerin hat Eva geheißen. Sie hat mich mit dem Stock geschlagen. Ich lege das Wort nicht und sage stattdessen: »Viktorine.« Meine eigene Stimme klingt fremd.

Rasch richtet die Krankenschwester sich auf. Ich zucke zurück. Der Stuhl verrutscht, und ich spüre, wie mein Herz schneller schlägt. Rasch fasse ich mir an die Schläfen und fange an, mit dem Oberkörper vor- und zurückzuwippen.

»Das ist großartig«, sagte sie so langsam, dass ich ihr folgen kann. Keine einzige Silbe geht verloren. Sie scheint sich zu freuen. Wenn Menschen glücklich sind, dann lächeln sie, das habe ich auf dem Hof gelernt. Eva hat nie gelächelt, doch Schwester Viktorine tut es, und ich finde es hübsch. Mein Herzschlag beruhigt sich, mein Oberkörper hält still.

HEILPÄDAGOGISCHE ABTEILUNG
DER UNIVERSITÄTSKINDERKLINIK, WIEN 1932

VIKTORINE

»Der Junge ist klug«, erklärt Viktorine voller Überzeugung. »Ich arbeite erst seit ein paar Tagen mit ihm, und er kennt schon alle Buchstaben. Er kann sie zusammenlauten und vorlesen. Bei den Zahlen war er noch viel schneller. Er kann die Ziffern Null bis Zehn richtig ordnen und scheint auch über einen Mengenbegriff zu verfügen. Jedenfalls ordnet er Legeplättchen dazu.«

»Aber er kann in den Wörtern keinen Sinn erkennen«, gibt Dr. Georg Frankl zu bedenken und schreibt ein paar Notizen in seinen Kalender, die bestimmt nichts mit der Sitzung zu tun haben. Eine dunkle Haarsträhne rutscht ihm in die Stirn.

In letzter Zeit scheint er immer öfter mit seiner Aufmerksamkeit woanders zu sein. Viktorine ist davon überzeugt, dass er private Probleme hat. Sie kennt ihn nicht gut genug, um ihn danach zu fragen. Für gewöhnlich ist er einer der engagiertesten Ärzte in der Forschungsgruppe, doch in diesem Moment fühlt sie sich von ihm nicht ernst genommen. Daher entgegnet sie ungewohnt schnippisch: »Das wissen wir nicht. Ich denke aber, dass er sehr wohl über ein Mengenverständnis verfügt. Seine Auffassungsgabe ist erstaunlich.«

»Erich antwortet auf Ihre Fragen?« Neugierig beugt sich Dr. Hans Asperger zu Viktorine, und sofort schießt ihr das Blut ins Gesicht.

Der junge Arzt arbeitet erst seit ein paar Monaten in der Heilpädagogischen Abteilung der Kinderklinik. Dr. Franz Hamburger höchstpersönlich hat seinen ehemaligen Assistenten hierherversetzt. Hamburgers Ernennung zum Leiter der Kinderklinik war nicht unumstritten. Nach dem tragischen Selbstmord seines Vorgängers Dr. Pirquet ist die Wahl des Universitätsgremiums überraschend auf ihn gefallen. Die Zeitung *Der Abend* bezeichnete Dr. Hamburger als »hundertprozentigen Reaktionär« und seine Ernennung zum Klinikleiter als eine »Schmähung« Pirquets. Auch große Teile der übrigen Presse reagierten entsetzt auf diese Entscheidung. Man befürchtete, dass er das Vorzeigeprojekt des Roten Wien, die Heilpädagogische Abteilung der Universitätskinderklinik, mit ihren revolutionären Reformansätzen innerhalb kürzester Zeit zerschlagen könnte.

Auch Viktorine hat große Bedenken gehabt, insbesondere seit dem Tod von Dr. Erwin Lazar, der die Heilpädagogische Abteilung aufgebaut und geprägt hat. Wie alle anderen Mitarbeiter hat sie ihn über alles geschätzt. Bisher hält Dr. Hamburger sich jedoch zur Überraschung aller zurück. Nach Dr. Lazars Tod hat er die Leitung der Heilpädagogischen Abteilung Dr. Valerie Bruck übergeben. Aber hinter vorgehaltener Hand wird seit Wochen gemunkelt, dass er lediglich Angst vor weiteren Schmähartikeln gehabt habe und bei der erstbesten Gelegenheit Dr. Bruck wieder absetzen werde. Es ist allgemein bekannt, dass der konservative Mediziner von Frauen in leitenden Stellungen nichts hält. Wiederholt hat er sich in Besprechungen abfällig über weibliche Kollegen geäußert. Kritiker wie Dr. Frankl meinen, der derzeit friedliche Zustand sei bloß die Ruhe vor dem Sturm.

Viktorine will sich mit all diesen Gerüchten nicht beschäftigen. Sie mag Dr. Bruck. Mit ihrer freundlichen Art ist die Ärztin eine würdige Nachfolgerin von Dr. Lazar. Sie erledigt ihre Aufgaben ganz vorbildlich, und auch die Organisation ihres Vorgängers ist dieselbe geblieben.

Jeden Freitag setzen sich alle Mitarbeiter der Abteilung zur wöchentlichen Besprechung zusammen. Das spätherbstliche Wetter erlaubt einen Aufenthalt auf der Terrasse. Warmes, orangegelbes Sonnenlicht funkelt durch die Pappeln, deren Blätter sich langsam verfärben. Auf den kleinen runden Tischen, wie man sie auch in den vornehmen Kaffeehäusern der Innenstadt vorfindet, stehen Teebecher und trockene Kekse.

»Es ist erstaunlich, dass der Junge zu sprechen begonnen hat«, bemerkt Dr. Asperger und hält dabei den Blick auf den Tisch gerichtet, als rede er mit sich selbst und nicht mit der Gruppe.

»Die Bauern, bei denen er gewohnt hat, haben behauptet, er habe früher gesprochen, es dann aber wieder verlernt«, berichtet Dr. Frankl. »Als er bei der Kinderübernahmsstelle abgegeben wurde, konnte er jedenfalls nicht mehr reden. Es scheint so, als hätte er eine traumatische Erfahrung hinter sich.«

»Seine Sprachlosigkeit und seine aggressive Reaktion haben die Bauern dazu veranlasst, ihn nach Wien zu bringen«, fasst die Ärztin Dr. Anni Weiss anhand der Unterlagen zusammen. »Es ist ihnen nicht leichtgefallen, denn der Kleine ist ein kräftiger und ausdauernder Arbeiter.« Sie schnauft verärgert und schiebt sich die blonden Strähnen ihres Pagenkopfs hinter die Ohren. »Der Junge ist gerade mal acht Jahre alt. Er sollte weder ausdauernd noch körperlich anstrengend arbeiten.«

Es ist ein offenes Geheimnis, dass Dr. Weiss und Dr. Frankl ein Paar sind. Auch die Ärztin scheinen Sorgen zu quälen, denn sie hat in den letzten Monaten dramatisch an Gewicht verloren. Sie ist eine von drei Ärztinnen auf der Station. Die überdurchschnittlich hohe Zahl an weiblichen Mitarbeiterinnen geht noch auf Dr. Lazar zurück. Daran wird sich auch nichts ändern, solange Dr. Bruck die Leitung der Abteilung innehat.

»Da gebe ich Ihnen vollkommen recht«, entgegnet Dr. Asperger. »Zum Glück ist der Bub jetzt bei uns. Er ist Vollwaise, weshalb er nicht auf den Bauernhof zurückkehren wird.«

Viktorine verehrt den Arzt und hängt an seinen Lippen, wenn er spricht. Die wenigen Sätze, die er von sich gibt, sind stets fundiert und zeugen von seinem großen Fachwissen. Leider ist er verheiratet.

»Ich verstehe gar nicht, was du an diesem Asperger findest«, hat ihre Kollegin Judith neulich gesagt. »Er ist ein Langweiler mit einem Hang zu zwanghaftem Verhalten. Hast du schon mal beobachtet, wie er die Stifte auf seinem Schreibtisch sortiert? Sie sind nach Farbe und Größe geordnet und liegen akribisch ausgerichtet vor ihm.«

»Na und?«, hat Viktorine erwidert. »Er liebt eben die Ordnung. Besser, ein Arzt ist etwas zu gründlich, als umgekehrt. Die Kinder liegen ihm am Herzen, und das allein zählt.«

»Er interessiert sich aber nur für die autistischen Psychopathen«, hat Judith zu bedenken gegeben.

»Das ist nicht wahr«, hat Viktorine widersprochen, auch wenn sie weiß, dass Judith recht hat. Dr. Asperger widmet den autistischen Kindern deutlich mehr Zeit als den anderen Patienten. Manchmal scheint es, als hätte er einen speziellen Draht zu ihnen und verstehe sie auf eine ganz besondere Art.

Nun wendet sich Dr. Asperger an Viktorine. »Wie macht sich der Junge in der Gemeinschaft? Spricht er auch mit den anderen Kindern? Oder richtet er seine Worte nur an Sie?«

Er schaut sie direkt an, und ihre Wangen werden ganz heiß.

»Erich antwortet meist einsilbig und kurz auf meine Fragen«, gibt sie zu. »Er selbst stellt keine Fragen. Die meiste Zeit schweigt er.«

»Hält er Blickkontakt? Sieht er Sie an, wenn Sie sich mit ihm unterhalten?«, will Dr. Frankl wissen.

»Er schaut viel an die leere Wand oder auf die Tischplatte.«

»An die Wand? Warum? Der Tisch steht doch am Fenster.« Dr. Weiß wirkt irritiert.

»Ich hatte den Eindruck, dass der Blick aus dem Fenster und in den Garten ihn ablenkt. Er konnte sich nicht konzentrieren, deshalb habe ich den Tisch an die Wand gerückt. Seitdem hat sich sein Verhalten schlagartig geändert.

Er ist ruhiger geworden und kann seine Aufmerksamkeit jetzt auf die Buchstabenkarten fokussieren. Er ordnet sie selbst zu Wörtern, die er dann vorliest.«

Dr. Frankl schweigt nachdenklich.

»Letzte Woche haben wir versucht, ihn wieder in der Gruppe zu unterrichten, aber das war unmöglich«, mischt sich Judith ein. »Sobald er in einen Raum muss, wo sich andere Kinder befinden, beginnt er zu schreien und zu toben.«

»Er ist ein Psychopath. Geben Sie ihm Beruhigungsmittel«, meldet sich Dr. Hamburger gereizt zu Wort. »Und jetzt gehen wir endlich zum nächsten Fall über. Wir haben schließlich nicht den ganzen Tag Zeit für diesen Patienten.«

Bis jetzt hat er geschwiegen, was ungewöhnlich ist. Normalerweise mischt er sich schon viel früher in Diskussionen ein. Zum Glück kommt der Leiter der Kinderklinik nur einmal im Monat zu den Besprechungen. Seine Anwesenheit sorgt immer für eine unangenehme Stimmung. An den Vormittagen mit ihm wird deutlich weniger gelacht. Auch jetzt wirken alle Anwesenden angespannt. Die Angst, etwas Falsches zu sagen, ist groß.

»Einer von Ihnen soll die Dosis der Medikamente verordnen, und das Pflegepersonal verabreicht die Spritzen«, ordnet Dr. Hamburger an. »Damit ist die Sache erledigt. Die endlosen Gespräche über einen Patienten, noch dazu einen hoffnungslosen autistischen Psychopathen, sind reine Zeitverschwendung.«

»Ich muss Ihnen widersprechen«, kontert Dr. Bruck.

Noch nie hat jemand Hamburgers Anweisungen während einer Sitzung so offen infrage gestellt. Dr. Frankl schaut betroffen zu Boden, Dr. Weiss schnappt nach Luft und hält den Atem an. Judith erstarrt und zupft den Rock ihrer Schwesternuniform zurecht. Nur Dr. Asperger scheint von der Stimmung unberührt. Hat er die Dramatik überhaupt mitbekommen?

»Wenn Kollege Frankl recht hat und das Verhalten des Jungen die Folge eines traumatischen Vorfalls ist, werden Beruhigungsmittel keine bleibende Wirkung zeigen. Sie lösen sein Problem nicht«, fährt Dr. Bruck überzeugt fort. Das Zucken ihres rechten Augenlids verrät ihre Nervosität, ansonsten wirkt sie ruhig.

»Wir sind keine Psychoanalytiker«, schneidet ihr Hamburger brüsk das Wort ab. Er macht sich nicht einmal die Mühe, seine Verachtung gegenüber der Leiterin der Heilpädagogischen Abteilung zu verbergen. »Die Methode ist unwissenschaftlich. Reiner jüdischer Humbug. Ich lehne jede psychoanalytische Deutung in meiner Klinik ab.«

Dr. Weiss und Dr. Frankl, beide Analytiker, zucken unmerklich zusammen. Auch Judith reagiert nervös. Alle drei sind Juden.

»Wir sollten trotzdem die Vergangenheit und die Erfahrungen, die die Kinder gemacht haben, im Auge behalten«, beharrt Dr. Bruck.

Negative Konsequenzen scheinen sie nicht zu ängstigen. Sie ist die Einzige, die es hin und wieder wagt, ihrem Vorgesetzten zu widersprechen, so offen wie heute hat sie ihre Kritik jedoch noch nie vorgebracht. Ob ihr bewusst ist, dass sie damit ihre Anstellung gefährdet?

»Es ist möglich, dass das Verhalten eines Kindes mit einem Erlebnis in seiner Vergangenheit in Zusammenhang steht. Wenn ein Kind zuerst gesprochen hat und dann plötzlich damit aufhört, muss es dafür einen Grund geben«, sagt sie unbeirrt.

»Wir kennen den Grund«, entgegnet Hamburger gefährlich leise. »Die Diagnose lautet autistische Psychopathie.«

Doch Dr. Bruck lässt nicht locker. »In den letzten Jahren hatten wir immer wieder Kinder in unserer Abteilung, deren traumatisierende Erlebnisse zur Sprachverweigerung geführt haben.«

Die Nervosität der Kollegen wird immer offensichtlicher. Dr. Frankl rutscht unruhig auf seinem Stuhl hin und her, und Judith kaut aufgeregt an ihrem Daumennagel.

Da springt Dr. Hamburger auf. »Habe ich mich unklar ausgedrückt?«, schreit er so laut, dass ein Vogel im Baum neben der Terrasse aufgeschreckt davonflattert. »Ich will nichts mehr davon hören – weder in dieser Abteilung noch in irgendeiner anderen. Diese ganze Psychoanalyse ist unseriöser Firlefanz, erdacht von einem kranken jüdischen Gehirn. Das hat in meiner Klinik nichts zu suchen. Ist das jetzt ein für alle Mal klar?«

Der Klinikleiter hat schon öfter abfällige Bemerkungen über Juden gemacht, doch die Heftigkeit seiner Aggression ist neu.

Viktorine nimmt all ihren Mut zusammen und versucht, die Wogen zu glätten, indem sie das Gespräch in unverfängliche Bahnen lenkt.

»Morgen werde ich überprüfen, wie es Erich mit dem Erfassen von Zahlen geht.« Vorsichtig sieht sie in die Runde.

Es ist eine Sache, sich verächtlich über die Psychoanalyse zu äußern. Den Glauben des Erfinders ins Spiel zu bringen eine ganz andere. Viktorine findet abwertende Bemerkungen über die Religion eines Menschen völlig unpassend.

Glaube ist reine Privatsache und hat am Arbeitsplatz nichts verloren.

»Soll ich dabei so fortfahren wie bisher? Im Einzelunterricht?«, fragt sie.

»Ja, tun Sie das«, erwidert Dr. Asperger. »Und stellen Sie den Tisch ruhig wieder an die Wand. Ich glaube, dass Sie völlig richtig gehandelt haben. Zu viele Eindrücke scheinen den Jungen abzulenken. Wir werden das weiter beobachten. Falls wir damit Erfolg haben, werden wir auch bei den anderen Kindern mit dieser Diagnose so vorgehen.«

Hamburger beruhigt sich wieder, und sein dunkelrotes Gesicht nimmt einen normalen Farbton an. Den Themenwechsel scheint er als Akzeptanz seiner Anweisungen zu werten.

Der Rest der Besprechung verläuft in gewohnt ruhigen Bahnen. Trotzdem bleibt ein bitterer Nachgeschmack. Viktorine fragt sich, wie lange die jüdischen Ärzte Dr. Hamburgers Beleidigungen kommentarlos hinnehmen werden. Nach der Sitzung eilt der Klinikleiter davon. Die anderen bleiben noch kurz sitzen und trinken ihren Kaffee aus.

Dr. Bruck richtet sich an Viktorine. »Wir geben dem Jungen keine Medikamente.«

Niemand widerspricht ihr, denn alle teilen ihre Meinung. Aber das Unbehagen ist deutlich spürbar. Die Ärztin beugt sich näher zu Viktorine, sodass nur sie sie hören kann. »Und seine Akte ordnen wir ganz nach hinten in den Schrank. Die Mappe muss einem ja nicht gleich ins Auge stechen, wenn man die Schublade öffnet.«

Viktorine nickt eifrig. Sie ist mehr als erleichtert, dass Erich weder eine Spritze bekommen wird noch Pillen schlucken muss.

WIEN 1986

SARAH

»Schau mal, was ich für dich habe.« Johannes ließ einen dicken Band auf Sarahs Schreibtischhälfte fallen, dabei wirbelte Staub auf, der in ihrer Kehle ein unangenehmes Kratzen auslöste. Innerhalb kürzester Zeit hatte sich Sarahs Teil der Arbeitsfläche mit Papieren, Büchern, Akten und Ordnern gefüllt und auch ein Stück von Johannes penibel aufgeräumter Seite in Beschlag genommen.

»Wage es ja nicht, dein Chaos noch weiter zu mir herüberwachsen zu lassen«, hatte er neulich gesagt.

Trotzdem breitete Sarah sich immer weiter aus. Sie konnte gar nicht anders, denn die Papierstapel entwickelten bei ihr ein Eigenleben.

»Was ist das?«, erkundigte sie sich. Ihre Frage wäre beinahe im Lärm einer Bohrmaschine untergegangen. Seit den frühen Morgenstunden bearbeiteten Handwerker die Lüftungsschächte. Es wurde so laut gehämmert und gebohrt, dass ein konzentriertes Arbeiten schier unmöglich war.

Johannes grinste von einem Ohr zum anderen. »Ich habe dir den Jahrgang 1938 der *Wiener klinischen Wochenschrift* besorgt – mit dem Abdruck des Vortrags, den Dr. Hans Asperger 1938 gehalten hat.«

Er hatte sich heute Mühe mit seinem Aussehen gegeben. Sein Oberlippenbart war perfekt getrimmt, doch leider ging von Johannes wie immer ein stechender Geruch nach billigem Deo und Schweiß aus.

»Ich habe mir gedacht, vielleicht interessiert dich, was andere Mediziner in dieser Zeit veröffentlicht haben«, erklärte Johannes.

Natürlich kannte Sarah den Vortrag, in dem Asperger über die sogenannten autistischen Psychopathen und die Vielfalt der Symptome referierte, die mit dieser Diagnose einhergingen. Sie hatte ihn schon in ihrem Institut in England gelesen, aber nicht im Kontext der medizinischen Forschung der damaligen Zeit betrachtet.

»Danke«, sagte Sarah und begann, in dem dicken Band zu blättern. Doch schon bald stellte sie fest, dass es hier viel zu laut war, um konzentriert lesen zu können. »Ich werde mich damit an einen ruhigeren Ort zurückziehen«, erklärte sie.

»Der Park vor der Votivkirche eignet sich hervorragend zum Lesen«, riet Johannes ihr. »Das Wetter hat endlich umgeschlagen. Du wirst Wien im Sonnenlicht nicht wiedererkennen.«

Tatsächlich war Sarah heute bei strahlend blauem Himmel aufgestanden. Sie konnte es kaum erwarten, das lärmende Gebäude hinter sich zu lassen und sich eine gemütliche Parkbank zu suchen.

»Ich würde dich ja gerne begleiten«, fuhr Johannes bedauernd fort. »Aber ich muss Professor Klammberger bei seiner Vorlesung assistieren.«

»Viel Spaß«, wünschte Sarah.

Ihre Worte mussten in Johannes' Ohren zynisch klingen, denn der Unterricht des Professors war so langweilig, dass man Gefahr lief, dabei einzuschlafen. Bevor Johannes etwas entgegnen konnte, schnappte sich Sarah den dicken Band und verließ den stickigen Raum. Im Flur war der Lärm doppelt so laut wie im Büro. Sie lief die Treppen nach unten und flüchtete aus dem Gebäude.

Der Park vor der Votivkirche war nicht nur für Sarahs Ohren eine Wohltat. Nach der staubigen Luft im Institut genoss sie den sanften Herbstwind, der über ihre Wangen strich. Sarah hatte ihre halbe Kindheit in den großen, gepflegten Parkanlagen rund um Gloucester verbracht. Geld für Reisen oder große Ausflüge hatte es nicht gegeben, aber für eine Fahrt in den Park und ein Softeis mit einem Schokostück von Cadbury hatte es immer gereicht.

Sie nahm auf einer Bank direkt in der Sonne Platz und ließ ihren Blick über die hellen Türme der Votivkirche schweifen, die stolz in den Himmel ragten. Ihr fiel die Geschichte ein, die Johannes ihr neulich über den Bau dieser Kirche erzählt hatte. Der Kaiser hatte ihn beauftragt und akribisch darauf geachtet, dass die Türme höher waren als die des Rathauses. Doch die listigen Stadträte ließen nach der Fertigstellung des Rathauses eine riesige Statue anfertigen, den Rathausmann, der jetzt auf dem Rathausturm thronte. So war das Haus der Stadtregierung höher als die Votivkirche des Kaisers, was dieser als Affront empfand, weshalb er beinahe nicht zur Einweihungsfeier erschienen wäre. Dass er es dennoch tat, war nur dem diplomatischen Geschick des Bürgermeisters zu verdanken.

Sarah musste schmunzeln. Wie seltsam, dass sie sich solche Anekdoten ohne Weiteres merken konnte, manche Fakten für ihre Doktorarbeit aber immer wieder nachlesen musste. Vielleicht lag es daran, dass ihr Forschungsthema eher abstrakt war. Dr. Hans Asperger war der Einzige, zu dem sie ein konkretes Bild hatte. Er war ihr Held – der Mann, der die Genialität von Menschen mit Autismus erkannt hatte und mehr in ihnen sah als bloß schreiende, tobende Idioten ohne Sprache. Er hatte ein wertschätzendes Bild seiner Patienten gezeichnet und sie vom Stigma der Psychopathen befreit. Sie war fest entschlossen, gemeinsam mit ihrer Professorin Lorna Wing dafür zu sorgen, dass Dr. Asperger die Anerkennung bekam, die ihm zustand. Ihre Professorin hatte ihr auch das Stipendium besorgt, mit dem sie ihren Forschungsaufenthalt in Wien finanzieren konnte. Sie war es ihr schuldig, das halbe Jahr in der österreichischen Hauptstadt gut zu nutzen.

Sarah zog das Buch aus ihrer Tasche. Bevor sie sich in die Texte der anderen Mediziner vertiefte, las sie noch einmal Aspergers faszinierenden Vortrag aus dem Jahr 1938. Darin hatte er die autistische Psychopathie als »Störung der Anpassung an die Umwelt« definiert. Damit unterschied er sich kaum von Leo Kanners Beschreibung in seinem maßgeblichen Werk zum Thema, das 1943 in den USA erschienen und mit dem er in die Geschichte der Medizin eingegangen war. Bislang gab es keinen sicheren Hinweis darauf, ob Leo Kanner Aspergers Forschungsergebnisse eigentlich gekannt hatte.

Wie sehr Aspergers Vortrag von seiner Entstehungszeit

geprägt war, wurde Sarah bei der erneuten Lektüre erst richtig bewusst.

Wir stehen mitten in einem gewaltigen Umbau unseres geistigen Lebens, der alle Gebiete dieses Lebens ergriffen hat, nicht zum wenigsten die Medizin. Der tragende Gedanke des neuen Reiches: Das Ganze ist mehr als der Teil, das Volk wichtiger als der Einzelne, musste hier, wo es um das kostbarste Gut der Nation, um seine Gesundheit geht, in unserer ganzen Einstellung zu tiefgreifenden Veränderungen führen.

Entweder hatte Dr. Asperger 1938 noch nicht erkannt, welche Gefahr vom »Umbau der Gesellschaft« ausging, oder er hatte als Leiter der Abteilung kein Aufsehen erregen wollen und sich aus diesem Grund der gewünschten regimetreuen Rhetorik bedient, dachte Sarah. Asperger äußerte sich in seinem Vortrag durchaus wohlwollend zum »Gesetz zur Verhütung erbkranken Nachwuchses«, ohne es direkt zu befürworten.

»Wir Ärzte müssen uns den Aufgaben, die uns gerade auf diesem Gebiet erwachsen, mit voller Verantwortung unterziehen«, schrieb er und unterstrich die Pflicht der Ärzteschaft, die Weitergabe krankhaften Erbguts zu verhindern.

Dieser Gedanke war Sarah nicht neu und erschreckte sie auch nicht besonders – die Eugenik war schließlich keine Erfindung der Nazis. Lange vor dem Zweiten Weltkrieg hatten Wissenschaftler in Europa und den USA darüber diskutiert, wie der Staat bei der Verbreitung von Erbkrankheiten gegensteuern könne. Asperger war nicht der einzige

Arzt, der diese Ideen vertreten hatte, doch die Nazis waren die Einzigen gewesen, die daraus eine grausame Praxis abgeleitet und unerwünschte Menschen kaltblütig zwangssterilisiert hatten.

Sarah richtete ihren Blick kurz in den wolkenlosen blauen Himmel. Ihr fielen gleich mehrere Texte amerikanischer Wissenschaftler ein, die sich mit der Eugenik beschäftigt hatten. Dann widmete sie sich wieder dem Vortrag. Dabei stolperte sie über das Wort »Gemüt«, das im 18. Jahrhundert als Synonym für Seele verwendet worden war. In der NS-Kinderpsychiatrie tauchte es allerdings in fast jedem Befund auf.

Sie rief sich ein Buch über faschistische Regimes ins Gedächtnis, das sie vor Kurzem gelesen hatte. Heute wusste man, dass ein wesentlicher Bestandteil der faschistischen Ideologie die Integration ins Kollektiv war. Sarahs Großmutter war ein gutes Beispiel dafür. Sie war nie eine Nationalsozialistin gewesen, dennoch hatte sie durchaus positive Erinnerungen an die Hitlerjugend. »Dort haben wir ordentliche Kleidung bekommen, schöne, saubere Röcke und Blusen, für die wir uns nicht genieren mussten«, hatte sie Sarah erzählt. »Sonst hatten wir ja bloß die löchrigen Kleider. Eine Schande war das. In der Hitlerjugend haben wir uns als Bestandteil einer großen Gemeinschaft gefühlt. Jeder war etwas wert, und wir wurden sinnvoll beschäftigt.«

Sarah hatte sich für die Worte ihrer Großmutter geschämt und nicht verstanden, warum sie unbedingt ein Teil dieses menschenfeindlichen politischen Systems hatte sein wollen.

Sie legte die Kopien neben sich auf die Parkbank. Ob Asperger klar gewesen war, welche Gefahr von seinem Vortrag für Kinder mit »autistischen Psychopathien« ausging? Die Kinder, die er mit seiner Diagnose ins Rampenlicht gestellt hatte?

Das wütende Weinen eines Kindes riss sie aus ihren Überlegungen. Seitlich hinter den Büschen befand sich ein Spielplatz, und Sarah beobachtete, wie eine Mutter einen kleinen Jungen von der Schaukel hob. Zuerst wurde das Gebrüll lauter, doch dann schmiegte sich das Kind an die Schulter seiner Mutter, ließ sich trösten und schließlich in den Kinderwagen setzen.

Das Bild eines anderen Jungen tauchte vor ihrem Inneren auf. Er saß auf der Schaukel vor einem Wohnblock am Stadtrand von Gloucester – bei Wind und Wetter, ob es regnete, stürmte oder schneite. Sarah hatte ihn von ihrem Zimmer aus beobachten können. Sie hatte nie verstanden, warum es bloß eine Schaukel für den ganzen Wohnblock gegeben hatte. Unzählige Parkplätze, riesige Mülltonnen, Teppichklopfstangen, aber nur eine Schaukel. Die Gebäudeplaner waren mit Sicherheit keine Kinderfreunde gewesen.

Die Mutter mit dem Kinderwagen spazierte direkt an ihr vorbei. Der Junge hatte sich längst beruhigt. Zufrieden hielt er eine Semmel in der Hand und kaute darauf herum. Erst als die beiden aus Sarahs Blickfeld verschwunden waren, widmete sie sich wieder ihrer Lektüre. Doch immer wieder kreuzte der schaukelnde Junge ihre Gedanken. Es hatte keinen Sinn, so würde sie nicht weiterkommen.

Sie beschloss, die Zeit zu nutzen, um sich eine Telefonwertkarte zu kaufen. Auf dem Hinweg hatte sie eine Trafik gesehen, die ganz in der Nähe lag. Wenn sie die Gelegenheit jetzt nicht wahrnahm, würde sie es wieder vergessen.

In dem kleinen Laden an der Ecke roch es nach Tabak,

und in einem Drehständer hingen die aktuellen Tageszeitungen. Sarah las die Überschriften: »Österreichische Pilze auf Jahrzehnte vergiftet«.

Ein alter Mann, der gerade eine Zeitung aus dem Ständer nahm, schüttelte mürrisch den Kopf. »Wegen den Russen haben wir heuer keine Schwammerlsoße«, sagte er. »Alles verstrahlt. Das werden unsere Enkelkinder noch spüren.« Österreich lag zwar nicht in unmittelbarer Nähe zur Ukraine, aber die ungünstige Wetterlage hatte nach dem Reaktorunfall in Tschernobyl in Teilen des Landes für verseuchten Regen gesorgt. »Was hilft's, wenn ein kleines Land wie Österreich keine Atomenergie hat«, fuhr der Mann fort. »Wir sind ja umzingelt von den tickenden Zeitbomben. An jeder Grenze haben sie uns so ein strahlendes Monster hingestellt: die Ungarn, die Tschechoslowaken, die Jugoslawen, sogar die Deutschen und die Schweizer. Und wenn was passiert? Wer zahlt den Schaden? Wer liefert uns frische Schwammerl?«

Sarah nahm an, dass Schwammerl Pilze waren. Sie verstand seine Sorge und fand es gleichzeitig befremdlich, dass er ausschließlich um seine Schwammerl besorgt war.

Dann kam sie ins Grübeln. War es bei ihr am Ende ähnlich? Sie hatte sich bisher auf die Entdeckung des Autismus konzentriert und dabei die politische Position Aspergers ausgeblendet. Er hatte während des Zweiten Weltkriegs in Wien geforscht, und die Annahme, dass die Naziherrschaft ihn in keiner Weise tangiert hatte, war zweifellos naiv.

Nachdenklich reihte sie sich in die Warteschlange ein und kaufte eine Telefonwertkarte. Mit dem Kärtchen in der Hand suchte sie die nächste Telefonzelle auf.

An den Glasscheiben klebten Sticker mit unterschiedlichen Wahlslogans, die Namen der Kandidaten sagten Sarah allerdings nichts. Einem jüngeren Mann hatte jemand ein Hitlerbärtchen aufgemalt: Jörg Haider. Sarah kannte weder ihn noch seine Partei.

Es stank in der Kabine nach kaltem Rauch und so säuerlich, als hätte vor Kurzem jemand hier erbrochen. Angewidert sah sie sich um, konnte aber nichts erkennen, was besser nicht angefasst werden sollte. Sarah tippte die lange Nummer ihrer Mutter in Gloucester ein. Das Freizeichen ertönte. Es war kurz nach elf Uhr, eigentlich sollte ihre Mutter zu Hause sein. Mittwochs begann sie immer erst am Nachmittag zu arbeiten. Oder hatte sie etwa wieder die Schicht einer Kollegin übernommen? Die Klinik, wo sie als Krankenschwester arbeitete, war permanent unterbesetzt – eine Folge von Margaret Thatchers striktem Sparkurs. Die Menschen hatten sich längst daran gewöhnt und aufgegeben, sich zu beschweren.

Und Benedict? Mittwoch war sein vorlesungsfreier Tag, den er normalerweise in seinem Büro verbrachte. Sarah sehnte sich nach seiner Stimme. Gleichzeitig wusste sie, dass es ihr nicht guttun würde, sie zu hören. Worüber sollten sie sich unterhalten? Er würde ihr mal wieder vorhalten, dass sie nach Wien gegangen war. Dann würde er ihr Versprechungen machen, von denen sie wusste, dass er sie nie einlösen würde. Benedict würde seine Frau und seine Kinder nicht verlassen. Hätte er es jemals ernsthaft in Erwägung gezogen, hätte er es längst getan.

Sarah zog die Karte wieder aus dem Apparat, steckte sie in die Tasche ihrer Jeansjacke und machte sich auf den Rückweg zum Institutsgebäude.

Als sie bald darauf gedankenverloren die große schwere

Glastür öffnete, stieß sie unsanft mit jemandem zusammen. Sie blickte auf. Vor ihr stand Stefan, den sie gestern in der Mensa kennengelernt hatte.

»Tut mir leid, dass ich dich fast niederlaufe«, sagte er entschuldigend.

»Schon in Ordnung.«

»Aber es trifft sich gut, dass ich dich sehe.«

»Ach ja?«

»Ich bin bei meiner Recherche über den Namen des Arztes gestolpert, über den du deine Arbeit schreibst, Hans Asperger.«

Sarahs Neugier war geweckt. »Wo hast du seinen Namen gefunden?«

»Im Archiv der ehemaligen Klinik Am Spiegelgrund.«

»Was für eine Klinik war das eigentlich?«

Überrascht hob Stefan die Augenbrauen. »Wusstest du das gar nicht? Das war eine Kinderklinik, in der Euthanasieverbrechen der Nazis stattfanden.«

»Wie bitte?« Sarah stockte der Atem. Sie musste sich verhört haben.

»Kein Thema, das man am Gang besprechen sollte. Hast du Interesse?« Stefan warf einen Blick auf seine Armbanduhr. »Dann treffen wir uns in einer Stunde in der Mensa.«

Sarah schaute zur großen Uhr an der Wand. »Halb eins?«

»Perfekt, bis dann!« Er winkte ihr zu, drückte die Glastür auf, und schon war er verschwunden.

Sarah blieb verdutzt zurück. Natürlich wusste sie über die schrecklichen Konzentrationslager Bescheid. Kurz vor ihrer Abreise war auf BBC eine Dokumentation über Buchenwald gelaufen, und sie hatte abschalten müssen, weil sie die Bilder nicht ertragen hatte. Dass es jedoch in Wien eine Klinik gegeben hatte, in der nur Kinder getötet wurden, war ihr völlig neu. Und es kam ihr geradezu absurd vor, dass Stefan in den Unterlagen zu dieser Klinik Dr. Aspergers Namen gefunden hatte. Was sollte der renommierte Arzt mit den Euthanasieverbrechen der Nazis zu tun haben? Er hatte doch stets respektvoll über seine Patienten geschrieben. Sein Menschenbild passte nicht mit dem der Nazis zusammen. Das musste ein Irrtum sein.

»Schon wieder zurück?« Johannes blickte von seinen Unterlagen auf. Er hatte einen ganzen Stapel von Arbeiten vor sich liegen, die er noch korrigieren musste.

»Erzähl mir alles, was du über die Klinik Am Spiegelgrund weißt«, bat Sarah.

»Die Sache lässt dir wohl keine Ruhe.« Johannes schob die Arbeiten zur Seite. Die Pause schien ihm durchaus willkommen zu sein. »Bis vor Kurzem wusste die Öffentlichkeit kaum etwas über die Klinik. Die Einrichtung wurde totgeschwiegen. Die Nazis haben sich dort unliebsamer Kinder entledigt.«

»Meinst du jüdische Kinder?«

»Nein, es waren behinderte und sogenannte asoziale Kinder. Also Kinder von Arbeitslosen und Kriminellen. Sie haben nicht ins Menschenbild der Nazis gepasst.«

Sarah spürte, wie ihr übel wurde. »Wie sind sie denn gestorben?«

»Ich nehme mal an, durch Giftspritzen.«

»Und die Eltern wussten davon?«

Johannes schüttelte den Kopf. »Keine Ahnung. Ich habe mich mit dem Thema nie eingehender beschäftigt.«

»Und wie kam es, dass die Öffentlichkeit davon erfuhr?«

»Es gab da einen Fall von einem ehemaligen Insassen der Klinik, der einen seiner Peiniger wiedererkannt hat. Im Zuge der ganzen Waldheim-Affäre ist man nun auch in Österreich ein bisserl sensibilisiert für das Thema. Anscheinend haben viele Ärzte vom Spiegelgrund nach dem Krieg ganz normal weitergearbeitet. Einer davon war Dr. Gross, der ein angesehener Gerichtsgutachter wurde. Als er Friedrich Zawrel begutachten sollte, den er als Kind am Spiegelgrund für medizinische Experimente missbraucht hatte, hat der ihn wiedererkannt. Das Gutachten führte dazu, dass Zawrel jahrelang ins Gefängnis musste. Inzwischen ist er frei, aber Gross praktiziert immer noch als Gutachter.«

»Ein Mann, der Kinder umgebracht hat? Wie kann das alles sein?«

Johannes zuckte mit den Schultern. »So läuft das in diesem Land. Wir schieben alles brav unter den Teppich, feiern die Walzerkultur und den Kaffee und erfreuen uns an weißen, tanzenden Pferden. Willkommen in Österreich.«

Sarah schwirrte der Kopf.

»Apropos Kaffee«, fuhr Johannes fort. »Magst du einen? Ich könnte eine Pause gut vertragen.«

Sarah winkte ab. »Geht leider nicht. Ich treffe mich gleich mit Stefan. Angeblich hat er Dr. Aspergers Namen in irgendwelchen Unterlagen zur Klinik Am Spiegelgrund gefunden.«

Johannes' Gesicht verfinsterte sich. »Der Möchtegernjournalist? Pass nur auf, dass er dir keine Geschichten erzählt. Ich kenne diese Art Männer. Sie versuchen, Eindruck zu schinden, indem sie irgendwas erfinden. Er ist einfach ein Angeber.«

Sarah ließ seine Bemerkung unkommentiert und nahm

sich vor, am Nachmittag in der Bibliothek nach mehr Informationen über diese schreckliche Kinderklinik zu suchen.

Zu Sarahs großer Überraschung kam Stefan pünktlich. Sie hätte ihn in die Kategorie *Ich lasse Frauen immer ein bisschen warten, um mich interessanter zu machen* einsortiert. Seine Frisur war zerzaust, offenbar hatte er sich beeilt. Er ließ sich ihr gegenüber auf den Stuhl plumpsen, zog seine Jacke aus und stand sofort wieder auf.

»Ich hole mir erst mal was zu trinken. Du bist ja schon versorgt.« Er deutete auf die Lattellapackung, die vor ihr auf dem Tisch stand.

»Oh, die ist leer«, beeilte sich Sarah zu sagen. »Bringst du mir eine neue mit?«

»Ja, klar.« Er verzog den Mund zu einem Lächeln. »Du magst das klebrige Zeug wirklich.«

Kurz darauf kehrte er mit einer Melange und einem weiteren Tetrapak Fruchtmolke zurück und nahm erneut Platz.

Sarah kam gleich auf den Punkt. »Was kannst du mir über Dr. Asperger und den Spiegelgrund erzählen?«

Er nahm seine Tasche auf den Schoß, zog einen Block heraus und begann darin zu blättern. Sie sah eine Menge unordentlicher Notizen. Sein Chaos machte ihn ihr sympathisch. Als könnte er ihre Gedanken lesen, grinste er entschuldigend. »Keine Sorge, ich habe mein eigenes System.«

»Das sehe ich«, erwiderte Sarah amüsiert.

»Ich bin auf einiges gestoßen, was dich interessieren könnte.«

»Schieß los.«

»Bei meiner Recherche ist mir aufgefallen, dass viele

Kinder, die in der Klinik Am Spiegelgrund gelandet sind, ursprünglich in der Universitätskinderklinik behandelt wurden, und zwar in der Heilpädagogischen Abteilung, die Dr. Asperger seit 1935 geleitet hat.« Stefan blätterte in seinen Unterlagen. »Die Akten enthalten ein paar Befunde, die Dr. Asperger ausgestellt hat. Vielleicht waren sie der Grund dafür, dass die Kinder zum Spiegelgrund überstellt wurden.«

»Und was bedeutet das?«

Stefan zuckte mit den Schultern. »So genau kann man das nicht sagen. Da muss ich noch weiterrecherchieren. Ich habe mir erst mal Literatur zur Heilpädagogischen Abteilung besorgt. Der Gründer der Abteilung war Dr. Lazar, der Chef der Universitätskinderklinik hieß Dr. Pirquet.«

»Ich weiß«, warf Sarah ein. »Pirquet hat die nötigen Gelder für die Abteilung aufgetrieben, und Lazar hat Pädagogen mit ins Boot geholt. Die beiden waren ein gutes Team. Zum ersten Mal bekamen die Kinder im Krankenhaus Unterricht. Sie durften sich bewegen und mussten die Zeit nicht mehr ausschließlich in ihrem Bett verbringen. Das war damals wirklich eine Innovation.«

Sie hatte eine Menge verstörender Bilder von Kindern in psychiatrischen Einrichtungen gesehen. Dürre Gestalten, traurige Gesichter. Kinder, die in Gitterbetten gesperrt waren und jeden Lebenswillen verloren hatten. Erst seit sie diese Fotos kannte, war ihr bewusst geworden, was der Ansatz der Heilpädagogischen Abteilung in Wien für die kleinen Patienten bedeutet hatte.

»Man hat eine ansprechende Umgebung gestaltet, weil man davon überzeugt war, dass die Kinder das brauchten, um Therapiefortschritte zu machen«, fuhr sie fort. »Viele

Mitarbeiter waren Psychoanalytiker. Sie wollten den Wurzeln des Übels auf den Grund gehen und die Patienten verstehen, statt sie einfach durch Medikamente ruhigzustellen. Ich habe übrigens einen interessanten Artikel von einem Bostoner Psychiater über die Tagesabläufe in der Heilpädagogischen Abteilung gelesen. Den kann ich dir mal leihen, wenn du willst.«

»O ja, gern«, meinte Stefan und wirkte ernsthaft interessiert.

»Jetzt bin ich aber gespannt, was du mir noch erzählen wolltest.«

»Wie du sicher weißt, hat sich Pirquet 1929 zusammen mit seiner sehr viel jüngeren Frau das Leben genommen. Das war eine tragische Geschichte, die genauen Hintergründe habe ich auf die Schnelle auch nicht herausbekommen. Jedenfalls entbrannte nach seinem Tod im Hintergrund eine hässliche Schlacht um seine Nachfolge.«

»Man hat aber dann Dr. Franz Hamburger zum Nachfolger ernannt«, warf Sarah ein. »Und der hat seinen ehemaligen Assistenten mitgebracht, Dr. Hans Asperger.«

»Stimmt, aber bei der Besetzung der Stelle als Leiter der Kinderklinik ging es um mehr«, sagte Stefan. »Es war ein Kampf: Konservative gegen Progressive. Mit der Wahl von Dr. Hamburger setzten sich die konservativen Kräfte der Universität durch, denn Hamburger sympathisierte mit der NSDAP. Ab 1934 war er sogar Mitglied.«

»Davon wusste ich gar nichts«, gestand Sarah.

»Das Land war politisch in zwei Lager geteilt. Auf der einen Seite standen die Christlichsozialen, die in der Regierung saßen und am Land die Mehrheit bildeten, auf der anderen die Sozialdemokraten, die in Wien und den anderen größeren Industriestädten das Ruder in der Hand hatten. Auch in der Universität gab es Vertreter beider Lager. Der Hass und das Misstrauen gingen so weit, dass man auf beiden Seiten paramilitärische Einheiten gründete.«

Sarah drehte die Lattellapackung in ihren Händen. Sie fand die Geschichtslektion äußerst spannend. Bisher hatte sie sich nur wenig mit der österreichischen Vergangenheit beschäftigt.

»Dr. Hamburger war ein Reaktionär«, fuhr Stefan fort. »Anfangs verhielt er sich noch zurückhaltend und hat 1932 nach Lazars Tod die Leitung der Heilpädagogischen Abteilung an Dr. Valerie Bruck übergeben. Seinen früheren Assistenten Hans Asperger hat er in ihre Abteilung geschickt, vermutlich weil er dort loyale Mitarbeiter brauchte.«

»Du weißt doch gar nicht, ob Asperger ihm gegenüber loyal war«, korrigierte Sarah.

»Das stimmt natürlich, aber es wird einen Grund gehabt haben, dass er ihn dort haben wollte.«

»Vielleicht ganz einfach, weil Asperger ein fähiger Arzt war?«

»Natürlich kann auch das der Grund gewesen sein«, gab Stefan zu. Dann warf er einen Blick auf den Tetrapak, der vor ihr auf dem Tisch stand. »Hast du eigentlich noch genug Lattella?«

»Die Packung ist leer, aber ehrlich gesagt hätte ich jetzt lieber einen Kaffee«, meinte Sarah.

»Kommt sofort!«

Sie ertappte sich dabei, wie sie ihm nachschaute, während er Nachschub holte. Kurz darauf standen zwei Tassen Melange auf dem Tisch.

»Wo waren wir stehen geblieben?«, fragte Stefan.

»Bei Hamburgers Personalpolitik.«

»Richtig.« Stefan rührte den Milchschaum in den Kaffee. »Bei der erstbesten Gelegenheit, die sich ihm bot, hat er 1935 Dr. Valerie Bruck rausgeworfen und Dr. Asperger die Leitung der Heilpädagogischen Abteilung übergeben.«

»Womit konnte er ihre Entlassung begründen?«

»Na ja, wie immer spielte auch damals das Geld eine Rolle. Verheiratete Frauen, die ein eigenes Gehalt bekamen, sollten aus dem öffentlichen Dienst entlassen werden, um Kosten zu sparen. Zweifelsohne hätte Hamburger sich für sie einsetzen können, doch da sie ihm nicht ins politische Konzept passte, kam ihm diese Anweisung sehr entgegen. Man darf nicht vergessen, dass Hamburger Nazi war und zu einer Zeit in die NSDAP eingetreten ist, als die Partei in Österreich noch illegal war.«

Sarah schwirrte der Kopf. »Warum hatte das denn keine Konsequenzen für ihn, wenn die NSDAP verboten war?«, wollte sie wissen.

»Hamburger war heimliches Mitglied, wie die meisten Nazis. Niemand wollte Nachteile bei seiner Arbeit in Kauf nehmen.«

»Denkst du, dass Asperger ebenfalls ein heimliches Mitglied war?«, hakte Sarah nach.

Stefans Antwort kam prompt. »Nein. Wäre er es gewesen, dann wäre das längst herausgekommen.«

Sarah musste sich eingestehen, dass sie erleichtert war. »Und was geschah mit den anderen Mitarbeitern der Heilpädagogischen Abteilung?«, erkundigte sie sich.

Stefan blätterte wieder in seinen Notizen. »Einige Ärzte mussten schon 1934 gehen, weitere verließen 1938 die Klinik. Hamburger entließ zuerst die Sozialdemokraten, dann die Juden.« Er lehnte sich zurück, trank einen Schluck von seinem Kaffee und verschränkte die Arme vor der Brust. »Jetzt habe ich die ganze Zeit geredet. Höchste Zeit, den Ball an dich weiterzuspielen. Kannst du mir ein bisschen genauer erklären, was Autismus ist?« Er sah sie erwartungsvoll an.

»Diesmal muss ich weit ausholen«, meinte Sarah lächelnd.

Sie freute sich, dass er sich für ihr Forschungsthema interessierte. »Es handelt sich um eine angeborene Störung, die mit einer extremen Isolierung und einer Einengung der Person auf sich selbst einhergeht. Der Schweizer Psychiater Eugen Bleuler hat die Störung erstmals 1911 entdeckt und sie als ›autistische Schizophrenie‹ bezeichnet.«

»Oh, das klingt wirklich interessant, aber auch ganz schön fordernd.« Stefan schaute auf seine Armbanduhr. »Was hältst du davon, wenn wir uns eine kleine Verschnaufpause mit einem weniger anstrengenden Thema gönnen?«

Sarah spürte, dass sie eine gewisse Enttäuschung beschlich. »Also doch keine Aufklärung über Autismus?«

»Ich will alles darüber erfahren«, widersprach Stefan. »Aber vorher brauche ich etwas, was mir das Leben versüßt.«

»Hast du eine konkrete Idee?«

Er nickte lächelnd. »Komm mit, ich entführe dich zum *Schwedenplatz*. Ich sollte nur gegen drei wieder hier sein, da habe ich einen Termin mit einem Kollegen.«

»Was gibt es denn am *Schwedenplatz*?«, wollte Sarah wissen.

»Das beste Eis der Stadt.«

»Sind die Eissalons denn noch geöffnet?«

»Es ist die letzte Woche vor der Winterpause. Die sollten wir unbedingt nutzen.« Er stand auf. »Der *Eissalon am Schwedenplatz* ist einer der ältesten in ganz Wien. Er existiert seit 1886.«

»Seit hundert Jahren?« Sarah war beeindruckt.

»Angeblich war man in der Österreich-Ungarischen Monarchie ganz verrückt nach den kalten Köstlichkeiten. Die Familie Molin Pradel stammte aus einem Tal in den Dolomiten und eröffnete einen Eissalon in Wien. Seither wird dort das beste Eis der Stadt produziert.«

»Ist das deine Meinung oder die aller Wiener?«, wollte Sarah wissen, während sie die Mensa verließen.

»Was Eis betrifft, gibt es drei Fraktionen«, erklärte Stefan. »Die einen behaupten, das Eis von *Tichy* am Reumannplatz sei das beste, die anderen favorisieren den *Eissalon Tuchlauben* und die Dritten den *Schwedenplatz*. Ich schlage vor, du bildest dir selbst eine Meinung. Wir beginnen heute mit dem *Schwedenplatz* und probieren uns dann weiter durch.«

»Das klingt verlockend.«

Von Eis konnte Sarah nie genug bekommen. Aber das Gefrorene war nicht der einzige Grund, warum sie sich über Stefans Angebot freute.

Einen sonnigen Spaziergang später saßen sie mit ihrem Eis auf einer Parkbank vor der ältesten Kirche Wiens, der Ruprechtskirche, und schauten auf den Donaukanal.

»Das Eis ist köstlich«, schwärmte Sarah. »Du hattest recht. Selbst in Italien kann es nicht besser schmecken.«

Stefan lachte. »Es sind ja auch Italiener, die den Salon führen.«

»In Gloucester gibt es ebenfalls italienische Eiscafés«, sagte Sarah. »Und trotzdem schmeckt das Eis nicht annähernd so gut wie hier. Ewig schade, dass der Salon nicht den ganzen Winter hindurch offen hat.«

»Du musst einfach so lange bleiben, bis die Winterpause zu Ende ist.«

»Oder ich hole mir nach diesem Becher noch einen zweiten.«

Und genau das taten die beiden auch.

»Es freut mich, dass es dir schmeckt«, meinte Stefan, als sie ihre zweite Portion aufgegessen hatten. »Jetzt bin ich bereit für das Thema Autismus.«

»Wie schon gesagt, es handelt sich um eine angeborene Störung. Die Bezeichnung ›autistische Schizophrenie‹ ist längst nicht mehr aktuell. Sie entspricht nicht dem Bild, das man heute von der Diagnose hat. Der Amerikaner Leo Kanner hat den Autismus in den Vierzigerjahren neu definiert.«

»Und was versteht man heute darunter?«

»Autismus ist eine tiefgreifende Entwicklungsstörung. Bei den meisten Kindern manifestiert sie sich im Alter von drei Jahren.«

»Und was heißt gestört?«, hakte Stefan nach.

»Die Kinder haben Probleme in der sozialen Interaktion und verfügen über sehr eingeschränkte Interessen. Viele zeigen ein stereotypes, repetitives Verhalten. Manche von ihnen beginnen erst sehr spät zu sprechen oder lernen es nie. Sie haben kein Interesse am Spiel mit Gleichaltrigen, beschäftigen sich immer mit denselben Dingen, wirken motorisch ungeschickt und reagieren auf Veränderungen mit heftigem Schreien. Manche schlagen um sich.«

»Kannst du mir vielleicht ein konkretes Beispiel nennen?«, bat Stefan.

Sarah schluckte. Das Bild von dem schaukelnden Jungen tauchte vor ihrem Inneren auf. Sie versuchte, es wegzuschieben und durch ein anderes zu ersetzen. »Stell dir ein Kind vor, das auf dem Boden liegt und immerfort an den Rädern eines Autos dreht, statt es durch den Raum zu schieben, wie andere Kinder es tun würden. Dabei summt es vor sich hin und reagiert nicht auf die Worte der Mutter.«

»Ich sehe ein verträumtes Kind vor mir.«

»Es wippt dabei mit dem Kopf und fängt an, zu schreien, sobald jemand etwas von ihm fordert, weil es keine Sprache hat.«

»Na, das klingt natürlich nicht mehr so ganz alltäglich. Stell ich mir anstrengend vor.«

»Es ist für alle Beteiligten anstrengend«, bestätigte Sarah. »Die Kinder nehmen ihre Umwelt anders wahr. Einige sind von starken Lichtreizen überfordert, für andere sind laute Stimmen oder eng anliegender Stoff auf der Haut kaum zu ertragen. Manche Väter und Mütter empfinden einen Spaziergang mit ihrem autistischen Kind so, als wären sie mit einer tickenden Zeitbombe unterwegs, die jederzeit explodieren kann. Wenn das Kind tatsächlich einen Wutanfall bekommt, werden die Eltern angestarrt und sogar beschimpft, weil sie nicht imstande sind, ihr Kind zu beruhigen.«

»Meine Güte. Das ist ja ein Albtraum«, meinte Stefan. »Und damit beschäftigst du dich in deiner Doktorarbeit? Das ist ja deprimierend.«

Sie schmunzelte. »Ist denn der Spiegelgrund ein erfreulicheres Thema?«

»Nein, aber ich schreibe ja auch bloß einen Artikel und keine Doktorarbeit.«

»Sag mal, wolltest du dich nicht eigentlich um drei mit einem Kollegen treffen?«, erinnerte Sarah ihn.

Stefan warf einen Blick auf seine Armbanduhr. »O Gott, die Zeit mit dir ist ja nur so verflogen.« Hastig sprang er auf. »Musst du auch wieder zurück?«

Sarah nickte.

Im Eiltempo liefen sie durch die Innenstadt, vorbei an Fiakern und Touristengruppen. Als sie schließlich vor dem Neuen Institutsgebäude standen, wollte Sarah sich verabschieden.

»Was hältst du davon, wenn wir uns später noch treffen, um unser Gespräch von vorhin weiterzuführen?«, meinte Stefan.

»Gern, ich hätte auch noch ein paar Fragen zu deinen Recherchen. Was wäre denn ein guter Treffpunkt? Ich kenne mich hier ja noch nicht so aus.«

»Ich würde den Rathauspark vorschlagen, da ist es schön bei diesem Spätsommerwetter.«

Sie vereinbarten, sich um fünf Uhr am Springbrunnen im nördlichen Teil des Rathausparks zu treffen.

Stefan winkte ihr zu und eilte am großen Hörsaal vorbei Richtung Treppenhaus. Wieder ertappte Sarah sich dabei, wie sie ihm nachsah.

Sie überlegte, wie sie die Zeit bis dahin verbringen sollte. Bei dem schönen Wetter hatte sie keine große Lust, sich in die staubige Bibliothek zu setzen. Sollte sie ins Büro zurückkehren und sich wieder einmal von Johannes anhören, dass sie sich bloß nicht mit Stefan treffen solle?

Sie zögerte. Dann entschied sie sich dafür, gleich in den

Rathauspark zu gehen. Die Verlockung, nach den bislang so trüben Tagen in Wien endlich in der Sonne zu sitzen und die frische Luft zu genießen, war einfach zu groß. Also verließ sie das Gebäude wieder und lief Richtung Ringstraße.

HEILPÄDAGOGISCHE ABTEILUNG
DER UNIVERSITÄTSKINDERKLINIK, WIEN 1934

VIKTORINE

Judith schenkt Kaffee in zwei Tassen und schließt die Tür der Teeküche. Zuvor hat sie sich vergewissert, dass niemand draußen auf dem Gang ist. Dann setzt sie sich. Sie hat dunkle Augenringe, ein Zeichen dafür, dass sie schlecht schläft. Viktorine macht sich Sorgen um sie.

»Glaubst du, dass es stimmt, was man sich erzählt?«, fragt Judith leise.

»Du meinst, dass Dr. Hamburger Dr. Bruck entlassen wird?«

Judith nickt.

Viktorine zuckt mit den Schultern. Sie hat von den Gerüchten gehört, will sie aber nicht glauben.

»Ich kann mir das nicht vorstellen«, meint sie. »Aber sollte es wirklich eintreten, dann wird Dr. Frankl der neue Leiter. Er hat die nötige Erfahrung. Niemand kennt die Abteilung besser als er.«

»Aber er ist Jude«, gibt Judith zu bedenken.

»Na und? Was spielt das für eine Rolle?«

Judith schüttelt den Kopf. »Du bist naiv. Hast du immer noch nicht begriffen, dass Hamburger ein illegaler Nazi ist? Er hasst uns Juden.«

Ohne Vorankündigung wird die Tür aufgerissen. Judith rutscht vor Schreck die Tasse aus der Hand, und der Kaffee breitet sich auf dem weißen Tischtuch aus. Sie unterdrückt einen Fluch.

Auch Viktorine reißt erschrocken den Kopf herum. Dr. Anni Weiss steht in der Tür.

»Oh, Verzeihung, ich wusste nicht, dass hier jemand ist.« Die Ärztin macht eine entschuldigende Geste. »Ich wollte mir nur eben eine Tasse Kaffee holen.«

»Sie stören doch nicht«, sagt Viktorine. »Setzen Sie sich.«

Judith versucht, mit einem Geschirrtuch den Kaffeefleck zu entfernen, reibt ihn aber nur noch fester in den Stoff hinein. Genervt nimmt sie das ganze Tuch vom Tisch und wirft es in den Korb mit der Schmutzwäsche, der neben der Spüle steht.

Dr. Weiss lässt sich mit einer vollen Kaffeetasse neben Viktorine nieder. »Mich beunruhigt es, wie Hamburger versucht, Dr. Bruck zu entmachten, indem er Dr. Asperger immer mehr Aufgaben gibt. Und wie er die Kollegin Bruck in den Sitzungen ignoriert, ist nicht mehr zu ertragen!«

Ihre Stimme ist so laut geworden, dass Judith erschrocken die Tür zum Flur schließt.

»Ach, lassen Sie die Tür ruhig offen, Schwester Judith. Soll Hamburger mich doch auch gleich rauswerfen! Dann hat er bald keine fähigen Ärzte mehr in dieser Abteilung und kann die Vorzeigestation schließen. Ich überlege ohnehin, zu gehen.«

»Das können Sie nicht tun«, entgegnet Viktorine entsetzt. »Wir brauchen Sie hier!«

Der Blick der Ärztin wird wieder sanfter. »Das ist sehr lieb von Ihnen. Aber bald wird vom Aufbruchsgeist dieser Abteilung nichts mehr übrig sein. Dann werden wir wieder eine ganz normale Kinderpsychiatrie sein, wo Kinder mit Medikamenten ruhiggestellt und an die Betten gefesselt werden.«

»Bitte sagen Sie so etwas nicht. Dr. Asperger ist zwar jung, aber ihm liegt das Wohl unserer Patienten ebenso am Herzen wie uns«, meint Viktorine.

»Genau wie Hamburger verachtet er die Psychoanalyse«, erwidert Dr. Weiss.

Dieses Argument kann Viktorine nicht widerlegen. Aber nur weil jemand kein Freund der Psychoanalyse ist, heißt das noch lange nicht, dass er die bisherige Arbeit verurteilt.

»Dr. Bruck ist eine fähige Vorgesetzte«, fährt die Ärztin fort. »Sie leitet ihre Abteilung in Dr. Lazars Sinn. Aber Hamburger hält leider nichts von Frauen in leitenden Positionen. Diese reaktionären Nazis würden am liebsten überall die Uhr zurückdrehen und uns Frauen wieder an den Herd schicken. Wir sollen Gebärmaschinen werden, die die Männer bekochen.«

Dr. Weiss trinkt ihren Kaffee aus und stellt ihre Tasse in die Spüle. Ihre Wut hat sich in Traurigkeit verwandelt.

»Und das ist erst der Anfang«, sagt sie. Für einen Moment glaubt Viktorine, Tränen in ihren Augen zu sehen. Dann öffnet Dr. Weiss die Tür und geht davon.

Viktorine denkt noch lange über ihre Worte nach. Sie jagen ihr Angst ein.

WIEN 1986

SARAH

Wieder erschien Stefan pünktlich. Sarah hatte eine Parkbank in der Sonne gewählt, direkt vor dem Springbrunnen. In einem Kiosk hatte sie zwei Flaschen Mineralwasser besorgt, von der sie die eine Stefan reichte.

»Vielen Dank!« Stefan setzte sich neben sie. »Ich dachte, du trinkst rund um die Uhr Lattella.«

»Nein, das wird sogar mir zu viel«, meinte Sarah grinsend. Sie war schon gespannt auf das, was Stefan ihr von seinen weiteren Recherchen erzählen würde.

Er öffnete seine Ledertasche und holte einen Packen Papiere heraus, die unordentlich mit einer Büroklammer zusammengeheftet waren. Überraschend schnell fand er, wonach er suchte.

»Wusstest du, dass nach 1938, dem sogenannten Anschluss Österreichs, nur noch etwa ein Drittel der Kinderärzte in Wien geblieben ist?«

Sarah schüttelte den Kopf.

»Die Universität entließ fünfundvierzig Prozent ihrer Mitarbeiter«, fuhr Stefan fort. »Drei Viertel aller Psychotherapeuten verließen das Land. Die geistige Elite war mit einem Schlag weg.«

»Das sind ja unglaubliche Zahlen«, meinte Sarah. Es war ihr nie bewusst gewesen, wie viele Wissenschaftler aus Österreich weggegangen waren.

»Die Mediziner, die blieben, konnten jetzt leicht Karriere machen, schließlich war die Konkurrenz weg«, meinte Stefan. »Nun hinderte auch niemand mehr die linientreuen Ärzte daran, die nationalsozialistischen Vorstellungen von der sogenannten Rassenhygiene durchzusetzen. Und damit kommen wir zum eigentlichen Thema meiner Recherchen, der Fürsorgeanstalt Am Spiegelgrund.«

»Neulich in der Mensa habe ich zum ersten Mal von dieser schrecklichen Klinik gehört«, gestand Sarah. »Kannst du mir ein bisschen mehr darüber erzählen? Wann wurde die überhaupt gegründet?«

»Die Klinik wurde auf dem Gelände der Heil- und Pflegeanstalt Am Steinhof errichtet, das war die Psychiatrische Klinik hier in Wien. Sie wurde schon 1907 eröffnet und galt damals als eine der modernsten Europas. Die ganze Anlage war großzügig und im Pavillonstil angelegt. Für die Insassen gab es sogar ein Theater. Doch ab 1940 begannen die sogenannten Säuberungen. Ein Großteil der Wiener Psychiatriepatienten wurde in die Gaskammern im Schloss Hartheim bei Linz gebracht. Zugleich nahm man in den Pavillons im westlichen Teil der Psychiatrischen Klinik die Fürsorgeanstalt Am Spiegelgrund in Betrieb.«

»Und was waren dort für Kinder untergebracht?«, erkundigte sich Sarah.

»Kinder mit verschiedensten Behinderungen und Störungsbildern, die hier ›geheilt‹ werden sollten, wie das zynischerweise genannt wurde. In Wirklichkeit wurden insgesamt fast achthundert Kinder getötet. In fast drei Vierteln der Todesfälle wurde eine Lungenentzündung als Todesursache angegeben. So sollte der Eindruck eines natürlichen Todes vorgetäuscht werden. Etliche Insassen waren übrigens Kinder von Alkoholikern, von alleinerziehenden Müttern, von Kriminellen – alles, was nicht ins Menschenbild der Nazis passte.«

»Wie schrecklich.« Ein eisiger Schauer lief Sarah über den Rücken. »Und woran sind sie in Wirklichkeit gestorben, wenn nicht an Lungenentzündung?«

»Den Kindern wurden Barbiturate verabreicht. Sie verloren Gewicht, litten unter Fieber und wurden anfällig für alle möglichen Infektionen. In den meisten Fällen führte das tatsächlich zu Lungenentzündungen, doch man behandelte die Kinder nicht und ließ sie einfach verhungern.«

Sarahs Kehle schnürte sich zusammen. »Warum habe ich noch nie davon gehört? Jeder spricht über KZs, aber niemand weiß, dass behinderte Kinder getötet wurden.« In ihrem Inneren tauchte wieder der schaukelnde Junge auf, und sie schloss die Augen.

»Weil das Ausmaß der ganzen Sache erst nach und nach ans Tageslicht kommt«, erklärte Stefan. »Der Prozess um Friedrich Zawrel hat den Stein ins Rollen gebracht. Ich bin davon überzeugt, dass der Fall eine ganze Lawine auslösen wird.«

»Johannes hat mir vorhin schon ein bisschen davon erzählt. Wie kann es sein, dass dieser Gross einfach als Gutachter weiterarbeiten konnte?«

»Seine Vergangenheit hat niemanden interessiert. Eine braune Vergangenheit ist in Österreich salonfähig.«

Fassungslos schüttelte Sarah den Kopf.

»Zawrel landete schon als kleiner Junge in der Klinik Am Spiegelgrund. Nach dem Krieg hatte er weder einen Schulabschluss noch eine Berufsausbildung und war immer wieder in Eigentumsdelikte verwickelt, die aber alle harmlos waren. Bei einem Prozess verlangte der zuständige Richter das Gutachten eines Psychiaters. Damit wurde ausgerechnet Dr. Gross beauftragt, sein ehemaliger Peiniger, der ihn am Spiegelgrund für Forschungszwecke missbraucht hatte. Und der hat dafür gesorgt, dass Zawrel jahrelang ins Gefängnis gewandert ist. Im Keller der Klinik Am Spiegelgrund hat man übrigens Hunderte eingelegter Kinderhirne gefunden, die Gross gesammelt hat wie andere Menschen Briefmarken.«

Sarah wurde schwindelig. »Ich verstehe das alles nicht. Österreich ist doch eine Demokratie, in der die Menschenrechte hochgehalten werden. Warum ist Gross nicht im Gefängnis gelandet?«

»Die österreichische Justiz ist immer noch von ehemaligen Nazis unterwandert. Eine Hand wäscht die andere, und die braune Brut unterstützt sich auch weiterhin. Wir haben einen Bundespräsidenten, der bei der SS war, und niemanden im Land schert es. Wir sehen uns immer noch als Opfer Nazideutschlands. In Wirklichkeit saßen in Österreich genauso viele Täter wie bei den Nachbarn.«

Stefan griff nach seiner Tasche und nahm einen Ordner heraus, der viel ordentlicher aussah als der Rest seiner Unterlagen.

»Hast du den erstellt?«, fragte Sarah beeindruckt.

Stefan schüttelte den Kopf. »Der ist von einem Studienkollegen«, gab er zu und legte ihn auf Sarahs Schoß. »Falls du mal reinschauen willst. Das sind alle Artikel zum laufenden Prozess.«

Sarah schlug den Ordner auf und überflog die fein säuberlich ausgeschnittenen und aufgeklebten Zeitungsartikel. *Der Schlächter vom Spiegelgrund*, lautete eine der reißerischen Überschriften.

»Vor fünf Jahren wurde Zawrel endlich entlassen«, berichtete Stefan. »Das verdankt er ausschließlich der Arbeitsgemeinschaft Kritische Medizin und ein paar engagierten Enthüllungsjournalisten.«

Er sagte das nicht ohne Stolz. Sarah konnte ihn durchaus verstehen. Ohne die Presse wäre die ganze Geschichte wohl auch weiterhin vertuscht worden.

»Gibt es denn Beweise, dass Kinder von der Heilpädagogischen Abteilung in der Klinik Am Spiegelgrund getötet wurden?« Es fiel Sarah nicht ganz leicht, diese Frage zu stellen, denn sie berührte die Rolle Aspergers in jener Zeit.

»Nein«, sagte Stefan.

Erleichtert atmete Sarah auf.

»Bis jetzt noch nicht«, fügte er hinzu.

»Sag noch mal, wo genau bist du auf Aspergers Namen gestoßen?«

»Der steht wie gesagt unter einigen Befunden, die wir in den Unterlagen der Klinik Am Spiegelgrund gefunden haben.«

»Und hat er damit die Kinder in den sicheren Tod geschickt?«, wollte Sarah ängstlich wissen.

»Nein«, sagte Stefan. »Die Kinder wurden nicht getötet. Man hat sie in andere Kinderheime überstellt.«

»Dann kann es doch sein, dass Dr. Asperger mit seinen Befunden Kinder vor der Tötungsmaschinerie bewahrt hat. Oder?«

»Das ist durchaus möglich. Ich verstehe zu wenig von den Befunden, als dass ich dazu etwas sagen könnte.«

Sarah klappte den Ordner zu und gab ihn Stefan zurück.

»Kann ich mir vielleicht die Befunde einmal anschauen?«, fragte sie.

»Ich denke schon, dass das machbar ist. Ich vereinbare demnächst einen weiteren Termin mit einem Historiker, um die Akten der Kinder einzusehen, die seit Kriegsende im Archiv der ehemaligen Klinik vergammeln. Man hat sich nie die Mühe gemacht, sie zu sichten. Erst der Prozess rund um Zawrel und Gross hat die Wissenschaftler auf den Plan gerufen.«

Originalakten der Kinder, die von Asperger befundet worden waren? Das war eine Gelegenheit, die Sarah sich auf keinen Fall entgehen lassen durfte.

Sie lächelte. »Und du als Publizistikstudent bekommst die Erlaubnis, diese Akten zu sichten?«

»Der Historiker ist ein guter Freund von mir«, gestand Stefan. »Was denkst du, woher ich all die Fakten habe? Wegen meines hübschen Gesichts hat man mir die Informationen nicht gegeben.«

»Verstehe.«

»Willst du mitkommen?«

»Ja, unbedingt.«

»Fein!« Er schien sich tatsächlich zu freuen. »Ich werde einen Termin vereinbaren und dir dann Bescheid geben. Hast du eine Telefonnummer, unter der ich dich erreiche?«

Sarah holte Stift und Papier aus ihrer Tasche und notierte zwei Nummern auf einen Zettel, den sie ihm reichte. »Die obere ist von meiner Vermieterin, die untere vom Institut.«

»Du hörst von mir.« Er steckte den Zettel nachlässig in seine Lederjacke, und Sarah fragte sich, ob er ihn jemals wiederfinden würde.

Stefan sah sie interessiert aus zusammengekniffenen Augen an. »Warum Autismus?«

»Was?«

»Warum interessierst du dich für Autismus? Das ist doch ein sehr ungewöhnliches Thema.«

Sein durchdringender Blick war ihr unangenehm. Sie hatte das Gefühl, als wollte er in Sarahs Innerstes schauen, um dort irgendwelche dunklen Geheimnisse aufzuspüren.

»Warum eine Kindereuthanasieklinik der Nazis?«, wich Sarah geschickt aus.

Stefan zögerte, dann lachte er. »Touché. Wollen wir noch eine kleine Runde durch den Rathauspark spazieren? Ich erzähl dir ein bisschen was über die Denkmäler berühmter Wiener.«

»Sind es nur Männer?«, fragte Sarah.

»Ich fürchte, ja.«

»Und wo werden die berühmten Frauen geehrt?«

Er sah sie beschämt an. »Das wird wohl noch ein paar Jahre dauern, bis die aus dem Schatten geholt werden.«

Sarah verzog den Mund.

»Du wirkst nicht gerade begeistert. Dann habe ich einen anderen Vorschlag. Allerdings müssten wir uns dafür etwas mehr Zeit nehmen«, meinte Stefan. »Was hältst du von einem Ausflug in den Tiergarten Schönbrunn? Dort stehen Tiere im Mittelpunkt – Männchen und Weibchen.«

Sarah musste lachen. »Gibt es denn auch Pinguine im Zoo?«

»Ja, natürlich!«

»Dann sehr gerne.«

»Ich melde mich auf jeden Fall bei dir.«

»Schön, ich freu mich darauf.«

Als er ihr zuwinkte und ging, spürte Sarah ein Bedauern. Wie jedes Mal, wenn sie sich verabschiedeten. Hoffentlich würde er sein Versprechen halten und sich bald bei ihr melden.

GOETHEHOF, WIEN 1934

VIKTORINE

Die dunklen Einschusslöcher der Panzergranaten leuchten anklagend von der hellen Fassade des Goethehofs, wo Frauen, Kinder, Familien und alte Menschen wohnen. Es ist erst ein paar Wochen her, dass die Männer der Heimwehr mit schwerem Artilleriefeuer auf den Gemeindebau an der Alten Donau geschossen haben. Der österreichische Kanzler Engelbert Dollfuß hatte den Befehl dazu erteilt. Er ließ Österreicher auf Österreicher schießen. Das Grauen der Gefechte ist immer noch allgegenwärtig. Schon vor dem Februar hat sich ein tiefer Graben durch die österreichische Bevölkerung gezogen, doch jetzt scheinen die Hürden unüberwindbar. In manchen Haushalten verläuft der Bruch mitten durch die Familie.

Auch in der Kinderklinik haben die Fronten sich verhärtet. Offen bekennende Sozialdemokraten haben das Land verlassen müssen. Dr. Weiss hat ihre Drohung wahr gemacht und ist nach Amerika ausgewandert. Leider nicht freiwillig – sie wurde dazu gezwungen. Es ist wohl nur eine Frage der Zeit, bis Dr. Frankl ihr folgt. Er ist rechtzeitig aus der Sozialdemokratischen Partei ausgetreten und hat sich so vor Gefängnis und Verfolgung schützen können. Noch ist er aber in Wien.

Viktorine ist ein unpolitischer Mensch. Ihr Interesse gilt ausschließlich ihrer Arbeit. Solange sie diese ausüben darf, ist es ihr völlig egal, wer das Land regiert. Doch die Bürgerkriegswochen im Februar sind auch an ihr nicht spurlos vorübergegangen. Bei den Kämpfen hat sie ihren Schwager Michael verloren, der ein leidenschaftlicher Sozialdemokrat war. Sie sind sich zwar bei jedem Treffen in die Haare geraten, doch sein sinnloser Tod hat sie sehr getroffen. Ihre jüngere Schwester Maria ist jetzt allein, und Viktorine fühlt sich für sie verantwortlich.

Mit einem beklemmenden Gefühl betritt sie den Innenhof der Wohnanlage. Wo vor Kurzem noch Kinder gespielt und alte Menschen auf Parkbänken gesessen haben, herrscht jetzt gespenstische Stille. Die Fenster, die zum großzügig angelegten Hof hinausgehen, sind ausnahmslos geschlossen, so, als fürchte man weitere Angriffe der Christlichsozialen Heimwehr. Viktorine läuft an einem stillgelegten Brunnen vorbei, einer Teppichklopfstange und dem menschenleeren Außenbereich des Kindergartens. Schweren Herzens tritt sie auf den Hauseingang zu. Auch die moderne Holztür ist ramponiert, Gewehrkugeln stecken neben der Türklinke. Der Kloß in Viktorines Kehle wird größer, und sie versucht, ihn hinunterzuschlucken, doch ohne Erfolg.

Langsam steigt sie die Steinstufen in den zweiten Stock hoch und hält sich dabei am grün gestrichenen Treppengeländer fest. Beim Türschild mit der Aufschrift *Schlögl* bleibt sie stehen. Die Ehe ist kinderlos geblieben, was jetzt Fluch und Segen zugleich ist. Maria muss keine Verantwortung als alleinerziehende Mutter übernehmen. Zugleich bedeutet es, dass sie auf niemanden Rücksicht nehmen muss. Sie kann sich gehen lassen und sich ganz ihrem Schmerz hingeben. Viktorine fürchtet, dass sie genau das tun wird. Beim Tod ihres Vaters war Maria in ein tiefes Loch gestürzt, aus dem Viktorine sie nur nach und nach herausholen konnte. Sie will sich gar nicht ausmalen, wie Maria auf den Verlust ihres geliebten Ehemanns reagiert.

Mit banger Vorahnung dreht Viktorine die Türklingel, einen kleinen, runden Metallknopf. Ein schriller Ton zerreißt die Stille im Treppenhaus. Es dauert, bis sie schlurfende Geräusche vernimmt. Endlich macht sich jemand an der Tür zu schaffen. Viktorine müht sich ein Lächeln ab, sie ist sich sicher, dass Maria durch den Spion über der Klingel schaut. Erst dann öffnet sie, und Viktorine bleibt vor Schreck die Luft weg.

Ihre Schwester sieht aus wie eine lebende Tote. Nichts erinnert mehr an die lebenslustige, attraktive Frau, die sie bis vor Kurzem noch gewesen ist. Ihr Gesicht ist eingefallen und grau, und ihre sonst so glänzenden Locken hängen ihr strähnig in die Stirn, als hätte sie sie seit Wochen nicht gewaschen.

»Servus!« Viktorines Stimme ist belegt.

Maria nickt ihr bloß zu, dann winkt sie ihre Schwester herein. Sie scheint nicht überrascht über den unangekündigten Besuch zu sein. Hat sie damit gerechnet oder gar seit Tagen darauf gewartet?

»Es tut mir alles so furchtbar leid.« Viktorine macht einen Schritt auf Maria zu und nimmt sie in den Arm. Durch das dünne Baumwollkleid kann sie Marias Rippen spüren. Wo sind die hübschen weiblichen Rundungen geblieben, die Michael so geliebt hat?

Die Berührung öffnet die Schleusen, die nur notdürftig geschlossen waren. Maria weint hemmungslos und nässt Viktorines Schulter mit ihren Tränen.

»Sie haben mir nicht einmal seinen Leichnam gegeben«, schnieft sie. »Ist das nicht schrecklich, Viki?«

»Ich weiß«, sagt Viktorine. »Komm, wir setzen uns ins Wohnzimmer.«

Maria lässt sich bereitwillig zum schmalen Sofa führen. Es ist ein Erbstück von ihren Eltern. Das geblümte Muster ist bereits ausgeblichen, dennoch leistet das alte Möbelstück noch gute Dienste. Als die beiden Schwestern sich darauf niederlassen, quietschen die Sprungfedern. Das Geräusch ist Viktorine aus ihrer Kindheit nur allzu vertraut. Tröstend legt sie den Arm um Marias schmale, kantige Schultern.

»Sie haben seinen Leichnam in einem Massengrab verscharrt«, sagt ihre Schwester leise. »Ohne eine letzte Segnung. Die Priester haben den Verrätern diesen Dienst verweigert.«

Viktorine schüttelt fassungslos den Kopf. »Was sind das für Priester? Sie sind da, um das Leid der Menschen zu mildern. Auf eine Kirche wie diese kann ich verzichten.«

Ihre Bemerkung entlockt Maria trotz ihres Schmerzes ein mattes Lächeln. Eigentlich ist sie diejenige, die mit dem Katholizismus nichts am Hut hat, und ihre Schwester die Verteidigerin der Kirche.

Viktorines Blick gleitet zum Schlafzimmer, die Tür steht offen. Maria hat das Bett nicht gemacht, auf einem Stuhl liegt ein Haufen Schmutzwäsche, und auch die Küche ist unaufgeräumt. Schmutziges Geschirr stapelt sich in der Spüle. Ein untypischer Anblick, denn für gewöhnlich legt Maria großen Wert auf Ordnung. Viktorine wird später Hand anlegen müssen.

»Wir werden seinen Namen auf den Grabstein der Eltern schreiben lassen«, verspricht Viktorine. »Dann hast du einen Ort, an dem du um ihn trauern kannst.«

»Danke.«

»Hat sich die Situation wieder beruhigt?«, erkundigt sich Viktorine vorsichtig.

»Du meinst, ob die Menschen sich wieder aus ihren Wohnungen wagen?« Maria richtet sich auf und wischt mit dem Handrücken über ihre laufende Nase. Rasch reicht Viktorine ihr ein Taschentuch, das sie stets in der Schürze ihres Kleids hat. Maria nimmt es dankend entgegen und prustet lautstark hinein.

»Ja«, sagt Viktorine. »Der Hof und das Stiegenhaus sind menschenleer. Die Stille ist gruselig.«

»Die Angst sitzt allen noch in den Knochen«, erklärt Maria. »Die Bilder der Toten werden uns noch jahrelang verfolgen. Der Maier lag drei Tage neben dem Kinderspielplatz. Er starb durch einen Kopfschuss, genau wie …« Ihre Stimme bricht, und sie beginnt erneut zu weinen.

Viktorine zieht ihre Schwester näher zu sich und streicht ihr liebevoll über den Rücken. »Versuch, die Bilder nicht an dich heranzulassen.«

»Wie soll ich das machen?«, flüstert Maria unter Tränen. »Das Bild vom Maier verfolgt mich. Niemand hat sich getraut, ihn wegzubringen. Wo hätten wir ihn auch hinschleppen sollen? Schließlich haben die von der Heimwehr ihn abgeholt. Wie ein Stück Vieh haben sie ihn auf einen Karren geworfen und abtransportiert. Der hat sicher auch kein anständiges Begräbnis bekommen.«

»Gott ist barmherzig«, sagt Viktorine voller Überzeugung. »Ihm ist es egal, wie die Toten vor ihn treten. Michael war ein guter Mann. Mach dir um seinen Platz im Himmel keine Sorgen. Die Priester können uns gestohlen bleiben.«

»Es ist alles so schrecklich«, schnieft Maria.

»Soll ich heute Nacht bei dir schlafen?«, bietet Viktorine ihr an.

»Würdest du das tun?«

»Ja, natürlich. Du bist meine Schwester. Ich würde alles tun, damit es dir wieder besser geht.«

»Das ist lieb von dir.« Maria richtet sich auf. »Es ist so einsam ohne Michael, und die Erinnerungen an den Angriff sind noch so real, als würden die Heimwehrler uns immer noch angreifen.«

»Es ist vorbei«, sagt Viktorine beruhigend.

»Sie haben mit schweren Kanonen auf uns geschossen, als wären wir Schwerverbrecher.«

»Das ist unglaublich!«, pflichtet Viktorine ihr bei. »Aber glaube mir, viele Christlichsoziale sind mit der Vorgehensweise nicht einverstanden.«

Maria lacht auf. »Dollfuß hat das Parlament außer Kraft gesetzt und unsere Demokratie ausgehebelt. Er hat eine Abstimmungspanne des Parlaments schamlos für seine Zwecke ausgenutzt. Seine Regierung ist eine Diktatur, genauso schlimm wie die von Mussolini in Italien oder von Hitler in Deutschland. Das müssen die Christlichsozialen doch sehen. So blind und blöd kann man gar nicht sein.«

Viktorine widerspricht nicht.

Was hätte sie auch sagen sollen? Im Grunde weiß sie, dass Maria recht hat.

»Was passiert, sollte Hitler die Finger nach Österreich ausstrecken?«, fragt Maria.

»Das wird er nicht tun!«

»Woher willst du das wissen? Er ist größenwahnsinnig. Genau wie Dollfuß.«

Viktorine hasst politische Diskussionen. Sie ist diese Gespräche leid. Auch in der Klinik dreht sich seit Monaten alles um Politik.

»Dollfuß hat die Sozialdemokraten verboten«, fährt Maria fort. »Er hat uns alles weggenommen und beschlagnahmt. Nun verlassen die klügsten Köpfe das Land, oder sie sitzen im Gefängnis.« In Marias Stimme liegt wieder die Leidenschaft, die Viktorine von ihr kennt. An jedem anderen Tag wäre sie jetzt aufgestanden und hätte das Thema gewechselt, doch heute ist sie froh, dass Maria sich damit von ihrer Trauer ablenken kann.

»Hitler wird sich Österreich einverleiben«, sagt Maria. »Und wer, denkst du, wird sich ihm entgegenstellen, wenn alle kritischen Stimmen verstummt sind?«

»Warum sollte das passieren?«, widerspricht Viktorine. »Dollfuß hat alles, was er wollte, und er wird sich mit Hitler einigen, genau wie er es mit Mussolini getan hat.«

»Wie läuft es eigentlich in der Klinik?«, erkundigt sich Maria. Vermutlich hat sie erst einmal genug von politischen Diskussionen und möchte das Thema wechseln. Da sie Lehrerin ist, interessiert sie die Arbeit ihrer Schwester in der Kinderklinik.

»Frau Dr. Weiss ist nach Amerika ausgewandert«, erzählt

Viktorine. »Aber zum Glück ist Dr. Asperger noch da. Das ist ein sehr fähiger Arzt.«

Amüsiert kneift Maria die Augen zusammen und mustert ihre Schwester. »Bist du immer noch in ihn verliebt?«

Sofort schießt Viktorine das Blut in die Wangen. Viel zu schnell, um glaubwürdig zu erscheinen, streitet sie ab: »Ich bin überhaupt nicht in ihn verliebt.«

»Und warum wirst du rot wie ein Paradeiser, sobald sein Name fällt?« Für einen Moment scheint Maria die Trauer um ihren Mann vergessen zu haben.

»Ich schätze ihn einfach als Arzt«, versichert Viktorine. »Er beobachtet die Patienten ganz genau und hat ein besonderes Interesse an autistischen Psychopathen. Er studiert ihr Verhalten wie kein anderer.«

»Wie geht es eigentlich dem kleinen Erich, der dir so ans Herz gewachsen ist?«

Es ist erstaunlich, wie gut ihre Schwester sie kennt. Seit dem Tag, an dem Erich in der Klinik aufgenommen wurde, hat Viktorine ein ganz besonderes Augenmerk auf ihn gelegt. Mittlerweile sind zwei Jahre vergangen, der Junge hat sich gut eingelebt und zeigt deutliche Fortschritte. Seine kognitiven Fähigkeiten sind außergewöhnlich, aber seine Wutausbrüche halten ihn nach wie vor von größeren Entwicklungsschritten ab. Viktorine wünschte, sie könnte ihm irgendwie helfen, damit er nicht so oft brüllend durch die Gänge laufen muss.

»Erich kann lesen und schreiben«, berichtet sie. »Er rechnet viel besser als alle anderen Kinder in seinem Alter.«

»Warum ist er dann noch bei euch und nicht schon längst in einer netten Pflegefamilie?«, will Maria wissen.

Viktorine ist verlegen, geradeso, als sei sie für Erichs Verhalten verantwortlich. »Sobald ihn irgendetwas irritiert, fängt er an zu schreien. Manchmal wirft er sich auf den Boden und schlägt mit den Fäusten gegen die Stirn. Oder er beißt sich die Knöchel blutig. Wenn man versucht, sich ihm zu nähern, dann tritt er nach einem.«

»Das klingt ja gemeingefährlich«, sagt Maria.

Viktorine seufzt niedergeschlagen. »Das meinen auch die Ärzte. Bei besonders heftigen Tobsuchtsanfällen verabreichen sie ihm Barbiturate.«

»Das ist doch gut, oder? Die Medikamente beruhigen ihn bestimmt.«

Viktorine schüttelt den Kopf. »Nicht immer. Außerdem behandelt man damit nur die Symptome, nicht aber die Ursache. Wenn wir ihn ruhigstellen, erfahren wir nicht, warum er tobt und schreit.«

»Ist das bei einem Psychopathen denn so wichtig?«

»Ich denke, ja. Es sollte unser Ziel sein, die Kinder zu verstehen. Es muss einen Grund für ihr Verhalten geben.«

Maria denkt nach. »Ich glaube nicht, dass du mit deiner Ansicht in der Klinik auf viele wohlwollende Ohren stößt«, sagt sie schließlich. »Eine Krankheit ist eine Krankheit, und da muss man Medikamente nehmen.«

Viktorine seufzt. »Dieser Auffassung sind auch viele Ärzte. Ich wünschte, die Meinung der Psychoanalytiker hätte mehr Gewicht, denn die interessieren sich für die Ursachen und nicht nur für die Symptome. Aber ich werde nicht aufgeben. Und ich denke, dass ich am ehesten Dr. Asperger davon überzeugen kann, Kinder wie Erich verstehen zu wollen.«

»Ich dachte, er hätte mit den Analytikern nichts am Hut.«

»Hat er auch nicht«, bestätigt Viktorine. »Und trotzdem

will er die kleinen Patienten verstehen.« Sie macht eine Pause und wägt ihre Worte genau ab. »Ich glaube, dass Erich zu ganz besonderen Leistungen fähig ist. Ich habe ihn beim Rechnen beobachtet. Alle Aufgaben, die ich ihm stelle, löst er innerhalb kürzester Zeit. In manchen seiner Zahlenreihen kann ich keinen Sinn erkennen. Aber ich glaube nicht, dass er sie grundlos aufschreibt.«

»Soll ich einen Blick darauf werfen? Du weißt, dass ich immer die Beste im Rechnen war.«

»Ja bitte! Warum bin ich nicht selbst auf diese Idee gekommen? Du bist eine begnadete Rechnerin.«

Maria wollte Mathematik studieren, aber dazu hat das Geld nicht gereicht, also ist sie Volksschullehrerin geworden.

»Das wäre großartig«, sagt Viktorine. Dann steht sie auf. »Komm, lass uns das Bett für mich überziehen. Oder soll ich das Sofa nehmen?«

»Nein, bitte nicht!« Maria ergreift die Hände ihrer Schwester. »Es wäre schön, wenn du bei mir im großen Bett lägest.«

»In Ordnung.«

»Vielen Dank.«

»Das ist doch selbstverständlich.«

»Nein, das ist es nicht«, widerspricht Maria. »Du hast etwas gut bei mir.«

Viktorine lächelt. »Schau bitte mal Erichs Zahlenreihen durch. Das reicht schon.«

HEILPÄDAGOGISCHE ABTEILUNG
DER UNIVERSITÄTSKINDERKLINIK, WIEN 1935

VIKTORINE

Auf einem kleinen Hocker an der Fensterfront des Spielzimmers sitzt Viktorine mit einem Notizblock, während Dr. Asperger seinen Stuhl neben der Tür aufgestellt hat. Seit fünfzig Minuten beobachten sie eine Gruppe von Kindern. Fünf Buben im Alter von acht bis zehn Jahren befinden sich im Raum. Otto, ein stämmiger Junge, der deutlich älter aussieht, als er tatsächlich ist, geht brummend durch den Raum. Immer wieder bleibt er stehen, wippt mit dem Oberkörper vor und zurück, dabei verkrampft er die Hände und streckt die Finger von sich. Von den anderen Kindern scheint er kaum Notiz zu nehmen. Nur wenn er direkt vor einem der Kinder stehen bleibt, richtet er seinen Blick auf sein Gegenüber.

Jetzt hält er vor Viktor an, der am Tisch sitzt und ebenfalls wippende Bewegungen macht. Dabei kaut der Junge an seinen Fingerknöcheln herum, die bereits blutig sind. Einen Verband scheint Viktor nicht ertragen zu können, denn er reißt ihn sich sofort herunter, sobald man ihn angebracht hat.

Ein Bub namens Mario flitzt schreiend durch den Raum. Er klettert auf die Fensterbank, schaut kurz hinaus auf den verschneiten Garten, hüpft wieder herunter, dann erklimmt er den Tisch. Auch von dort springt er wieder auf den Boden und gibt dabei quietschende Töne von sich. Er rennt an Otto vorbei, bremst knapp vor ihm ab, berührt ihn aber nicht. Ohne sich gegenseitig ins Gesicht zu schauen, halten sie einen Abstand von etwa einem halben Meter zueinander. Otto weicht Mario aus und umgekehrt.

Fritz hockt in einer Ecke und schlägt sich mit den Fäusten gegen die Schläfen. Er hält die Augen geschlossen. Immer wieder fasst er sich mit beiden Händen an die Ohren, insbesondere dann, wenn hohe und laute Töne von den anderen kommen. Diesen Lärm scheint er nicht zu ertragen.

Mario läuft zum Tisch, unter dem Erich sich verkrochen hat, geht in die Hocke, schaut für ein paar Sekunden den anderen Jungen an, bevor er weiterrennt.

Es fällt Viktorine schwer, alle Eindrücke schriftlich festzuhalten. Die Kinder agieren unglaublich schnell. Es sind winzige Nuancen ihres Verhaltens, die vielleicht wichtig sind. Sie versucht, sich ausschließlich auf einen Buben zu konzentrieren. Mit akribischer Genauigkeit notiert sie jede Bewegung, jede Veränderung der Mimik.

Erich wirkt unglücklich. Er hat ein Buch mit unter den Tisch genommen. Immer wieder presst er es gegen seine Brust, so, als könnte es ihm Halt geben. Er ist der Einzige in der Gruppe, der einfache Sätze sprechen kann. Seine Artikulation klingt emotionslos und abgehackt, ist aber verständlich. Jetzt presst er die Lippen fest aufeinander und hält sich die Ohren zu, genau wie Fritz.

Als der Minutenzeiger der Wanduhr die volle Stunde anzeigt, steht Dr. Asperger auf. Er beendet die Beobachtungsstunde stets pünktlich. Sorgfältig schließt er seine Mappe, stellt seinen Stuhl zurück an den Tisch und wendet sich an Viktorine.

»Kann ich Ihr Protokoll gleich mitnehmen?«

»Die Aufzeichnungen sind noch völlig unleserlich«, entschuldigt sie sich eilig. Die Vorstellung, dass ihr Vorgesetzter ihre unvollständigen Sätze liest, missfällt ihr. »Ich werde den Text bis zum Mittag ins Reine schreiben und ihn dann in Ihr Büro bringen.«

Seit einigen Wochen ist Dr. Asperger Leiter der Heilpädagogischen Abteilung, nachdem Dr. Valerie Bruck von Dr. Hamburger entlassen wurde. Es heißt, er könne nicht mit Frauen umgehen, die wagen, ihm zu widersprechen. Die Regelung, dass verheiratete Frauen nicht mehr im öffentlichen Dienst beschäftigt werden sollen, war für Dr. Hamburger wohl eine willkommene Begründung, um Dr. Bruck die Stelle wegzunehmen.

Dr. Frankl ist zutiefst gekränkt, dass die nunmehr vakante Stelle nicht mit ihm besetzt wurde, sondern mit dem jüngeren und weniger erfahrenen Dr. Asperger. Er lässt keine Gelegenheit aus, schlecht über Hamburger und Asperger zu reden. Irgendwann werden seine Worte zum Leiter der Klinik vordringen, befürchtet Viktorine, und dann wird auch er gehen müssen. Wenn er nicht vorher freiwillig das Handtuch wirft.

Letztlich ist es nicht Dr. Aspergers Schuld, dass er jetzt der Leiter der Abteilung ist, denkt sie. Hamburger hat diese

Entscheidung getroffen. Dr. Asperger ist jung, aber ihm liegt das Wohl der kleinen Patienten am Herzen. Er würde niemals etwas tun, was ihnen schadet, davon ist Viktorine überzeugt.

»Brauchen Sie Hilfe, die Kinder wieder ins Klassenzimmer zu bringen, Schwester Viktorine?«, erkundigt er sich bei ihr.

Viktorine sieht sich um. Ihr Blick bleibt an Mario hängen. Er bereitet stets am meisten Probleme. Sobald man sich ihm nähert, läuft er schreiend davon. Manchmal schlägt er auch zu. Viktorines Oberarm ist immer noch voller blauer Flecken vom letzten Mal.

»Eine helfende Hand wäre gut«, entgegnet sie.

»Dann lassen Sie uns etwas Neues ausprobieren«, schlägt Dr. Asperger vor und holt eine Fotografie aus seiner Mappe, auf dem das Klassenzimmer der Klinik zu sehen ist.

»Ein Foto?«, fragt Viktorine erstaunt.

»Letzte Woche habe ich mit Mario in der Einzelsitzung Bilderbücher gelesen«, erklärt der Arzt. »Er konnte mit der Sprache nichts anfangen und war unruhig wie immer. Aber sobald er die Bilder gesehen hat, war seine Aufmerksamkeit geweckt. In einem Buch gab es eine einfache Darstellung von einem Garten, der sehr ähnlich aussah wie der der Klinik. Beim Anblick des Bildes ist Mario aufgestanden und hat nach seinen Schuhen gesucht. Ich glaube, er wollte in den Garten gehen. Oder er dachte, ich will mit ihm in den Garten gehen. Ich vermag es nicht zu sagen.«

»Was haben Sie jetzt vor?«, will Viktorine wissen.

»Bitte beobachten Sie Marios Reaktion auf das Foto. Falls mir etwas entgehen sollte.«

Dr. Asperger geht zu Mario. Der Junge schießt einen weichen Ball mit dem Fuß quer durch den Raum. Als Dr. Asperger ihn am Oberarm festhält, gibt der Junge ein lautes Quietschen von sich. Fritz beginnt zu weinen.

Dr. Asperger zeigt Mario das Bild. »Die Stunde ist zu Ende«, sagt er. »Jetzt beginnt der Unterricht. Schwester Viktorine bringt dich ins Klassenzimmer.« Mario schreit weiter. Er scheint keines von Dr. Aspergers Worten zu hören. Energisch drückt Dr. Asperger dem Jungen die Fotografie in die Hand. Schlagartig verstummt Mario. Eine Zeit lang passiert gar nichts. Arzt und Kind verharren in der Position, in der sie gerade stehen. Schon glaubt Viktorine, dass der Junge sich gleich umdrehen und schreiend durch den Raum laufen wird, wie er es immer tut, wenn alle aufbrechen. Und tatsächlich reißt er sich los, ohne den Arzt oder sie anzuschauen, und rennt zur Tür. Dort wirft er ihr einen kurzen Blick zu.

»Gehen Sie mit ihm«, weist Dr. Asperger sie leise an. »Ich kümmere mich um die anderen.«

Viktorine will Marios Hand ergreifen. Er entzieht sie ihr sofort, und Viktorine versucht es mit einer kräftigen Berührung an seiner Schulter. Das hat vor ein paar Wochen funktioniert. Zu ihrer großen Überraschung klappt es auch heute. Problemlos bringt sie Mario über den langen Gang ins Klassenzimmer. Der Junge trägt die Schwarz-Weiß-Fotografie vor sich her und wirft immer wieder einen Blick darauf, so, als würde er sonst vergessen, wohin sie unterwegs sind.

Die wöchentliche Besprechung findet heute im Zimmer neben der Teeküche statt. Dr. Asperger sitzt mit übergeschlagenen Beinen hinter dem einzigen Tisch im Raum und sieht wie immer keinen seiner Kollegen an. Stattdessen starrt er konzentriert auf die Tischplatte vor sich.

»Ich habe Erich und die beiden Neuzugänge Mario und Fritz in den letzten Wochen genau beobachtet«, sagt Dr. Asperger. »Es bestehen erstaunliche Parallelen zwischen den dreien.«

Viktorine will ihm widersprechen. Welche Parallelen soll es zwischen den drei Kindern geben? Erich ist klug und kann lesen, schreiben und sprechen, während die beiden anderen wie wilde Tiere durch den Raum laufen, auch wenn es letztens immerhin gelungen ist, Mario ohne große Probleme in den Klassenraum zu führen.

»Das ist völliger Unsinn«, entgegnet Dr. Frankl ungehalten. Er spricht aus, was Viktorine denkt. Im letzten Moment scheint er zu bemerken, dass er sich mit seiner abfälligen Bemerkung zu weit aus dem Fenster gelehnt hat. Dr. Asperger ist sein Vorgesetzter. Mit zerknirschter Miene korrigiert er sich, in dem er sich räuspert und dann deutlich freundlicher neu ansetzt: »Ich kann Ihre Meinung nicht teilen. Fritz und Mario sind schwer geistig behinderte Kinder. Sie beherrschen keine Sprache, werfen sich schreiend auf den Boden und sind irritiert, sobald sich ihnen jemand nähert oder irgendeine Form der Veränderung von ihnen verlangt wird. Schon das kleinste Geräusch scheint sie zu stören. Sie sind zu keinen geistigen Leistungen imstande. Ganz anders Erich, der nun in einfachen Sätzen spricht und auch im Rechnen ganz passable Ergebnisse liefert.«

»Erich zeigt mehr als bloß passable Leistungen in der Mathematik«, mischt sich Viktorine ein. »Der Junge bewältigt komplizierte Gleichungen und Bruchrechnungen. Neulich hat er die Kurve einer Ellipse berechnet, dabei ist er gerade mal zehn Jahre. Meine Schwester ist eine gute Mathematikerin. Sie hat sich im Lauf der Zeit schon häufiger die Zahlenreihen angesehen, die er ständig aufs Papier kritzelt. Letztens hat er zu einer beliebigen Zahl 73 dazugerechnet und von der nächsten 62 abgezogen. Dann 75 dazu und 61 weggenommen. Und immer so weiter.«

Dr. Frankl verzieht erstaunt das Gesicht. »Das ist in der Tat ungewöhnlich. Trotzdem zeigt er seltsame Verhaltensweisen. Angeblich ist er letzte Woche beim Deutschunterricht von der Mitte des Raums auf allen vieren in eine Ecke gekrochen und hat den Kopf zwischen die Beine gesteckt.«

»Warum von der Mitte des Raums?«, fragt Viktorine.

»Weil er dort gesessen hat.«

»Aber ich habe doch gesagt, dass er nicht an einem normalen Pult sitzen darf«, erwidert Viktorine ungehalten. Seit Monaten wiederholt sie ihre Forderung immer und immer wieder, doch ohne Erfolg. Der Lehrer, der die Kinder seit Herbst unterrichtet, ist der Meinung, dass alle Schüler an Tischen zu sitzen haben, die zu ihm gedreht sind, damit er sie während des Unterrichts im Auge behalten kann. Kinder wie Mario, Fritz oder Otto sind meist nur ein paar Minuten im Klassenraum, bevor er sie wieder abholen lässt.

»Und warum nicht?«, fragt Dr. Frankl.

Es fällt Viktorine schwer, nicht verärgert die Augen zu verdrehen. Sie hat das Gefühl, ihre Beobachtungen schon hundertmal vorgetragen zu haben. »Er kann nur dann konzentriert arbeiten, wenn es rund um ihn still ist und er auch durch keine visuellen Reize abgelenkt wird.«

Dr. Erwin Jekelius meldet sich zu Wort. »Das spricht für eine hoch reizbare Persönlichkeit. Ein Kind mit einem auffälligen und nicht integrierbaren Gemüt. Wir können ihn nicht entlassen, denn er stellt eine Gefahr für normale Kinder dar.«

Bevor er nach Wien gekommen ist, hat er in Leipzig gearbeitet und geforscht. Dr. Hamburger hat den kleinen, schmächtigen Mann mit dem akkuraten Seitenscheitel und dem schmalen Oberlippenbart eingestellt. Ihm fällt es besonders schwer, den liberalen Geist der Abteilung zu akzeptieren. Außerdem gerät er ständig in Konflikt mit Judith Mosel, die er von oben herab behandelt, als sei sie ein Mensch zweiter Klasse.

»Wir haben nicht vor, ihn zu entlassen«, erklärt Dr. Asperger. »Ich glaube, dass Erich in seinem Verhalten ähnliche Schwierigkeiten hat wie die beiden anderen Kinder. Alle drei haben Probleme in der Interaktion mit Gleichaltrigen. Sie suchen keinen Kontakt zu anderen Kindern und genügen sich selbst. Außerdem scheint die Mimik ihrer Klassenkollegen für sie keine Bedeutung zu haben. Deshalb schauen sie in keine Gesichter, weder in die der anderen Kinder noch in die von Erwachsenen. So, als würden sie die gar nicht wahrnehmen. Obwohl Erich in einfachen Sätzen spricht und lesen kann, versteht er trotzdem nur einen Teil dessen, was man zu ihm sagt. Ganz anders, wenn er Bilder sieht. Er hat die Gleichung einer Ellipse nur einmal kurz angeschaut und sofort gewusst, wie er ihren Umfang berechnen kann. Mario helfen Bilder, um einfache Anweisungen befolgen zu können. Möglicherweise verfügt auch er über Spezialbegabungen, von denen wir noch nichts wissen.«

»Diese Kinder sind schwachsinnig!«, mischt sich Dr. Jekelius abfällig ein.

Viktorine kann den Arzt nicht ausstehen. Letzte Woche

ist es beim Mittagessen zu einem Streitgespräch zwischen ihm und Dr. Frankl gekommen. Jekelius hat eine Lobrede auf Hitler gehalten und gemeint, dass es in Österreich keine Arbeitslosen gäbe, würde Hitler auch hier das Ruder übernehmen. Als Frankl widersprochen hat, ist er noch weiter gegangen und hat behauptet, Dollfuß sei viel zu lasch gegen die Sozialdemokraten vorgegangen. »Statt in Gefängnisse hätte man sie in Arbeitslager stecken sollen. Auf diese Weise hätte das Gesindel wenigstens einen sinnvollen Beitrag für dieses Land geleistet.« Daraufhin ist Dr. Frankl aufgestanden, hat sein Gulasch mitgenommen und ist in den Nebenraum gegangen. Jeder in der Klinik weiß, dass er mit Anni Weiss liiert ist und selbst der Sozialdemokratischen Partei angehört hat.

Dr. Asperger reißt Viktorine aus ihren Erinnerungen. »Gerade weil die Kinder schwachsinnig sind, ist es unsere Aufgabe, alles daranzusetzen, sie zu heilen.«

»Manche Kinder sind nicht heilbar«, widerspricht Dr. Jekelius. »Das müssen wir akzeptieren. Und dann müssen wir uns überlegen, was wir mit diesen Kindern tun, die keinerlei Nutzen für die Gesellschaft bringen.«

»Diese Frage ist einfach zu beantworten«, sagt Viktorine. Sie wundert sich selbst über die Schärfe in ihrer Stimme. »Wir müssen liebevoll für sie sorgen und ihnen ein lebenswertes Dasein ermöglichen.«

Alle Augen sind auf sie gerichtet. Sie sucht den Blick von Dr. Asperger. Viktorine weiß, dass er ein gläubiger Mensch ist, der das Gebot der Nächstenliebe und alle anderen Regeln der Kirche hochhält.

»Das ist unsere Christenpflicht«, fährt sie eindringlich fort.

Und wie erwartet antwortet Dr. Asperger: »Ja, natürlich.«

Später in der Teeküche wirkt Judith besorgt. Dunkelrote Flecken haben sich auf ihrem Hals gebildet. »Ich kann diesen Jekelius nicht ausstehen«, sagt sie leise. »Er ist gefährlich.« Dabei blickt sie ängstlich über ihre Schulter und schließt zur Sicherheit die Tür, auch wenn der Besprechungsraum nebenan längst leer ist.

»Ich mag ihn auch nicht«, gibt Viktorine zu. »Er ist ein eingebildeter Mann ohne Mitgefühl für seine Patienten. Ich werde nicht aufhören, ihm zu widersprechen, und er wird mir zuhören müssen. Auch wenn ich bloß eine Krankenschwester bin.« Sie schnauft empört. »Ohne uns können sie die Abteilung zusperren.«

»Ich bin Jüdin«, sagt Judith. »Hast du gehört, was Hitler in Deutschland mit den Juden macht? Er hat sie zu einer minderwertigen Rasse erklärt und nimmt ihnen immer mehr Rechte.«

»Wir sind aber nicht in Deutschland«, entgegnet Viktorine.

Judith trocknet schweigend eine Teetasse ab und stellt sie ins offene Regal. Dabei zittern ihre Hände.

Viktorine greift nach ihnen und hält sie fest. Sie sind eiskalt.

»Manchmal überlege ich, ob es nicht klüger wäre auszuwandern«, sagt Judith leise. »Aber ich weiß einfach nicht, wohin. Meine ganze Familie, meine Freunde, meine Arbeit, meine Wohnung – alles ist hier in Wien. Ich war noch nie woanders.« Ihre Augen füllen sich mit Tränen.

»Du musst nicht auswandern«, sagt Viktorine überrascht.

»Und du musst auch keine Angst haben. Vor allem nicht vor einem lächerlichen Zwerg wie diesem Jekelius. In Deutschland haben sie bloß die Kommunisten eingesperrt. Es besteht überhaupt kein Grund zur Sorge. Du bist weder Kommunistin noch Sozialdemokratin. Es kann dir gar nichts passieren.«

Viktorines Worte haben keine beruhigende Wirkung auf Judith. »Heute sind es die Sozialisten, morgen wir Juden«, sagt sie. »Es wäre nicht das erste Mal, dass Christlichsoziale gegen uns hetzen. Erinnere dich an Bürgermeister Lueger. Er hat uns offen beschimpft und den Antisemitismus salonfähig gemacht. Hitler geht viel weiter, da bin ich mir ganz sicher. Er ist brutal und größenwahnsinnig.«

»Aber warum sollte er gegen Juden vorgehen? Da geht es ja um keine politische Ideologie. Du bist einfach zu pessimistisch.«

Judith entzieht Viktorine die Hand und greift nach der nächsten Teetasse.

»Ich habe Angst«, gesteht sie. »Und was soll das ganze Gerede über lebenswerte und lebensunwerte Schwachsinnige? Das ist schrecklich. Wir können doch nicht Gott spielen. Er entscheidet, was lebenswert ist, aber nicht wir Menschen.«

Viktorine seufzt. »Ich weiß.«

»Du warst vorhin sehr mutig«, sagt Judith.

»Weil ich meine Meinung gesagt habe?«

»Weil du dem schrecklichen Jekelius Paroli geboten hast.«

»Mir lag noch viel mehr auf der Zunge. Beim nächsten Mal werde ich es laut sagen.«

»Ich hätte es nicht gewagt«, gibt Judith zu. »Der Mann

schüchtert mich ein. Er hat etwas Grausames und Brutales an sich. Wenn du mich fragst, steckt in ihm mehr Wahnsinn als in all den Kindern, die wir betreuen.«

Viktorine lacht. »Da hast du wohl recht.«

Judith stellt die nächste trockene Tasse ins Regal.

»Aber in Zukunft solltest du nicht so viele billige Schundromane lesen«, rät Viktorine belustigt. »Sie tun dir nicht gut. Was war es das letzte Mal? *Der Rächer von London*? Oder war es *Der Würger*?«

»*Der Würger*«, gibt Judith leise zu.

Viktorine lacht schallend. »Na, wenn man da keine Angst bekommt, dann weiß ich auch nicht.« Sie hilft Judith beim Abtrocknen und nimmt ihr die letzte Tasse ab. »Von jetzt an bitte nur noch schmalzige Liebesgeschichten, die sind besser für deine Stimmung.«

Judith verzieht den Mund.

Danach erzählt Viktorine von dem neuen Fahrrad, das sie letzte Woche erstanden hat. Dieses Thema ist eindeutig erfreulicher. Und tatsächlich entspannt Judith sich wieder.

HEILPÄDAGOGISCHE ABTEILUNG
DER UNIVERSITÄTSKINDERKLINIK, WIEN 1935

ERICH

Dr. Asperger sitzt mir gegenüber. Er hält Papier und Stift auf dem Schoß. Seine Beine sind übereinandergeschlagen. Ich habe ihn noch nie anders sitzen sehen. Egal, ob er mich in der Gruppe beobachtet oder allein. Ich hasse die Zeit im Spielzimmer. Sie macht mich nervös, der Lärm bereitet mir Schmerzen. Seit ich die Uhr an der Wand im Blick habe, ist es ein bisschen besser. Ich weiß, dass nach einer Stunde alles wieder vorbei ist. Der Zeiger muss einmal im Kreis laufen, dann habe ich die Gruppe überstanden.

Die Sitzungen, die ich allein mit Dr. Asperger verbringe, sind mir lieber. Heute hat er mir ein Blatt auf den Tisch gelegt, mit mehreren Ellipsen, Kreisen und Quadraten. Ich soll ausrechnen, wie groß die Überschneidungsfläche ist. Neben dem Aufgabenblatt liegen Papier und Stifte. Das brauche ich nicht. Ein Blick genügt – und schon kann ich die Fläche bis auf zehn Kommastellen genau bestimmen. Ich könnte auch mehr Stellen angeben, aber ich weiß, dass die niemanden interessieren. Ich verwende den Stift und das Papier nur, um nicht noch mehr Aufregung zu verursachen, und tue so, als würde ich die Formeln anwenden, die er mir aufgeschrieben hat. Es gibt Leute, die glauben, ich sei ein Monster, weil mein Gehirn anders funktioniert. Wenn die Ärzte erfahren, dass ich keine Formeln brauche, sondern die Berechnungen ausschließlich im Kopf erledige, dann sondern sie mich vielleicht wieder ab, und das will ich nicht.

Letzte Woche habe ich in einer winzigen Kammer liegen müssen, weil ich im Unterricht geschrien habe. So einsam habe ich mich in meinem ganzen Leben nicht gefühlt. Ich hatte schreckliche Angst. Warum ich dort gelandet bin? Der Lehrer war schuld. Er hat mich in die Mitte des Klassenzimmers gesetzt. Dort habe ich jeden Halt verloren, plötzlich waren die Wände des Raums weg. Ich hatte das Gefühl, ins Nichts zu stürzen, als würde ich mich auflösen und in tausend kleine Splitter zerbröseln. Die Schmerzen waren schier unerträglich. Ich habe geschrien, um meine Stimme zu hören, und habe mit den Fäusten gegen meine Stirn gehämmert, um mich zu spüren, und bin unter den Tisch geklettert, um mich geschützt zu fühlen.

Der Lehrer hat mich angebrüllt. Von dem, was er gesagt hat, habe ich kein Wort verstanden. Er hat mich gepackt und unter dem Tisch hervorgezogen. Da gab es nur noch eine Möglichkeit für mich: Ich musste mich wehren und habe ihn gebissen. Zumindest haben sie das nachher behauptet. Ich kann mich nicht mehr erinnern. Alles ging so schnell. Schläge, die verhasste Jacke und schließlich eine winzige Kammer, in der ich eine ganze Nacht liegen musste. Vielleicht waren es auch zwei. Dr. Jekelius hat mir mehrere

Spritzen gegeben, von denen mir so furchtbar schlecht geworden ist, dass ich mich übergeben musste. Schließlich hat Schwester Viktorine mich aus der Kammer wieder rausgeholt. Jetzt darf ich im Unterricht wieder ganz am Rand des Raums sitzen. Wir haben einen neuen Lehrer.

Nach dem Unterricht muss ich jeden Tag zu Dr. Asperger. Ich glaube, dass er dem Lehrer gesagt hat, dass ich am Rand sitzen darf. Dr. Asperger stellt mir noch mehr Aufgaben. So wie jetzt. Er wartet geduldig. Also nehme ich den Stift und tue so, als würde ich nachdenken und mich konzentrieren. Aber das kann ich nicht lange. Wahrscheinlich bin ich wieder viel zu schnell. Ich kritzle die Lösungen aufs Papier, nur um wieder aufstehen zu dürfen. Dann lege ich den Stift zur Seite. Dr. Asperger steht auf und kommt zu mir. Sehr langsam. Vielleicht weiß er, dass mich rasche Bewegungen ängstigen. Er bleibt in gebührendem Abstand stehen und schaut auf die Lösung. Dann schüttelt er den Kopf und kratzt sich an der hohen Stirn.

»Wie machst du das so schnell?«, fragt er.

Ich antworte nicht. Was soll ich auch sagen? Ich weiß es doch selbst nicht. Die Lösungen sind einfach in mir drin.

»Du bist ein kleines Genie«, sagt er.

Ich kann nicht erkennen, was er fühlt. Wenn Menschen lächeln, sind sie zufrieden und glücklich. Wenn sie die Augenbrauen zusammenziehen, sind sie wütend. Doch Dr. Asperger verzieht das Gesicht nicht.

Ich wünschte, Schwester Viktorine wäre hier. Sie würde mir erklären, was der Arzt gerade gemeint hat. Er findet deine Leistung großartig und ist stolz auf dich, würde sie sagen. Oder aber: Er ist böse auf dich, denn er mag es nicht, dass du so schnell rechnest.

»Darf ich gehen?« Ich schaue ihn nur ganz kurz an.

»Ja!« Ohne aufzublicken, schreibt er Notizen auf seinen Block. Ich nutze die Gelegenheit, stehe auf und verlasse eilig den Raum.

Auf dem Gang stelle ich mich an die Wand. Mein Herz rast. Ich lege die Hand an die kühle Mauer und laufe den endlosen Gang entlang bis zur Treppe, ohne die Hand von der Wand zu nehmen. Auf der Treppe halte ich mich am Geländer fest. Dann lege ich die Hand wieder an die Wand und folge ihr bis zum Schlafraum. Er ist leer. Ich springe auf den dunklen Fliesen bis zu meinem Bett in der Ecke. Die hellen lasse ich aus. Dieser Weg gibt mir Sicherheit. Es ist immer das gleiche Muster. Lang, lang, kurz, kurz. Lang, lang, kurz, kurz. Es ist ein Rhythmus. Vor meinem Bett liegen zwei dunkle Fliesen nebeneinander. Die lasse ich aus und mache einen riesigen Schritt. Sie stören den Rhythmus.

Erschöpft plumpse ich auf die Matratze. Mein Bett ist mein Rückzugsort. Von hier aus kann ich alles beobachten und mich auf Veränderungen vorbereiten. Auf Menschen, die den Raum betreten. Kinder und Krankenschwestern. Bei manchen Menschen verrät mir ihre Körpersprache, wie sie mir begegnen werden. Schwester Viktorine ist immer freundlich und Dr. Jekelius immer bedrohlich. Ich setze mich in die Ecke des Betts, ziehe meine Beine an und bin erleichtert, wieder hier zu sein. Mein Herz rast immer noch. Es wird eine Zeit dauern, bis es wieder ruhiger schlägt. So lange bleibe ich hier sitzen und hoffe, dass nachher Schwester Viktorine kommt, um mich abzuholen.

WIEN 1986

SARAH

»Isst du auch genug?«, fragte Sarahs Mutter.

Die Verbindung war schlecht, genau wie die Luft in der Telefonzelle. Es stank nach Abfall und Urin.

»Das Essen ist ausgesprochen gut, und ich esse viel und regelmäßig.« War das wirklich die einzige Frage, die ihre Mutter beschäftigte? Ob Sarah genug aß?

Erneut entstand eine unangenehme Pause. Die vorige hatte Sarah mit oberflächlichen Erzählungen gefüllt. Jetzt stellte sie die Frage, auf die ihre Mutter wartete.

»Wie geht es Harry?«

»Gut.«

»Sobald ich dazu komme, kaufe ich eine Karte vom Tierpark mit Pinguinen. Versprochen.«

»Darüber freut er sich bestimmt.«

»Und sonst? Gibt es irgendetwas Neues?«

»Was soll es schon geben? Wir vermissen dich. Es ist schade, dass du so weit weg gehen musstest.«

Da war er also, der Vorwurf. Es hatte genau vier Minuten gedauert, bis ihre Mutter ihn losgeworden war.

»Ich bin doch nur ein paar Flugstunden entfernt.«

»Wir können einander monatelang nicht sehen.«

Sie hatten dieses Thema in den Wochen vor ihrer Abfahrt immer und immer wieder durchgekaut. Sarah war es leid, darauf zu antworten.

»Ich muss jetzt Schluss machen«, sagte sie. »Meine Vermieterin ist eine herzensgute Frau, die mich jeden Abend zum Essen einlädt.«

»Kocht sie denn gut?«

Schon wieder das leidige Essensthema. Sarah fragte sich, ob die Gespräche mit ihrer Mutter auch zu Hause so abgelaufen waren. Wenn ja, war es ihr nie aufgefallen, oder sie hatte sich daran gewöhnt.

»Sie kocht hervorragend«, antwortete sie. »Neulich gab es Krautfleckerl. Kennst du das Gericht?«

»Nein, vermutlich ist es eine österreichische Spezialität.«

»Ich werde Fräulein Weichsel um das Rezept bitten«, sagte Sarah. »Du wirst sie lieben. Die Fleckerl schmecken himmlisch.«

»Bei uns gibt's Nudeln mit roter Soße.«

Das war die Lieblingsspeise von Sarahs Bruder.

»Ich kann das Rezept ja mal kochen. Dann lade ich dich zu mir zum Essen ein, wenn ich wieder in Gloucester bin. Ich leg jetzt auf, Mama. Ich umarme dich.«

»Pass gut auf dich auf.«

»Mach ich. Bis bald.«

Wie immer legte Sarah den Hörer als Erste auf. Sie wusste, dass ihre Mutter es niemals tun würde. Eine Weile stand sie noch in der Telefonzelle. Ein kalter Wind blies durch den offenen Spalt zwischen Boden und Zellenwand, und Sarah fröstelte. Wieder einmal hatte ihre Mutter es geschafft, ihr ein schlechtes Gewissen zu machen.

Sie verließ die stinkende Telefonzelle, überquerte die Straße und eilte zur Straßenbahnhaltestelle. Während sie wartete, schaute sie in die Auslage der kleinen Boutique, die sich direkt hinter ihr befand. Ein dunkelgelber Rollkragenpullover stach ihr ins Auge. Die Schaufensterpuppe trug eine farblich passende Strumpfhose und einen braun karierten Minirock. Sarah fand die Kombination hinreißend. Leider standen ihr keine auffälligen Farben. Zumindest hatte ihre Mutter das stets behauptet. Ihr orangerotes Haar sei einfach zu dominant. Sarah hatte von ihrer besten Freundin ein knallrotes T-Shirt mit kleinen weißen Nilpferden zum zehnten Geburtstag geschenkt bekommen. Es war entzückend gewesen, und sie hatte sich nichts sehnlicher gewünscht, als das T-Shirt anzuziehen. Aber letztlich hatte sie sich nicht getraut, denn sie hatte ihre Mutter nicht verärgern wollen.

Noch während der Straßenbahnfahrt dachte sie über den Verbleib des T-Shirts nach. Ob es wohl immer noch zu Hause im alten Kleiderschrank lag, ganz hinten, wo sie es damals versteckt hatte?

Als sie die Villa betrat, duftete es schon verführerisch. Bestimmt hatte Fräulein Weichsel eine dieser köstlichen österreichischen Mehlspeisen zubereitet.

»Auf der Kommode liegt ein Brief für Sie«, rief ihre Vermieterin aus der Küche.

Neugierig griff Sarah nach dem Umschlag, und ihr war schlagartig ganz heiß. Die schwarze Tinte und die kleinen, eckigen Buchstaben waren ihr wohlvertraut. Das war Benedicts Handschrift. Ihre Hände fingen an zu zittern. Fühlte sich so Sehnsucht an? Sie riss das Kuvert auf und faltete das Briefpapier auf.

Benedict schrieb ihr, dass er durchaus Verständnis für ihren Wunsch habe, sich von seiner Frau zu trennen. Doch er sei schließlich auch Familienvater und wolle seinen Kindern ein stabiles Zuhause bieten. Wie so oft versicherte er ihr, dass sie ihm unglaublich wichtig sei, und er fragte sie, wie sie ihm nur habe antun können, so weit wegzuziehen. Und natürlich verabschiedete er sich mit tausend Küssen von ihr.

Sarahs Kehle schnürte sich zusammen. Ihr Verstand sagte ihr, dass sie jeden Kontakt abbrechen sollte. Aber ihre Gefühle waren anderer Meinung. Ihr Herz hing an Benedict. Sobald sie an sein blondes Haar, die markanten Wangenknochen und seine weichen Lippen dachte, wurden ihre Knie weich. Gleichzeitig fragte sie sich, ob sie wirklich wollte, dass er sich von seiner Frau trennte. Würde sie mit ihm zusammenwohnen wollen? Ihn Tag für Tag sehen? Oder war es gerade deshalb so einfach, ihn begehrenswert zu finden, weil sie sich nicht festlegen musste? Benedict würde seine Frau nie verlassen. Das hatte sie von Anfang an gewusst.

»Die Zwetschgenknödel sind fertig!« Fräulein Weichsels Stimme klang fast ein bisschen ungehalten.

»Ich komme!« Hastig stopfte Sarah den Brief zurück in den Umschlag und schob ihn in ihre Tasche zu den Unterlagen über Dr. Asperger.

»Kalte Knödel sind zwar auch gut«, meinte Fräulein Weichsel und wischte ihre Hände an der geblümten Schürze ab. »Aber heiß sind sie doch am besten.«

Sarah ließ sich auf die Eckbank neben den schlafenden Kater fallen. Das Tier hob nicht einmal den Kopf, sondern schnurrte bloß leise.

»Wie war Ihr Arbeitstag?«, erkundigte sich Fräulein Weichsel und stellte eine große Platte mit Knödeln vor Sarah auf den Tisch. Sie waren in goldbraunen Semmelbröseln gewälzt und mit einer dünnen Schicht Staubzucker bestreut. Der Duft von Vanille und Zimt stieg Sarah in die Nase. Ihre Gedanken waren immer noch bei Benedict.

»Nanu, was ist denn los mit Ihnen?«, erkundigte sich ihre Vermieterin. »Haben Sie schlechte Nachrichten bekommen? Sie sehen ja ganz blass aus.«

»Nein, nein. Alles in Ordnung«, log Sarah. Sie wollte ihrer Vermieterin nichts von ihrem verheirateten Liebhaber erzählen.

Die alte Frau setzte sich. »Na, dann greifen Sie doch zu.«

Sarah nahm sich zwei Knödel, während Fräulein Weichsel zwei Gläser Milch einschenkte.

»Zu einer ordentlichen Mehlspeise gehört kalte Milch«, sagte sie. »Das war schon immer so.«

Eigentlich mochte Sarah keine Milch, aber sie wollte nicht unhöflich sein.

»So«, fuhr Fräulein Weichsel fort. »Und jetzt erzählen Sie mir von Ihren Fortschritten bei Ihrem Forschungsprojekt.«

Sarah stach mit der Gabel in den Knödel. Dunkelviolette Flüssigkeit trat aus. Zur Vanille und dem Zimt mischte sich nun der Geruch von reifen Zwetschgen.

»Keine Sorge, es ist kein Kern mehr im Knödel«, erklärte ihre Vermieterin. »Ich tausche die Kerne immer gegen ein Stück Würfelzucker aus. So schmecken die Knödel noch besser.«

»Sie duften jedenfalls ganz wunderbar.«

»So schmecken sie auch.« Fräulein Weichsel zwinkerte und sah sie dann erwartungsvoll an.

»Ich habe mich mit dem Publizistikstudenten getroffen, der sich mit den Vorgängen am Spiegelgrund beschäftigt«, erzählte Sarah und begann, zu essen. Der Zwetschgenknödel schmeckte genauso köstlich, wie er roch.

Als sie aufblickte, stellte sie fest, dass sich das Gesicht ihrer Vermieterin verfinstert hatte. »Ist das etwa die Kinderklinik, deren Name Ihnen letztens nicht eingefallen ist?«

»Ja, genau.«

»Warum graben Sie denn in diesen schlimmen Geschichten? Sie sind ein junger Mensch, beschäftigen Sie sich doch mit den schönen Dingen des Lebens.«

»Ich stochere in der Vergangenheit, weil meine Forschungen mich überraschend zum Spiegelgrund geführt haben«, verteidigte sich Sarah. »Möglich, dass ich mich in die falsche Richtung bewege, aber ich will jeder Spur nachgehen.«

»Sie sind ganz bestimmt auf dem falschen Weg«, meinte Fräulein Weichsel.

»Wusste man eigentlich, was am Spiegelgrund während des Krieges vor sich ging?«, erkundigte sich Sarah.

»Lange wusste man es nicht. Ich habe damals gehört, es sei eine Abteilung des Jugendamts, wo kranke, behinderte und verhaltensauffällige Buben und Mädchen untergebracht waren«, erklärte Fräulein Weichsel.

»Und was passierte mit ihnen?«

»Man hat geglaubt, dass sie dort behandelt werden. Dass sie Therapien und Medikamente bekommen, so, wie es sich für kranke Kinder gehört. Sie sollen es gut haben, schließlich haben sie sich ihr Schicksal nicht ausgesucht.«

»Und wurden sie gut behandelt?«, fragte Sarah und tat so, als wüsste sie nichts von dem, was Stefan ihr heute erzählt hatte.

Die alte Dame schüttelte traurig den Kopf. »Es gab Gerüchte, dass die Kinder in der Klinik über Nacht krank wurden. Die kleine Tochter von meiner Nachbarin, der Luise, ist ganz plötzlich an einer Lungenentzündung gestorben. Das Mädel war mongoloid, aber ansonsten völlig gesund. Die Luise hat dem Leiter der Klinik geschrieben, ich kann mich nicht mehr an seinen Namen erinnern, und den Verdacht geäußert, dass ihr Kind umgebracht worden sei.«

»Und was hat er geantwortet?«

»Dass das Unsinn sei und die Luise ihre Behauptung nie öffentlich äußern dürfe, sonst würde er die Polizei einschalten. Also war sie ruhig. Sie hatte ja noch drei andere Kinder. Jeder wusste, was passiert, wenn einen die Polizei abholt.«

Der süße Knödel schmeckte auf einmal bitter.

»Die Gerüchte haben sich gehalten und sind immer mehr geworden«, fuhr Fräulein Weichsel fort. »Man hat unter der Hand getuschelt. Die Luise hat ihre Freunde und Bekannten gewarnt, und andere Eltern haben dasselbe gemacht. Die Leute wollten ihre kranken Kinder nicht mehr zum Spiegelgrund bringen. Da half auch die Propaganda der Partei nichts. Und als die Engländer die Flugblätter über der Stadt abwarfen, war allen klar, was dort passierte.«

»Die Engländer haben Flugblätter abgeworfen?«, fragte Sarah interessiert.

»Ja, es waren Flugzeuge der Royal Air Force«, bestätigte Fräulein Weichsel. »Ich glaube, es war im Herbst 1941. So genau weiß ich es nicht mehr. Ist ja schon so lange her.«

»Was stand auf den Flugblättern?«

»Einer der Ärzte wurde als ›der Herr mit der Spritze‹ bezeichnet.«

»Und was noch?«

»Das ist über vierzig Jahre her«, entgegnete die alte Dame. »Glauben Sie ernsthaft, ich weiß den genauen Wortlaut noch? Wenn ich mich recht entsinne, stand da, dass in den Gängen der Wiener Irrenanstalt ein Arzt im weißen Mantel mit seiner Spritze herumgeistere und den Kranken den Tod bringe.«

»Wurde auch ein Name genannt?«

»Ja, aber an den kann ich mich nicht mehr erinnern«, behauptete Fräulein Weichsel, und ihr Gesicht sah wieder so ablehnend aus wie vorhin. Offenbar hatte sie mehr erzählt, als sie vorgehabt hatte. Jede weitere Frage würde unbeantwortet bleiben, davon war Sarah überzeugt, und sie bezweifelte stark, dass ihre Vermieterin den Namen des Arztes wirklich vergessen hatte.

Nach einer schier endlosen Pause, in der sie sich den Zwetschgenknödeln widmeten, sagte Fräulein Weichsel plötzlich: »Dr. Jekelius!«

»Ist das der Name des Arztes?«

»Ja, und jetzt will ich nicht mehr darüber reden.«

Den Rest des Abends unterhielten sie sich über die österreichische Küche. Fräulein Weichsel erklärte Sarah, wie man flaumigen Topfenteig zubereitete und wie die Semmelbrösel diese herrlich goldene Farbe bekamen.

Doch Sarah ging der »Herr mit der Spritze« nicht aus dem Kopf.

»Das ist ein Krankenhaus?« Sarah stand vor einem weißen Gebäudekomplex. Mit dem flaschengrünen Ornament an der Fassade erinnerte es an eine riesige Villa im Jugendstil, aber ganz sicher nicht an ein Krankenhaus.

Stefans Freund hatte überraschend schnell einen Termin für ein Gespräch in der Psychiatrischen Klinik angeboten, wo von 1940 bis 1945 die sogenannte Fürsorgeanstalt Am Spiegelgrund untergebracht gewesen war. Deshalb hatten Sarah und Stefan ihren Besuch im Tierpark zurückgestellt.

»Der Wiener Architekt Otto Wagner hat die Pläne für diese Anlage gezeichnet«, erklärte Stefan. »Die angegliederte Anstaltskirche ist heute das bedeutendste sakrale Jugendstilbauwerk in Wien. Die Glasfenster stammen von Koloman Moser.«

Um ihm ins Gesicht zu schauen, musste Sarah die Hand über die Augen legen, so sonnig war es.

Sofort gestand er lächelnd: »Habe ich aus einem Wien-Reiseführer. Ich wollte dich beeindrucken.«

»Das ist dir gelungen«, gab sie zu.

Es war ein goldener Herbsttag, und die riesige Parkanlage rund um die hellen Krankenhauspavillons war in sanfte Gelb- und Orangetöne getaucht. Die Natur zeigte ein letztes Mal ihre volle Pracht, bevor sie sich für die nächsten Monate in einen Winterschlaf zurückziehen würde.

»Wir sind im Pavillon 15 verabredet«, sagte Stefan.

»Ist das der Ort, wo man die Kinder …?«

»Es war der Tötungspavillon.«

Das Wort jagte Sarah einen eisigen Schauer über den Rücken. Ein Eichhörnchen kreuzte ihren Weg, schnappte nach einer Eichel und huschte damit auf den nächsten Baum. Der rotbraune Schwanz leuchtete in der sanften

Herbstsonne. Wie war es möglich, dass an einem so idyllischen Ort derart schreckliche Dinge passiert waren?

Stefan warf einen Blick auf seine Armbanduhr. »Jetzt sollten wir uns beeilen. Wir sind spät dran.«

Sie gingen am imposanten Hauptgebäude vorbei, weiter durch den Park und schließlich zu einem Pavillon, der im Vergleich zu den anderen Gebäuden verwaist wirkte. Ein junger Mann in Stefans und Sarahs Alter stand rauchend davor und wartete. Als er sie entdeckte, winkte er ihnen zu und schnippte die Zigarette auf den Boden. Sein Haar war zerzaust, das karierte Hemd achtlos in die gebügelte Hose gestopft. An den Füßen trug er Socken und Birkenstocksandalen. Er schien keinen großen Wert auf sein Äußeres zu legen. Zu Hause machten Sarah und ihre Freundinnen sich lustig über Männer in diesem Outfit. Dabei handelte sich fast immer um deutsche Touristen. Offensichtlich hatten manche Österreicher denselben Geschmack.

»Servus«, grüßte er freundlich, streckte Sarah die Hand entgegen und stellte sich vor. »Ich bin Gerald.«

»Freut mich, ich heiße Sarah.«

Gerald grinste. »Ich weiß. Stefan hat dich schon angekündigt. Du forschst zum Thema Autismus. Sehr spannend.«

»Denkst du, dass ich hier etwas Brauchbares finden werde?«

Gerald zuckte mit den Schultern. »Die Archive sind voller böser Überraschungen«, meinte er. »Die meisten Kinder wurden von anderen Stellen hierher überwiesen. In manchen Fällen bedeutete die Diagnose ›autistischer Psychopath‹ das Todesurteil, aber nicht in allen.« Er führte sie zu einem Seiteneingang, sperrte eine Holztür auf, von der

der weiße Lack absplitterte, und öffnete sie. »Bitte schön«, sagte er und ließ Sarah den Vortritt.

Der Geruch nach Staub schlug ihnen entgegen. Durch die schmutzigen Glasscheiben der hohen Fenster fiel warmes Herbstlicht auf kunstvoll bemalte Bodenfliesen, deren florales Jugendstilmuster die einstige Pracht des Gebäudes erahnen ließ.

»Ist außer uns niemand hier?«, fragte Sarah.

»Es ist einer der wenigen Pavillons, die nicht mehr für medizinische Zwecke verwendet werden«, erklärte Gerald. »Seit Jahren plant man die Umgestaltung, aber bis jetzt hat man sich zu nichts entschließen können. Das ist die typisch österreichische Art, mit den dunklen Kapiteln der Geschichte umzugehen. Wir tun einfach so, als hätte es diesen Pavillon nie gegeben. Heute ist der Trakt eine Art Rumpelkammer.«

»Eine luxuriöse Rumpelkammer«, bemerkte Sarah und sah sich beeindruckt um. Auch die Wände waren mit den wunderschönen Fliesen versehen.

Von dem Gang, in dem sie standen, führten etliche Türen ab, die jedoch alle geschlossen waren.

»Was befindet sich hinter diesen Türen?«, fragte Sarah.

»Ausrangierte medizinische Geräte und dergleichen. Da es sich um Eigentum der Stadt Wien handelt, bedarf es einer Sondergenehmigung, um Zutritt zu diesen Räumen zu bekommen. Auf diese Genehmigung warten wir noch. Die Mühlen der Bürokratie mahlen langsam.« Er schloss die Eingangstür hinter sich und schritt den Gang entlang. »Wir haben im Moment nur Zugang zu den alten Aktenschränken, aber damit sind wir ohnehin die nächsten Monate beschäftigt. Es ist unglaublich, was da für entsetzliche Geschichten zutage gefördert werden, mit denen sich bisher niemand auseinandergesetzt hat.«

»Und ihr seid dabei auch auf den Namen von Dr. Asperger gestoßen, oder?«, hakte Sarah nach. »Stefan hat mir von einigen seiner Befunde erzählt, die in den Akten enthalten sind.«

»Als Leiter der Heilpädagogischen Abteilung in der Universitätskinderklinik der Stadt Wien hat er natürlich auch Kinder hierher überwiesen«, entgegnete Gerald. »Aber die Überweisung bedeutete nicht automatisch das Todesurteil für die Kinder. Viele von ihnen wurden eine Zeit lang hier betreut und dann als geheilt wieder entlassen. Sie kehrten zu ihren Eltern oder in Pflegefamilien zurück. Nur die ›nicht erziehbaren‹, ›bildungsunfähigen‹ und damit ›nicht arbeitsverwendungsfähigen‹ Kinder blieben hier.«

Wie so oft in den letzten Tagen wurde Sarah übel. »Sind das die Begriffe, die damals verwendet wurden?«

»Ja, das waren die Diagnosen, die für so gut wie alle Betroffenen den sicheren Tod bedeuteten. Vielleicht hast du von Friedrich Zawrel gehört. Sein Fall hat ein gewisses Aufsehen erregt. Er hatte die Diagnose ›nicht erziehbar‹ und wurde in die Anstalt Am Spiegelgrund eingeliefert, weil er aus einer sogenannten asozialen Familie stammte. Man ging davon aus, dass die schlechten Gene automatisch auf die nächste Generation überspringen würden. Das Leben solcher Kinder galt als wertlos. Dass Zawrel überlebte, gleicht einem Wunder.«

»Hat man ihn im Tötungspavillon untergebracht?«

»Nein, aber man hat schlimme medizinische Versuche mit ihm angestellt.«

Sarah spürte, wie das Grauen sich in ihrem Nacken einnistete. Es würde wohl erst wieder verschwinden, wenn sie diesen schrecklichen Ort verließ.

»Wussten die Ärzte eigentlich, was ihre Diagnose anrichten konnte?«, erkundigte sie sich.

»Zumindest nehmen wir es an, aber derzeit können wir es nicht mit hundertprozentiger Sicherheit sagen.« Inzwischen hatten sie den Raum am Ende des Gangs erreicht. »Wovon wir allerdings fest überzeugt sind, ist, dass die Ärzte und die Krankenschwestern, die hier gearbeitet haben, ganz genau wussten, was sie taten. Sie haben den Kindern Giftspritzen verabreicht und ihnen bei ihrem langsamen, qualvollen Tod zugeschaut. Mein Kollege Werner hat eine besonders hässliche Geschichte entdeckt. Wenn es stimmt, was er vermutet, missbrauchte man die Kinder als lebende Versuchsobjekte für nicht zugelassene Tuberkulosemedikamente.«

Sarah schluckte. War sie gewappnet für all die schrecklichen Geschichten, die sie heute hören würde? Gerald sperrte die Tür auf und öffnete. Sarah spürte, wie eine eisige Hand nach ihrem Herzen griff.

Der Raum war sonnendurchflutet und hell. Winzige Staubteilchen schwebten in der Luft. An den Wänden standen hohe Aktenschränke aus dunklem Holz, Relikte aus einer längst vergangenen Zeit.

»Was uns die Arbeit erleichtert, ist die Tatsache, dass die Nazis ihre Verbrechen akribisch dokumentiert haben«, erklärte Gerald. »Hier sind die Leidensgeschichten von Hunderten von Kindern festgehalten.«

»Warum hat sich bisher noch niemand dafür interessiert?«, wollte Stefan wissen. »Und weshalb wurden die Akten eigentlich nicht vernichtet? Den Tätern muss doch klar gewesen sein, dass diese Unterlagen für sie verheerende Konsequenzen haben würden.«

»Das haben wir uns natürlich auch gefragt«, sagte Gerald und öffnete einen der Aktenschränke. »Aber anscheinend haben sich die Täter sehr sicher gefühlt. Das tun sie übrigens bis heute. Eine mögliche Antwort ist wohl, dass man auch nach dem Krieg der Meinung war, dass das Schicksal behinderter oder sogenannter asozialer Kinder niemanden interessiert. Man hat die schrecklichen Geschichten nur allzu gern vergessen, bis Friedrich Zawrel schließlich den Stein ins Rollen gebracht hat.«

»Das ist alles so unfassbar«, sagte Stefan leise.

»Was passiert eigentlich mit den Ergebnissen der Untersuchungen?«, fragte Sarah und fuhr vorsichtig mit den Fingerspitzen über die vergilbten Kartonordner.

»Wir wollen erreichen, dass die Täter endlich zur Rechenschaft gezogen werden, so wie Dr. Gross, der immer noch in Amt und Würden ist. Obwohl bereits bewiesen wurde, dass er ein Mörder ist, arbeitet er nach wie vor als Gutachter und kassiert Geld vom Staat.«

»Wie kann das sein?«

»Ich habe dir doch schon erklärt, dass die Mühlen der Justiz in Österreich sehr, sehr langsam mahlen«, sagte Stefan. »Und in den Schlüsselpositionen sitzen immer noch Menschen mit brauner Gesinnung.«

»Wie schrecklich.«

»Deshalb ist es umso wichtiger, dass sich daran endlich etwas ändert«, meinte Stefan. In seiner Stimme schwang eine Leidenschaft mit, die Sarah aufhorchen ließ. Sie sah ihn interessiert an, doch er wich ihrem Blick aus. Sarah hätte schwören können, dass er etwas verbarg. Auch er hatte ein

Geheimnis, das er nicht preisgeben wollte, genau wie sie selbst.

»Außerdem wollen wir, dass die Opfer nicht namenlos bleiben«, ergänzte Gerald. Er legte seine Tasche auf einen Tisch in der Mitte des Raums. »Aber es wird noch Monate, vielleicht Jahre dauern, bis wir alles aufgearbeitet haben.« Er seufzte. »Im Moment will sich niemand mit diesem hässlichen Teil der Geschichte auseinandersetzen. Die zuständigen Politiker versuchen, alles weiterhin zu vertuschen, nach dem Motto: Das hat niemals stattgefunden, lassen wir die Vergangenheit ruhen, und Österreich war bloß ein Opfer von Hitlerdeutschland. Sie sind der Meinung, dass es im Moment genug andere Probleme gibt, mit denen sie sich beschäftigen müssen. Hainburg sitzt allen noch in den Knochen.«

»Hainburg?«, fragte Sarah nach. Der Name kam ihr irgendwie bekannt vor.

»Die Regierung wollte ein Wasserkraftwerk in den Donau-Auen bauen.«

»Ah, deshalb der Aufkleber *Rettet die Au!* auf deiner Tasche«, sagte Sarah. Da hatte sie auch den Namen Hainburg gelesen, jetzt fiel es ihr wieder ein.

Stefan nickte.

»Was ist schlecht an einem Wasserkraftwerk?«, wollte Sarah wissen. Sie wünschte, es gäbe mehr davon in England.

»Grundsätzlich nichts«, mischte sich Gerald ein. »Aber dieses hätte die letzten Urwälder und eine einmalige Naturlandschaft zerstört. Zum Glück konnte der Bau gerade noch rechtzeitig verhindert werden.«

Dann wandte er sich an Sarah. »Ich nehme an, dass du

dich vor allem für die Akten der Kinder interessierst, die die Diagnose Autismus hatten.«

»Eigentlich geht es mir vor allem um Dr. Asperger und die Kinder, die von der Heilpädagogischen Abteilung hierher überwiesen wurden.«

»Ich kann mich nicht mehr genau erinnern, in welchen Akten Stefan diese Befunde von Asperger gesehen hatte, aber da sind bestimmt noch weitere. Am besten sortierst du die Akten beim Durchschauen nach Zuweisern, dann tun wir uns später leichter. Du arbeitest quasi vor. Könntest du das auch tun, Stefan?«

»Na klar. Wo sind denn die anderen vorsortierten Akten?«

»Die liegen hier.« Gerald zeigte auf den Tisch am Fenster.

Sarah trat näher und griff nach der obersten Akte vom höchsten Stapel und schlug sie auf. Am rechten oberen Rand stand als Zuweiser in Großbuchstaben KÜST.

»Wer ist KÜST?«

»Das ist die Abkürzung von Kinderübernahmsstelle«, erklärte Gerald. »Ursprünglich hatte man sie im Roten Wien als soziales Vorzeigeprojekt installiert. Hier landeten alle Kinder, die den Eltern von der Fürsorge abgenommen werden mussten, und solche, die ein besonders auffälliges Verhalten zeigten. Sie wurden eine Zeit lang von Psychologen beobachtet und dann an Pflegefamilien, Kinderheime oder psychiatrische Einrichtungen überstellt, wie beispielsweise die Heilpädagogische Abteilung der Universitätskinderklinik. Die Idee war, allen Kindern, egal, aus welchen Verhältnissen sie kamen, gute Startbedingungen zu bieten.«

»In der KÜST haben namhafte Psychologen wie Charlotte Bühler oder Hildegard Hetzer gearbeitet, und Anna Freud hat hier ein Praktikum absolviert«, ergänzte Stefan. Sarah hatte den Eindruck, er wollte Gerald durch sein Namedropping demonstrieren, dass er sich in die Materie eingearbeitet hatte. »Es gab eine direkte Zusammenarbeit zwischen der KÜST und dem Psychologischen Institut.«

»Das heißt, es war eine großartige Einrichtung«, fasste Sarah lächelnd zusammen.

Gerald hob abwehrend die Hand. »Ja und nein.«

»Moment, die KÜST war zu ihrer Zeit geradezu revolutionär«, warf Stefan ein und klang dabei fast persönlich beleidigt.

»Die Art und Weise, wie die Kinder beobachtet wurden, wird heute aber kritisch gesehen«, meinte Gerald. »Häufig wurden die Kinder den Eltern weggenommen, ohne dass man darauf achtete, ob das wirklich die beste Lösung für sie war. Die kleinen Patienten wurden in Glaszimmern untergebracht und wie Tiere rund um die Uhr beobachtet.«

»Das ist ja schrecklich«, entfuhr es Sarah.

Gerald nickte. »Damals war den Verantwortlichen nicht bewusst, was das für Kinder bedeuten kann. Es hätte bestimmt sanftere Methoden gegeben. Die Intention dahinter war durchaus menschenfreundlich. Man wollte die Situation der Kinder in der Stadt verbessern. Aber jetzt lasst uns anfangen!« Gerald klatschte in die Hände. »Ich bin froh, dass ihr mithelft. Meine beiden Kollegen sind gerade krank. Da kann ich etwas Hilfe gut gebrauchen.«

Er setzte sich an den Tisch in der Raummitte und nahm ein paar Akten aus dem Schrank hinter sich. Bevor er mit seiner Arbeit begann, wandte er sich an Sarah und Stefan.

»Ihr nehmt die Akten aus den Schränken da drüben,

sortiert sie nach Zuweisern und schaut euch das genauer an, was euch interessiert.«

Mit einem mulmigen Gefühl griff Sarah nach mehreren Akten und legte sie gegenüber von Gerald auf den Tisch. Dann setzte auch sie sich. Ihre Finger wurden vom bloßen Berühren des Papiers dunkel, innerhalb kürzester Zeit würden sie schwarz sein. Dies waren keine wissenschaftlichen Fallstudien, sondern tragische Geschichten über Minderjährige, die für medizinische Versuche missbraucht und getötet worden waren, weil sie nicht in eine bestimmte politische Ideologie passten.

Sarah schlug die erste Akte auf. Eine Kinderzeichnung rutschte unter dem Deckblatt hervor. Das Papier war vergilbt, aber sonst in gutem Zustand. Die Zeichnung zeigte zwei gelbe Schmetterlinge, leuchtende Kornblumen und Tulpen in einer rot getupften Vase. Es war ein entzückendes, freundliches Bild. Vorsichtig drehte Sarah das Blatt um. Auf der Rückseite stand in einfacher Kinderschrift: »Ich turne sehr gerne, besonders Geräte und Ballspielen. In die Schule gehe ich nicht sehr gern. Aufgaben mach ich gerne.«

Sarah legte die Zeichnung vorsichtig zurück und widmete sich dem Deckblatt. Rechts oben stand: *Heilpädagogische Abteilung AKH Wien.* Das Wiener Allgemeine Krankenhaus, kurz AKH, war die offizielle Bezeichnung des Universitätsklinikums.

Ihr Herz schlug schneller. Gleich die erste Akte führte sie zu dem Ort, an dem Dr. Asperger geforscht und gearbeitet hatte. Mit angehaltenem Atem las sie den Namen des Mädchens, sein Geburtsdatum und das Datum des Berichts, der sich auf der Folgeseite befand. Christine Berka war zum Zeitpunkt des Berichts zehn Jahre alt gewesen. Den ersten

Teil des Gutachtens konnte Sarah nicht entziffern, Feuchtigkeit hatte die Tinte zerrinnen lassen. Doch der zweite Teil war gut leserlich.

Ch. Berka verhält sich gehässig und in vielen Situationen ordinär und unverschämt. Sie hat eindeutig emotionale und geistige Defizite. Es liegen keine psychiatrischen Störungen vor. Bei ihr handelt es sich um eine Charaktervariante, die zu einer beträchtlichen kriminellen Gefährdung führt. Wegen des häuslichen Milieus (die Stiefmutter lehnt eine Rücknahme des Kindes ab) wird eine Überstellung in die Erziehungsanstalt Theresienfeld empfohlen.

Sarah starrte auf die Unterschrift. Auch sie war etwas verwischt, aber doch eindeutig zu entziffern. Es war die von Dr. Hans Asperger.

Die Worte verschwammen vor ihren Augen genau wie die Tinte. Wie konnte es sein, dass ein Mann, der sich nach dem Krieg so empathisch über seine Patienten geäußert hatte, eine derart harte Diagnose gestellt hatte?

»Du bist ja ganz blass«, meinte Stefan. »Hast du schon etwas gefunden? So schnell?«

Sarah schob ihm wortlos die Akte zu.

Stefan überflog die Worte und hob die Augenbrauen. »Theresienfeld«, sagte er laut. »Das war kein Todesurteil, oder?« Er wandte sich an Gerald.

»Kommt drauf an, wie die Geschichte weiterging. Warum ist die Akte hier gelandet, wenn das Kind nach Theresienfeld sollte? Lies mal weiter.«

Stefan blätterte zur dritten und letzten Seite. Während

er las, zog er die Augenbrauen zusammen. »Hier steht, dass Christine nach zehn Monaten heimgeschickt werden sollte, aber Asperger hat abgelehnt, ohne eine weitere Beobachtungsphase in der Heilpädagogischen Abteilung anzubieten. Christine ist in Theresienfeld geblieben. Asperger wiederholt seine Behauptung, dass es dem Mädchen an emotionalen Bindungen zu anderen Menschen mangelt, sie habe kein ›Gemüt‹.«

Sarah lehnte sich zurück. In ihren Ohren rauschte es. Das passte doch alles nicht zusammen. Wie konnte der Mann, von dem sie eine so hohe Meinung hatte, derart respektlos über ein Mädchen schreiben, das so wunderschöne Zeichnungen angefertigt hatte?

Gerald stand auf und beugte sich über Stefans Schulter. »Die Akte ist nicht ganz einfach zu deuten«, meinte er. »Wenn die Stiefmutter das Mädchen nicht zurücknehmen wollte, gab es eigentlich keinen Ort, wo man sie hätte hinschicken können. Theresienfeld war zweifellos die Hölle auf Erden, aber in eine Familie zurückzukehren, wo man unerwünscht ist, klingt auch nicht gerade rosig. Und wenn die Stiefmutter den Plan hatte, das Kind loszuwerden, hätte sie sich beim nächsten Versuch sicher direkt an den Fürsorgeleiter des Spiegelgrunds gewendet, Dr. Jekelius. Und damit wäre Christines Todesurteil besiegelt gewesen.«

»Den Namen hat meine Vermieterin im Zusammenhang mit Flugblättern genannt, die über Wien abgeworfen wurden«, sagte Sarah.

»Was für Flugblätter?«, wollte Gerald wissen.

Sarah erzählte bereitwillig.

»Das ist ja unglaublich«, meinte Gerald. »Davon habe ich noch nie etwas gehört. Das bedeutet, dass viel mehr

Wiener von den Grausamkeiten in der Klinik Am Spiegelgrund wussten, als wir bisher angenommen haben. Ich muss das unbedingt am Institut bekannt geben. Wir müssen der Sache nachgehen. Vielleicht ist irgendwo noch so ein Flugblatt erhalten.«

»Wäre es nicht einfacher, direkt bei der Royal Air Force nachzufragen?«, schlug Sarah vor.

Gerald grinste. »Kluger Vorschlag. Willst du den Brief formulieren? Mein Englisch lässt zu wünschen übrig. Ich war immer besser in Latein.«

»Lernt ihr das etwa immer noch in der Schule?«

Gerald und Stefan nickten.

»Manche plagen sich sogar mit Altgriechisch herum«, ergänzte Stefan.

»Das glaub ich nicht!«, rief Sarah. »Das ist ja völlig anachronistisch!«

Gerald grinste. »Willkommen in Österreich.«

»Ich formuliere euch auf jeden Fall einen Brief«, versprach Sarah.

»Danke«, sagte Gerald. »Und legt die Akte bitte auf den Stapel da drüben. Vielleicht kann Werner mehr über Christine herausfinden. Er hat schon die unglaublichsten Geschichten ausgegraben, indem er noch lebende Nachbarn oder andere Menschen aufgestöbert hat, die die Familie gekannt haben. Besonders schön ist es natürlich, wenn wir Überlebende finden. Stellt euch vor, Christine lebt noch. Sie könnte uns wertvolle Informationen liefern.«

»Das klingt ja wie die Arbeit eines Kriminalbeamten«, meinte Sarah beeindruckt.

Gerald verzog den Mund zu einem Lächeln. »Na ja, die Ähnlichkeit ist nicht zu leugnen.«

Die drei widmeten sich wieder ihrer Arbeit. Sarah blätterte einen ganzen Stapel von Akten durch und ordnete den Großteil davon der KÜST zu, doch auch Überweisungen von Kinderheimen und Besserungsanstalten waren dabei. Die Diagnosen klangen immer ähnlich. Es wurde behauptet, die Kinder seien nicht erziehbar, bildungsunfähig oder nicht arbeitsverwendungsfähig.

Irgendwann knurrte Sarahs Magen so laut, dass es auch nicht mehr half, die Hand fest an den Bauch zu pressen. Sie hatte außer einem Marmeladenbrot zum Frühstück noch nichts gegessen. Ein Blick auf die Uhr verriet ihr, dass es schon drei war. Ihr Magen hatte allen Grund, sich zu beschweren.

Stefan schien es ähnlich zu gehen. »Was haltet ihr von einem kleinen Imbiss?«

»Ich bin gut versorgt!« Gerald klopfte auf seine Tasche. »Wurstsemmeln, Banane und Mannerschnitten. Ich teile gerne.«

»Ich dachte eher an etwas Warmes«, sagte Stefan und sah Sarah fragend an.

Sie nickte ihm dankbar zu. Nur zu gerne verließ sie für eine Weile diesen bedrückenden Ort.

»Am Eingang gibt es ein Kaffeehaus. Ich glaube, dass ihr dort auch Suppe und Schinken-Käse-Toast bekommt.« Gerald zeigte zur Tür.

»Klingt gut«, fand Sarah.

Der kurze Spaziergang durch den herbstlich gefärbten Park half Sarah, die düsteren Gedanken ein wenig beiseitezuschieben und wieder ins Hier und Jetzt zurückzukehren.

Kurz darauf saß sie mit Stefan in dem Kaffeehaus, das schon bessere Zeiten gesehen hatte. Sowohl die Theke als auch die runden Marmortischchen wirkten heruntergekommen, und am Kronleuchter fehlten einige Lampen. Trotz des schmuddeligen Ambientes war das Lokal gemütlich, und sie ließ sich Kaffee und Topfenpalatschinken schmecken.

»Hast du etwas Brauchbares für deine Recherche gefunden?«, fragte Sarah.

»Im Grunde würde es reichen, die Namen der Kinder zu nennen, um als Reporter Geschichte zu schreiben«, meinte Stefan und schob sich eine Haarsträhne hinters Ohr.

»Bist du noch mal auf den Namen Asperger gestoßen?«

»Das hätte ich dir doch gesagt. Darauf kannst du Gift nehmen.«

Betroffen verstummte er. Diese Formulierung hatte nach diesem Vormittag eine ganz besondere Bedeutung bekommen. Auch Sarah schwieg verlegen.

Als Stefan seinen Schinken-Käse-Toast vertilgt hatte, bestellte er sich einen weiteren. Sarah orderte eine weitere Palatschinke. Der griesgrämige Kellner nahm die Bestellung mit einem Grunzen entgegen.

Sobald er weg war, fragte Sarah flüsternd: »Warum sind eigentlich alle Kellner in Wien unhöflich?«

Stefan lachte herzlich. »Keine Ahnung. Die gehören zu Wien wie die Fiaker.«

»Was für eine seltsame Stadt«, meinte Sarah.

»Dafür gibt es hier die besten Mehlspeisen der Welt und besonders gutes Eis. Man kann schließlich nicht alles haben.«

Da konnte Sarah nicht widersprechen.

Die kurze Auflockerung hatte geholfen, die Düsternis der letzten Stunden zu vertreiben, doch sobald ihr Gespräch wieder auf die Akten kam, kehrte auch die beklemmende Stimmung zurück.

»Was von dem, was du heute gelesen hast, hat dich am meisten erschüttert?«, fragte Stefan.

»Es war alles ganz schrecklich«, sagte Sarah. »Aber die Selbstverständlichkeit und Kälte, mit der die Ärzte sich das Recht nahmen, zwischen lebenswertem und nicht lebenswertem Leben zu unterscheiden, fand ich wohl am grausamsten.«

Stefan pflichtete ihr bei. »Zum Glück ist das heute völlig anders.«

»Ja?«

Überrascht zog Stefan die Augenbrauen hoch. »Natürlich. Oder willst du etwa sagen, dass behinderte Menschen heute aussortiert und umgebracht werden?«

»Das ist zum Glück nicht mehr der Fall«, pflichtete Sarah ihm bei. »Aber weggesperrt werden sie immer noch.« Sie sah sich in alle Richtungen um. »Ich kann keinen einzigen behinderten Menschen entdecken.«

Stefan schwieg.

»Ich habe auf dem Hinweg in der Straßenbahn auch keinen gesehen. Und ich wette, dass wir beim Zurückfahren keinem begegnen werden.«

»Da hast du wohl recht«, sagte Stefan. »Ich nehme an, dass das in England anders ist.«

»Warum?«

»Na, weil ihr nicht eine ganze Generation von Menschen, die anders waren, einfach getötet habt.«

Sarah schluckte angesichts der harten Worte, die Stefan wählte. Er sprach über seine eigene Heimat und die Verbrechen, die die Generation seiner Großeltern begangen hatte.

»In England ist niemand in einer Euthanasiestation gelandet«, stimmte sie ihm zu. »Aber das heißt nicht, dass es für behinderte Menschen deshalb leicht wäre. Auch auf der Insel werden sie stigmatisiert. Von Teilhabe am Leben kann keine Rede sein.«

Stefan musterte sie eindringlich. Sie wich seinem Blick aus und widmete sich ihrer Melange.

»Wie wirst du jetzt weiter vorgehen?«, fragte er. »Willst du in Aspergers dunkler Vergangenheit wühlen und deinen Forschungsschwerpunkt ändern? Wie lautet eigentlich dein genaues Thema?«

»Lorna Wing, meine Professorin, beschäftigt sich seit Jahren mit der Arbeit von Asperger. Sie ist davon überzeugt, dass er es war, der den Autismus neu definiert hat, und nicht Leo Kanner, wie derzeit geglaubt wird. Und ich werde in meiner Arbeit versuchen, genau das nachzuweisen.«

»Den Namen Kanner habe ich schon mal gehört.« Stefan kaute nachdenklich an seinem Daumennagel.

»Den habe ich ganz sicher erwähnt, als ich dir erzählt habe, was Autismus überhaupt ist. Leo Kanner war der amerikanische Psychiater, der mit seiner Definition von Autismus in die Medizingeschichte eingegangen ist.«

»Nein, ich glaube, dass ich den Namen in einem anderen Zusammenhang gehört oder gelesen habe. Wenn es mir wieder einfällt, sage ich es dir.« Er ließ wieder von seinem Daumennagel ab. »Du hast meine Frage aber noch nicht beantwortet. Wirst du dich weiter mit Aspergers brauner Vergangenheit beschäftigen?«

»Ich bin mir nicht sicher, ob mich dieses Archiv weiterbringt«, gestand sie. »Ich werde mich wohl eher auf die Heilpädagogische Abteilung des AKH konzentrieren und schauen, dass ich an all seine Publikationen herankomme.« Sie rührte den Milchschaum in den Kaffee. »Wobei ich das Archiv sehr spannend finde«, gab sie zu.

»Ich kann dir alle Fälle, in denen Asperger die Diagnose gestellt hat, zur Seite legen«, schlug Stefan vor.

»Das würdest du für mich tun?«

»Ja, klar. Ich will doch auch wissen, welche Rolle der renommierte Arzt gespielt hat. Es hat ja ganz den Anschein, als hätte er nicht die weiße Weste, die man ihm bisher zugeschrieben hat.«

»Der Fall von Christine hat mich sehr erschüttert«, gab Sarah zu.

»Den fand ich jetzt gar nicht so schlimm. Geralds Erklärung klang plausibel. Vielleicht hat Asperger wirklich versucht, das Mädchen zu schützen. In dem Fall wäre er auf der Seite der Guten gewesen. Sofern man das in einer Führungsposition unter den Nazis überhaupt sein konnte.«

Der Ober brachte den zweiten Toast und die Palatschinke für Sarah.

»Könnte ich bitte Ketchup dazu haben?«, fragte Stefan.

Der Mann im dunklen Anzug schnaufte und kam wenig später mit einer Glasflasche zurück, die er vor Stefan angewidert auf den Tisch knallte. »Klebriges amerikanisches Zeug.«

»Schmeckt aber gut«, sagte Stefan fröhlich und griff nach der Flasche.

»Pah!« Der Kellner ging mit schlurfenden Schritten davon.

Stefan griff nach seinem Toast, tauchte ihn ins Ketchup und biss ein großes Stück davon ab. Während er genüsslich kaute, betrachtete er Sarah nachdenklich.

»Du scheinst in Asperger einen Helden zu sehen, den du nur ungern von seinem Thron stoßen willst. Warum ist das so? Was fasziniert dich an ihm?«

»Er war der Erste, der den sogenannten autistischen Psychopathen Fähigkeiten und Kompetenzen zugeschrieben und sie nicht alle in einen Topf geworfen hat«, erklärte Sarah. »Er hat erkannt, dass ein Teil dieser Menschen überdurchschnittlich klug und zu außergewöhnlichen Leistungen fähig ist. Autisten fühlen anders und nehmen ihre Umwelt anders wahr. Manche irritieren laute Geräusche, andere wieder fühlen sich in großen Räumen verloren. Es fällt ihnen schwer, unsere Emotionen zu erkennen, aber sie sind ebenso zu Empathie fähig wie wir. Sie gehören nicht weggesperrt.«

Stefan legte seinen Toast zur Seite. »Wow«, meinte er beeindruckt.

Sarah zuckte mit den Schultern. »Das ist mein Forschungsthema.«

»Ich kenne Kollegen, die längst nicht so für ihr Thema brennen wie du.« Stefan kniff die Augen zusammen. »Mir kommt es so vor, als hättest du einen sehr persönlichen Bezug zum Autismus. Oder zu Dr. Asperger.«

Da war er wieder, dieser forschende Blick, mit dem er ihr auf den Grund ihrer Seele zu schauen schien.

»Du steigerst dich gerade ein bisschen zu sehr in deine Rolle als Investigationsjournalist hinein«, meinte sie. »Bleib schön bei deinem eigenen Sujet. Ich hatte vorhin ja den Eindruck, dass das Thema Euthanasie dir besonders nahegeht.«

»Das berührt jeden.«

Eine Weile aßen beide schweigend. Es war Stefan, der schließlich die Stille brach.

»Ich bin Wiener«, sagte er. »Jeder in dieser Stadt hat in seiner Familie Täter oder Opfer. In manchen Familien gibt es beides.«

Wenn Sarah jetzt eine Frage stellte, würde er den Rollladen wieder runterlassen, also wartete sie geduldig.

»Mein Großvater war Sozialdemokrat«, fuhr Stefan fort. »Er starb im KZ Mauthausen.«

»Oh, das tut mir sehr leid«, sagte Sarah betroffen.

Dies war also der Grund, warum er die Errungenschaften der Sozialdemokratie im Wien der Zwischenkriegszeit ausschließlich im besten Licht sehen wollte. Und so erklärte sich auch seine Reaktion auf Geralds kritische Bemerkung zur KÜST. Die Zwanziger und Dreißiger mussten die Jahre gewesen sein, in denen Stefans Großvater für die Partei aktiv gewesen war.

»Und was ist mit dir?«, fragte Stefan. »Warum das Thema Autismus? Und warum ausgerechnet Wien?«

»Meine Professorin hat mir das Thema und die Stadt so schmackhaft gemacht, dass ich unbedingt herwollte.«

»Ach ja?«

»Ja.«

Er zuckte mit den Schultern. »Gehen wir nach dem Essen zusammen zu Gerald zurück?«

»Wenn ich schon hier bin, kann ich mich auch nützlich machen. Vielleicht finde ich noch etwas Brauchbares.«

»Aber lieber wäre dir, du würdest auf nichts stoßen. Hab ich recht?«

Statt zu widersprechen, widmete sich Sarah ihrer Palatschinke. Als sie vom Teller aufsah, fiel ihr Blick auf eine Frau, die sich gerade an den Nebentisch setzte. Sie trug ein leuchtend orangerotes Tuch um den Hals.

Auch Stefan schien das Kleidungsstück aufgefallen zu sein. »Ein bisschen mehr Farbe würde dir bestimmt gut stehen, Sarah«, bemerkte er beiläufig.

»Wie bitte?«

»Du trägst ausschließlich Grautöne. So, als wolltest du dich verstecken. Das ist schade, denn du bist sehr attraktiv.«

»Muss sich ja nicht jeder so anziehen, als wäre er in den Farbkasten gefallen«, konterte sie und schaute demonstrativ auf das bunte Norwegermuster seines Pullovers. Sein Kompliment überging sie geflissentlich.

Entschuldigend hob Stefan beide Hände. »Da habe ich wohl ein heikles Thema angesprochen. Vergiss es wieder.«

»Mach ich.«

»Was ist eigentlich mit unserem Zoobesuch?« Stefan beugte sich zu ihr. »Mir ist zu Ohren gekommen, dass die Pinguine schon auf dich warten.«

»Wirklich?«

Stefan nickte.

Sarah lächelte. »Dann sollten wir sie nicht enttäuschen.«

»Hast du morgen Zeit?«

»Ja.« Sarah spürte, wie sich ein ganzer Schwarm Schmetterlinge in ihrem Bauch erhob. Die sanften Flügelschläge sorgten für ein angenehmes Kitzeln.

HEILPÄDAGOGISCHE ABTEILUNG
DER UNIVERSITÄTSKINDERKLINIK, WIEN 1937

VIKTORINE

Die Stimmung im Besprechungszimmer der Heilpädagogischen Abteilung ist wieder einmal aufgeheizt. Keiner der Kollegen scheint Dr. Aspergers Ansichten zu teilen. Viktorine folgt der Diskussion mit angehaltenem Atem. Zu gerne würde sie mit ihrer eigenen Meinung beitragen, aber die ist seit einiger Zeit nicht mehr gefragt. Bei den wöchentlichen Sitzungen reden nur noch die Ärzte.

Die Veränderung hat schleichend stattgefunden. Zuerst hat man Viktorines und Judiths Beiträge belächelt, später ignoriert. Seit Neuestem gibt man ihnen deutlich zu verstehen, dass jede inhaltliche Wortmeldung der Krankenschwestern unerwünscht ist. Das alles ist den neuen Ärzten in der Abteilung geschuldet.

»Es handelt sich bei der Diagnose Autismus um eine Störung mit einer ganzen Palette von Merkmalen«, wiederholt Dr. Asperger. »Sie hat bei jedem Kind eine etwas andere Ausprägung.«

»Was soll das heißen?«, fragt Dr. Seitz. Er ist einer der Kollegen, die Krankenschwestern wie Hilfspersonal behandeln. »Wie soll eine Diagnose gestellt werden, wenn das Krankheitsbild bei jedem Patienten anders ist?«

»Bisher haben wir beispielsweise nur Kindern mit erheblichen kognitiven Einschränkungen diese Diagnose zugeschrieben«, erklärt Dr. Asperger. »Aber wir müssen umdenken. Auch intelligente Kinder können davon betroffen sein.«

»Und wie soll sich die Störung dann äußern?« Dr. Seitz schlägt ein Bein über das andere, lehnt sich zurück und verschränkt abwehrend die Arme vor der Brust. Ein deutliches Anzeichen dafür, dass er nichts von dem glaubt, was sein Vorgesetzter sagt. »Kinder mit eingeschränktem Sprachvermögen, Kinder, die sozial und emotional in sich gekehrt sind, und Kinder, die auf Objekte und Rituale fixiert sind, zählen zu den autistischen Psychopathen. Sie verfügen über wenig bis keine kognitiven Fähigkeiten und bedürfen einer intensiven Betreuung in besonderen Erziehungsanstalten«, fährt Seitz fort. »Wir können sie unterstützen und therapieren, aber definitiv nicht heilen.«

Viktorine muss schmunzeln. Der Arzt, der wie Dr. Jekelius ständig gegen Juden wettert, hat gerade seinen Kollegen Georg Frankl zitiert.

Wo ist Dr. Frankl eigentlich heute? Der Platz, auf dem er für gewöhnlich sitzt, ist leer. Viktorine reckt den Hals und schaut sich um, doch sie kann den freundlichen Kollegen nirgends sehen. Ob er krank ist?

»Diese Kinder sind nicht bildungsfähig. Sie werden niemals zu wertvollen, arbeitenden Mitgliedern unserer Gesellschaft heranwachsen«, mischt sich Dr. Jekelius ein.

Niemand im Raum ist über seine abwertende Aussage überrascht. Bei jeder Gelegenheit erklärt er, dass er behinderte Kinder als Bürde für den Staat sieht. Sie »durchzufüttern«, wie er sagt, sei volkswirtschaftlich unklug. Viktorine fragt sich jedes Mal, warum er Kinderarzt geworden ist und sich für die Heilpädagogische Abteilung entschieden hat. Vielleicht hätte er Bankier oder Industrieller werden sollen. Als Arzt ist er definitiv eine Fehlbesetzung.

»Erich ist das beste Beispiel dafür, dass Autisten höchst intelligent sein können«, fährt Dr. Asperger leidenschaftlich fort und sieht Viktorine kurz an. Es ist einer der seltenen Momente, in denen er ihr direkt in die Augen blickt. Sofort schlägt Viktorines Herz schneller. Ob er sich ebenso zu ihr hingezogen fühlt wie sie sich zu ihm? Wenn ja, würde er es niemals zugeben. Dr. Asperger ist überzeugter Katholik, Mitglied mehrerer Kirchenvereine und durch und durch konservativ. Und was wohl am schwersten wiegt: Er ist verheiratet.

Viktorine interpretiert seinen Blick als Aufforderung, zu sprechen. Also meldet sie sich nun doch zu Wort. »Der Bub verfügt über ein äußerst erstaunliches Zahlenverständnis. Ich arbeite seit vielen Jahren mit ihm und wage zu behaupten, dass er ein kleines Genie ist.«

»Ein autistisches Genie.« Dr. Jekelius lacht abfällig. »Die Worte sind ein Widerspruch in sich. Was für ein Unsinn.«

»Es ist kein Unsinn. Ich schwöre, dass dieser Junge zu großen Leistungen fähig ist. Genau wie ein paar der anderen Buben, die wir betreuen.«

»Es sind nur Jungs?« Dr. Hamburger mischt sich in das Gespräch ein. »Das überrascht mich nicht. Es beweist, dass die männliche Spezies den Frauen auch in behinderter Form überlegen ist.«

Jekelius und Seitz lachen. Viktorine schaut zu Judith, die ganz dicht an der Wand sitzt, als wollte sie sich unsichtbar machen. Sie ist in den letzten Monaten richtiggehend abgemagert. Die Entwicklungen in Deutschland setzen ihr zu. Seit den Nürnberger Gesetzen gelten die Juden dort als Menschen zweiter Klasse und sind von etlichen Berufsgruppen ausgeschlossen. Der Antisemitismus ist auch in Österreich salonfähig geworden. Keine gesellschaftliche Runde, in der nicht gegen Juden gehetzt wird. Wer sich nicht daran beteiligt, wird schief angeschaut.

»Wenn der Junge wirklich so klug ist, sollten wir ihn weiter im Auge behalten«, meint Dr. Hamburger. »Wer weiß, vielleicht erfindet er mal eine Maschine, die Kohle in Gold verwandelt.« Er lacht. »Dann will ich derjenige sein, der ihn im Gartenschuppen arbeiten lässt, damit er mich mit meiner Kohle zu einem reichen Mann macht.«

Er steht auf, der Stuhl rutscht scharrend über den Boden. Damit ist die Besprechung für heute beendet.

Viktorine und Judith warten, bis alle Männer den Raum verlassen haben. Erst dann sammeln sie die schmutzigen Teller und Tassen ein und stellen sie auf einen Servierwagen.

»Wo war eigentlich Dr. Frankl?«, fragt Viktorine.

»Weißt du es etwa noch nicht?«

»Was soll ich nicht wissen?«

»Er wurde entlassen und ist bereits nach Amerika abgereist.«

»Besucht er etwa seine Verlobte Dr. Weiss?«

Judith schweigt, doch ihr Blick spricht Bände.

»Er wandert aus?«, flüstert Viktorine, als könnte sie auf diese Weise Judiths Antwort verhindern. Nun ist eingetroffen, was sie befürchtet und wovor Maria sie schon vor einigen Jahren gewarnt hat. Die klügsten Köpfe verlassen die Klinik und das Land. Warum hat Dr. Frankl sich nicht von ihr verabschiedet? Sie hatten doch jahrelang zusammengearbeitet.

»Seine Abreise war ziemlich überstürzt«, sagt Judith, als hätte sie Viktorines Gedanken gelesen. »Der Arzt, mit dem Dr. Weiss zusammenarbeitet, hat ihm ein Visum besorgt. Dr. Frankl wird bei ihm in der Klinik anfangen.«

»Bei Dr. Leo Kanner?«, fragt Viktorine.

Dr. Frankl hat ihr einmal in der Mittagspause von dem amerikanischen Psychiater erzählt, der sich ebenfalls für Patienten mit Autismus interessiert.

»Ja, es heißt, dass Dr. Kanner schon mehreren österreichischen Juden bei der Ausreise geholfen hat.« Judith seufzt niedergeschlagen. »Aber ein bisschen Geld braucht man trotzdem – oder man ist ausgebildeter Arzt. Bei mir reicht weder mein Erspartes noch meine Ausbildung. Ich wünschte, ich wäre wohlhabend genug, um auch zu gehen.«

Viktorine greift nach ihren Händen. »Nein«, sagt sie entschieden. »Das kannst du nicht tun. Lass mich nicht allein. Hier bei uns wird schon nichts passieren. Schuschnigg wird sich mit Hitler einigen. Und irgendwann sind beide wieder Geschichte. Kein Politiker hält sich ewig.«

»Aber wir wissen nicht, wozu die beiden fähig sind«, gibt Judith zu bedenken. »Was sie alles anrichten und wem sie schaden werden.«

»Sei nicht so pessimistisch«, sagt Viktorine. »Keiner wird

einen neuen Krieg anzetteln, wir haben uns vom letzten ja kaum erholt. Das Grauen sitzt uns allen noch in den Knochen. Ich kenne niemanden, der nicht irgendjemanden verloren hat. Keiner will, dass die Männer erneut aufs Schlachtfeld ziehen.«

»Hoffentlich hast du recht«, meint Judith. Sie klingt nicht überzeugt.

In dem Moment kehrt Dr. Asperger zurück. »Kann ich Sie unter vier Augen sprechen, Schwester Viktorine?«

Augenblicklich schießt ihr das Blut in die Wangen, was Dr. Asperger aber nicht sehen kann, da er seinen Blick auf den Boden gerichtet hält.

»Ich muss weitermachen.« Judith schiebt den Geschirrwagen scheppernd aus dem Raum und zwinkert Viktorine vielsagend zu.

Erst als Judith verschwunden ist, bittet Dr. Asperger Viktorine, Platz zu nehmen. Er selbst setzt sich ihr gegenüber.

»Ich will schon seit Tagen mit Ihnen über Erich sprechen.«

»Ja.« Viktorines Herz rast förmlich.

»Niemand kennt den Jungen besser als Sie.« Er macht eine kurze Pause. »Sie werden mir nicht widersprechen, wenn ich sage, dass der Bub ein autistischer Psychopath ist.«

Viktorine knetet aufgeregt ihre Hände. Sie befindet sich auf gefährlichem Terrain. Als Krankenschwester steht es ihr nicht zu, eine Diagnose infrage zu stellen. Also schweigt sie.

»Er zeigt ein völlig verstörendes Sozialverhalten. Trotz unserer Bemühungen kann er immer noch nicht mit anderen Kindern in Kontakt treten«, fährt Dr. Asperger fort.

»Er tritt mit mir in Kontakt«, entgegnet Viktorine.

»Ich weiß«, sagt er ernst. »Das finde ich irritierend.«

»Und er liebt Tiere«, fährt Viktorine fort.

»Wie kommen Sie auf die Idee?«

»Ich habe beobachtet, wie er neulich die Katze vom Hausmeister gestreichelt hat.«

»Das biestige Vieh, das einen anfaucht, sobald man an ihm vorbeigeht?«

Viktorine schmunzelt. Der dicke schwarze Kater ist wirklich alles andere als freundlich. Die meiste Zeit liegt er schlafend in der Sonne im Hof, versucht aber eines der Kinder, das Tier zu streicheln, wird es mit einem Fauchen oder ausgefahrenen Krallen bestraft.

»Letzte Woche lag der Kater eingerollt auf Erichs Schoß«, erzählt sie. »Er hat ihn den ganzen Nachmittag über gestreichelt.«

»Das ist schön. Aber es ändert nichts an der Tatsache, dass der Junge nicht gruppentauglich ist. Sein Lehrer berichtet, dass es erneut Schreiattacken in der Klasse gab. Erich hat sich geweigert, am Turnunterricht teilzunehmen.«

Leider gibt es nichts, was Viktorine dem entgegensetzen kann.

»Manchmal habe ich den Eindruck, dass er nicht versteht, was ich zu ihm sage«, meint Dr. Asperger. »So, als würde er eine andere Sprache sprechen.«

»Das kann nicht sein«, erwidert Viktorine. »Er löst hochkomplexe Mathematikaufgaben und liest zuvor die Aufgabenstellung.«

Nachdenklich runzelt Dr. Asperger die Stirn. Er schweigt.

»Kann es sein, dass man geschriebene Sprache versteht, gesprochene aber nicht?«, fragt Viktorine.

Dr. Asperger hebt interessiert den Kopf. Seine hellen Augenbrauen schießen nach oben. »Darüber habe ich noch nie nachgedacht«, sagt er erstaunt. »Ich werde das in meinen nächsten Versuchen mit ihm berücksichtigen.«

»Wie lange wird Erich noch bei uns bleiben?«, will Viktorine wissen. Diese Frage beschäftigt sie seit geraumer Zeit. Für gewöhnlich verlassen die Patienten nach wenigen Wochen oder Monaten die Station und werden in Kinderheime überstellt. Es ist allgemein bekannt, dass Kinder wie Erich dort kein einfaches Los erwartet. Entweder landen sie in einer Psychiatrie für Erwachsene, oder sie werden als Landarbeiter auf Bauernhöfe geschickt. Es ist, als hätte jemand das Rad der Zeit zurückgedreht. Die früheren Reformbestrebungen sind längst Geschichte.

»Solange der Junge für unsere Forschungsarbeit von Wichtigkeit ist, werden wir ihn hierbehalten«, versichert Dr. Asperger und steht auf. Das Gespräch ist schon wieder vorbei. Viktorine spürt ein gewisses Bedauern. Wie gern wäre sie noch länger in seiner Nähe gewesen. Manchmal stellt sie sich insgeheim vor, sie striche ihm über sein helles Haar oder hielte seine Hand. Dann mahnt sie sich wieder zur Vernunft. Er ist schließlich ihr Vorgesetzter – und ein verheirateter Mann.

Sie muss froh darüber sein, dass er mit ihr geredet hat. Dr. Asperger scheint am alten Geist der Abteilung festzuhalten und auch die Meinung von Krankenschwestern zu schätzen. Schade, dass er das nicht in der großen Runde zeigt. Aber er hat es Viktorine eben spüren lassen, und das ist gut. Außerdem ist sie glücklich, dass Erich vorerst noch bleiben darf. Es hat den Anschein, als würde der Junge sich in der Abteilung wohlfühlen. Sie ist sein Zuhause geworden.

HEILPÄDAGOGISCHE ABTEILUNG
DER UNIVERSITÄTSKINDERKLINIK, WIEN 1937

ERICH

Die Katze hat keinen Namen. Sie liegt auf meinem Schoß. Ihr Fell ist so herrlich weich. Immer und immer wieder streichle ich darüber. Das Schnurren beruhigt mich. Keine sinnlosen Silbenketten. Keine Worte, die viel zu laut gegen meine Ohren schlagen. Die Ecke im Innenhof ist mein Lieblingsort. Sogar im Winter, wenn es eisig kalt ist, kann man hier sitzen. Ein Heizungsrohr verläuft hinter der Wand, und wenn man sich dagegenlehnt, kann man die Wärme spüren. Wahrscheinlich hat die Katze das auch schon entdeckt und liegt deshalb so gern hier. Außerdem ist es ein friedlicher Ort. Nur ein paar Vögel zwitschern. Das Klappern des Geschirrs aus der Küche ist weit weg. Es klingt fast wie leise Musik.

Ich wünschte, ich könnte hier ewig sitzen. Aber ich weiß, sie werden mich holen. Hoffentlich kommt heute Schwester Viktorine, nimmt mich an der Hand und führt mich langsam in den Speisesaal.

Mein Kopf tut nämlich immer noch weh von gestern. Eine fremde Schwester hat mich angeschrien. Ich habe sie zuerst nicht gehört, habe keines ihrer viel zu schnell gesprochenen Worte begriffen. Dann hat sie mich gepackt. Ich hatte keine Ahnung, wohin sie mich bringen wird. Ich habe sie ja nicht verstanden. Sie hat einen knallroten Mantel über ihre Uniform gezogen. Die Farbe hat in meinen Augen geschmerzt, wie viel zu grelles Sonnenlicht. Ihre Stimme war hoch und schrill und fühlte sich in meinen Ohren wie tausend kleine Nadelstiche an. Als sie mich packte, dachte ich, ihre Hände würden mich entzweireißen. Ich habe mich gewunden und dann mit meinem Kopf so lange gegen die Wand geschlagen, bis ich das Rot ihres Mantels nicht mehr sehen, ihre Stimme nicht mehr hören und ihre Berührung nicht mehr spüren musste. Ich erinnere mich nur noch an ihre Worte: »Dieser Junge ist eine Gefahr für die Menschheit.« Die hat sie sehr langsam gesagt.

Ich vergrabe meine Nase im weichen Fell der Katze. Sie schnurrt leise. Bitte, bitte, es soll Schwester Viktorine sein, die mich holt.

WIEN 1986

SARAH

Sarah und Stefan reihten sich in die lange Warteschlange ein. Es hatte den Anschein, als würden alle Wiener und Wienerinnen den sonnigen Samstag für einen Zoobesuch nutzen. In der Allee, durch die sie gekommen waren, hatten Kinder ganze Tüten voller glänzender Kastanien gesammelt, die sie jetzt an der Kasse abgaben.

»Wusstest du, dass Schönbrunn der älteste Tierpark Europas ist?«

»Ja«, sagte Sarah. »Der Mann von Maria Theresia hat den Grundstein der kaiserlichen Menagerie gelegt.«

»Ich bin beeindruckt«, meinte Stefan.

Sarah lachte. »Ich habe heute Morgen den Reiseführer durchgeblättert, den ich mir kurz vor dem Abflug gekauft hatte.«

»Sehr brav. Aber wusstest du auch, dass man den Zoo nach dem Ersten Weltkrieg in eine Geflügelfarm umwandeln wollte?«

»Was?« Sarah glaubte, sich verhört zu haben.

»Nun, damals herrschte eine große Nahrungsmittelknappheit, doch zum Glück haben die Wiener und Wienerinnen sich dagegen zur Wehr gesetzt. Sie wollten ihren Zoo behalten.«

»Das ist wirklich ein Glück«, sagte Sarah. Sie hatten die Kasse erreicht und lösten bei einer Frau in grüner Uniform zwei Eintrittskarten.

Über einen Kiesweg gelangten sie zur ersten Attraktion, dem Giraffengehege, wo Stefan sie mit weiteren Informationen fütterte.

»Die erste Giraffe, die in Schönbrunn ankam, hatte gebrochene Hinterbeine. Der Unfall muss beim Transport passiert sein.«

»O nein, das arme Tier!«

»Da man noch nie eine Giraffe gesehen hatte, glaubte man, das sei ganz normal. Man zwang das Tier immer wieder auf die Beine, bis es irgendwann unter Schmerzen zusammenbrach und starb. Es gibt immer noch alte Ansichtskarten, auf denen man das arme Tier sehen kann.«

»Was für eine schreckliche Geschichte«, sagte Sarah. »Apropos Ansichtskarten. Ich muss unbedingt eine mit Pinguinen kaufen.«

»Du scheinst die kleinen Watschler zu mögen.« Stefan musterte sie von der Seite.

»Die Karte ist nicht für mich, sondern für meinen Bruder«, erklärte Sarah.

Gemeinsam mit tausend anderen Besuchern schlenderten sie von einem Gehege zum nächsten. Es war eine wunderschöne Anlage, der man allerdings ansah, dass sie schon viele Jahre auf dem Buckel hatte. Die Tiger und Bären hielt man zum Glück nicht mehr in Käfigen, dafür waren darin jetzt kleine Vögel oder Äffchen untergebracht.

»Diese Anlage ist wirklich etwas Besonderes«, sagte Sarah. »Es war ein schöner Vorschlag, hierherzufahren.«

Stefan lächelte. »Freut mich, dass Schönbrunn dir gefällt.«

»Ich frage mich aber, ob alle Tiere artgerecht gehalten werden. Bräuchten die großen Affen und die Raubkatzen nicht viel mehr Platz?«

»Seit Kurzem wird tatsächlich darüber diskutiert. Wie immer ist es eine Geldfrage. Ich hoffe für die Tiere und für den Zoo, dass man sich irgendwie einigen kann. Die Gehege müssen erweitert werden, da stimme ich dir zu. Trotzdem wäre es schön, wenn der ursprüngliche Charakter der kaiserlichen Menagerie erhalten bliebe.«

Sarah gab Stefan recht. Sie kamen an einem großen Becken vorbei, um das sich eine Menschentraube versammelt hatte. Hier wurden Seerobben gefüttert. Die Tiere sprangen in die Luft, schnappten nach Fischen und tauchten verspielt wieder unter. Ein Tierpfleger lieferte per Mikrofon Informationen über die Robben.

Stefan und Sarah suchten sich einen Platz, von dem sie alles gut beobachten konnten. Die Zuschauer applaudierten bei jedem Kunststück, das die Tiere zum Besten gaben. Laut platschten sie mit ihren schweren Körpern ins Wasser und tauchten nach Leckerbissen. Ein Seehund balancierte einen Ball auf der Schnauze. Viel zu schnell war die Vorführung wieder zu Ende, und die Zuschauermenge löste sich auf.

In der vordersten Reihe stand ein Elternpaar mit zwei Kindern. Ein kleines Mädchen saß ruhig im Kinderwagen, während ihr etwa fünfjähriger Bruder sich weigerte, zu gehen. Er schrie und tobte, ohne auf die beruhigenden Worte der Eltern zu reagieren.

»Da kann einer anscheinend nicht genug bekommen«, meinte Stefan.

Der Vater kniete sich vor seinen Sohn, redete auf ihn ein, doch die Worte schienen nicht zu ihm durchzudringen. Der Junge tobte weiter und schlug schließlich mit den Fäusten auf den Vater ein.

Die Menschen, die danebenstanden, schüttelten verstört den Kopf. Eine Frau schimpfte: »So sagen Sie ihm doch, dass er mit der Schreierei aufhören soll!« Andere Besucher steckten die Köpfe zusammen und beschwerten sich empört. Sarah schnappte Wortfetzen auf.

»Die Eltern haben ihr Kind nicht im Griff.«

»Warum hebt der Vater ihn nicht einfach hoch und trägt ihn weg?«

»Früher hätte es so was nicht gegeben.«

Abrupt drehte Sarah sich zu zwei besonders laut schimpfenden alten Frauen um. Die eine trug einen Lodenmantel, der viel zu warm für die Temperaturen war, die andere hatte ein dünnes Netz über ihr lila gefärbtes Haar gezogen.

»Früher hat man Kinder, die anders sind, weggesperrt«, sagte Sarah. »Deshalb hat es das nicht gegeben!« Sie war über die Heftigkeit ihrer Reaktion selbst erstaunt.

Eine der Frauen stieß laut Luft aus, die andere starrte sie feindselig an, sagte aber nichts und zog die Freundin weg. »Das ist ja unerhört«, schimpfte sie noch im Gehen.

Inzwischen hatten die Eltern den Sohn anstatt der Tochter in den Kinderwagen gesetzt. Der Junge war viel zu groß für den Buggy, aber er hatte aufgehört zu schreien. In der

Hand hielt er einen Schokoladenriegel, dem er jetzt seine volle Aufmerksamkeit schenkte. Die Eltern sah er dabei immer noch nicht an. Während die Mutter das Mädchen trug, schob der Vater den Wagen rasch davon. Die Situation war ihnen sichtlich peinlich.

Als die Familie hinter dem Tierhaus verschwunden war, drehte sich Stefan fragend zu Sarah. »War das ein kleiner Autist?«

Sarah zuckte mit den Schultern. »Sein Verhalten war auffällig, so viel steht fest.« Ihr Herz schlug ungewöhnlich schnell. Es gab noch so viel, was sie den alten Frauen hätte sagen wollen.

»Das Thema geht dir sehr nah«, meinte Stefan.

»Es regt mich auf, wenn Eltern für etwas verurteilt werden, woran sie keine Schuld tragen.«

»Na ja, hätte der Vater den Buben nicht schon viel früher schnappen und wegtragen können?«

»Warum? Weil den anderen Menschen ein schreiendes Kind nicht zuzumuten ist?«

»Nein, weil er sich nicht schlagen lassen soll.«

»Der Bub schlägt nicht, weil er böse ist, sondern weil er keine andere Strategie kennt. Der Vater hat ihm gezeigt, dass er das nicht will. Was hätte er sonst tun sollen? Etwa zurückschlagen?«

Stefan schwieg betroffen. Nach einer Weile fragte er: »Willst du jetzt die Pinguine sehen?«

»Unbedingt.«

Der Rest des Nachmittags verlief ruhig. Viel zu schnell verflog die Zeit. Es kam Sarah so vor, als würde sie Stefan schon seit Jahren kennen. Seine Nähe war vertraut und aufregend zugleich.

Sie verließen den Zoo, als die Frau an der Kasse durch einen Lautsprecher das Schließen des Tiergartens ankündigte. Und genau wie beim letzten Mal empfand Sarah ein gewisses Bedauern, als sie sich trennten.

»Wir sehen uns an der Uni«, meinte Stefan.

Sarah hätte sich gewünscht, er wäre etwas konkreter gewesen. Selbst war sie zu feige, einen Vorschlag zu machen. Daher musste sie darauf hoffen, Stefan demnächst in der Mensa über den Weg zu laufen.

»Telefon!«, rief Fräulein Weichsel von unten.

Sarah lief die Treppe hinunter. Ihre Vermieterin stand neben dem altmodischen schwarzen Telefon mit Wählscheibe. Da es ein Viertelanschluss war und eine der Nachbarinnen in der Gasse ständig telefonierte, war häufig besetzt. Umso verwunderlicher, dass jemand durchkam.

Fräulein Weichsel musterte sie überrascht. »Gehen Sie auf ein Begräbnis?«

»Was? Nein, warum?« Sarah schaute an sich herab. Sie trug dunkle Jeans und eine hübsche schwarze Bluse.

Fräulein Weichsel zuckte mit den Schultern und reichte ihr den Telefonhörer.

Sarah erkannte Benedicts Stimme sofort. Ihre Knie wurden weich, weshalb sie sich auf den wackeligen Hocker neben dem Telefontischchen setzte.

»Hallo, wie geht es dir in Wien? Du hast dich noch nicht gemeldet. Deshalb dachte ich, ich ruf mal bei dir an und frage nach.« Der Vorwurf war nicht zu überhören.

»Es geht mir gut. Danke«, murmelte sie.

»Was machst du so den ganzen Tag?«

»Ich arbeite und recherchiere.«

»Und bist du schon weitergekommen?«

»Ja und nein.« Was sollte sie Benedict schon erzählen? Er hatte sich nie für ihre Forschung interessiert. Für ihn zählten nur seine eigenen Themen, die immer mit der neueren englischen Literatur des ausgehenden 19. Jahrhunderts zu tun hatten. Plötzlich fiel ihr etwas ein.

»Wusstest du, dass die Royal Air Force Flugblätter über Wien abgeworfen hat?«, fragte sie. »Man wollte die Bevölkerung darüber informieren, was in der Klinik Am Spiegelgrund passiert ist.«

»Davon habe ich noch nie etwas gehört«, entgegnete Benedict. Ohne näher auf ihre Frage einzugehen, seufzte er laut. »Ich vermisse dich. Wann kommst du wieder?«

»In einem halben Jahr, das weißt du doch.«

»Das ist viel zu lang. Wenn ich deine Stimme höre, schürt das meine Sehnsucht. Du fehlst mir so.«

Sarah kannte dieses Jammern. Wäre sie jetzt zu Hause, würde sie sich in den nächsten Zug setzen und zu ihm fahren. Gut, dass sie das von Wien aus nicht konnte.

»Was machst du heute Abend?«, fragte Benedict. »Ich will in Gedanken ganz bei dir sein.«

»Ich gehe zu einer Party der Universität.«

Trotz der Entfernung und der schlechten Verbindung konnte Sarah ihn schlucken hören. Schließlich lachte er gekünstelt. »Ich hoffe, du bleibst brav.«

Gerne hätte Sarah ihm geantwortet, dass sie genauso brav bleiben werde, wie er es in London bei seiner Frau war. Sie wusste, dass er regelmäßig Sex mit ihr hatte. Doch sie sagte das, was er hören wollte: »Natürlich.«

»Vielleicht komme ich in den Herbstferien zu dir.«

»Nein!« Ihre Antwort kam wie ein Pistolenschuss aus

ihrem Mund. Versöhnlicher fügte sie hinzu: »Wir haben vereinbart, dass wir eine Pause einlegen.«

»Das hast du beschlossen. Ich wollte nie …!«

»Bitte flieg nicht nach Wien«, sagte Sarah. »Lass mir die Zeit, die ich brauche, um über uns nachzudenken.«

»Es wird mir wohl nichts anderes übrig bleiben«, meinte er. Danach unterhielten sie sich über Belanglosigkeiten. Bevor er auf das Wetterthema umschwenken konnte, beendete Sarah das Gespräch. Kaum hatte sie aufgelegt, kam das schlechte Gewissen. Aber es währte nur kurz. Sobald sie in die Küche zu Fräulein Weichsel trat, war es weg. Ihre Vermieterin hielt ihr einen türkisen Seidenschal entgegen.

»Hier!«, sagte die alte Frau. »Den leihe ich Ihnen für heute Abend, damit Sie auf der Party nicht wie eine Trauernde aussehen.«

Sarah griff nach dem Schal. Es war ein wunderschönes Stück mit fantasievollen Ornamenten.

»Der Schal stammt aus der Wiener Werkstätte«, erklärte Fräulein Weichsel stolz. »Es ist ein wertvolles Stück von Koloman Moser. So manches Museum würde sich darüber freuen.«

Den Namen hatte Sarah erst vor Kurzem gehört. Hatte nicht Stefan ihn im Zusammenhang mit der Kirche erwähnt? Sofort hielt sie ihrer Vermieterin das Tuch wieder hin.

»Danke schön, aber da ist mir die Verantwortung etwas zu groß«, sagte sie.

Fräulein Weichsel wollte davon nichts wissen. »Sie werden doch auf einen Schal aufpassen können. Sie sind ja kein kleines Kind mehr.«

Erneut betrachtete Sarah das kostbare Stück Stoff. Es

war wunderschön. Ehrfürchtig legte sie es um ihren Hals. Das Türkis harmonierte perfekt mit ihrer Haarfarbe. Sie erinnerte sich an die Worte ihrer Mutter, dass zu ihrem rötlichen Haar keine auffälligen Farben passten. Das stimmte nicht. Der Schal sah an ihr hinreißend aus.

»Na bitte«, meinte Fräulein Weichsel zufrieden. »Damit können Sie sich sehen lassen. Viel Spaß bei Ihrer ersten Abendveranstaltung in Wien. Wird auch getanzt werden?«

»Ich weiß es nicht«, sagte Sarah. Johannes hatte sie zu einer Studentenparty eingeladen, die in der Mensa im NIG stattfinden würde. Kein sehr heimeliger Ort, aber Sarah hatte beschlossen, sich überraschen zu lassen.

»Als ich jung war, habe ich viel getanzt«, erzählte Fräulein Weichsel, und ihr Blick wurde weich.

»Und wo haben Sie getanzt?«

»Im *Kursalon Hübner*, im *Café Dommayer* in Hietzing und im *Tabarin* – dort hatte Hans Moser seinen ersten großen Auftritt!« Sie machte eine wegwerfende Bewegung mit der Hand. »Ach, es gab so viele Orte, wo man Spaß haben konnte.«

Zu gerne hätte Sarah mehr erfahren. Sie kannte weder den Namen Hans Moser noch die Orte, die ihre Vermieterin genannt hatte, aber sie war wieder einmal spät dran und musste sich beeilen.

»Heute werde ich nicht auf Sie warten«, kündigte Fräulein Weichsel an. »Also nehmen Sie bitte den Schlüssel mit.«

Sarah hatte ihn bereits in ihrer Handtasche. »Schon erledigt.«

»Dann bis morgen früh!« Fräulein Weichsel ging in die Küche zu ihrem Radio. Auf dem Tisch lag bereits das

Kreuzworträtsel, das sie sich für heute Abend vorgenommen hatte. Die Hefte waren der einzige Luxus, den sie sich regelmäßig gönnte. Sarah sah ihr nach und fragte sich, wie die alte Frau zu einem wertvollen Seidenschal aus der Wiener Werkstätte kam.

Am Jonasreindl, der Haltestelle vor der Universität, wo gleich mehrere Straßenbahnen ihre Endstation hatten und in einer Unterführung eine Schleife zogen, wartete Johannes schon auf Sarah.

Er bemerkte die Veränderung sofort. »Oh, du trägst Farbe.«

»Ist das gut oder schlecht?«

Er grinste. »Sehr gut.«

»Danke.« Johannes war ein Mann, von dem sie Komplimente entgegennehmen konnte, ohne dabei rot zu werden. Sie bedeuteten ihr nichts, weil er nicht ihr Typ war.

Er hingegen schien ein Auge auf sie geworfen zu haben. Beim Gehen rückte er ganz dicht an sie heran, und sie hatte Mühe, ihm auszuweichen, ohne dabei vom Gehsteig auf die Fahrbahn gedrängt zu werden. Zum Glück war es zum NIG nicht weit. Schon nach wenigen Minuten hatten sie das Gebäude erreicht.

Aus der ungemütlichen Mensa, wo tagsüber gegessen und gelernt wurde, waren jetzt tiefe Basstöne und eine hohe Singstimme zu hören. Sarah kannte den Song. Er wurde im Radio rund um die Uhr gespielt: *Jeanny*. Der Text hatte Sarah zutiefst verstört, wurde doch eine Vergewaltigung darin verherrlicht. Mittlerweile hatte sie sich an das Lied gewöhnt und hörte den Text gar nicht mehr.

Die grelle Mensabeleuchtung war Lichterketten und

Discokugeln gewichen. Eine dichte Wolke aus Zigarettenrauch hing im Raum und mischte sich mit dem Geruch von Schweiß und Bier. Sarah hoffte, dass sie die Mischung bald nicht mehr wahrnehmen würde. Der Rauch würde sich noch Wochen im Raum halten, und sie fragte sich, ob der Geschmack der köstlichen Speisen in den nächsten Tagen darunter leiden würde.

»Soll ich uns Bier organisieren?«

»Ja bitte!«

Schon drängte sich Johannes durch die Menge. Einige Studenten tanzten, andere standen in Grüppchen zusammen, wobei man allerdings laut schreien musste, um sich zu unterhalten. Sarah hängte ihre Jeansjacke an der improvisierten Garderobe auf. Es würde eine Ewigkeit dauern, das geliebte Stück hinterher wiederzufinden. An drei Kleiderständern auf Rollen hingen Jacken, Mäntel und Pullover in mehreren Lagen übereinander.

Jetzt tönte *The Final Countdown* aus den Boxen. Sarah stellte sich an den Rand der Tanzfläche, damit Johannes sie wiederfand, und schaute sich um. Die meisten Studenten waren einige Jahre jünger als sie. Vermutlich war es eher eine Veranstaltung für Studienanfänger, damit die sich kennenlernen konnten. Sie kam sich wie eine alte Frau vor und ärgerte sich ein bisschen, dass Johannes ihr davon nichts gesagt hatte.

»Du hast gar nicht erwähnt, dass du heute kommen wirst.« Sarah drehte sich um. Stefan stand vor ihr. Er hatte seinen Norwegerpullover gegen ein Hemd getauscht, das er lässig hochgekrempelt hatte.

»Du hast mich auch nicht gefragt«, konterte sie.

»Stimmt.« Er lächelte. Sarah überlegte, ob ihm bewusst

war, wie attraktiv er aussah. Gleich mehrere junge Frauen reckten die Köpfe nach ihm.

»Der Schal steht dir gut«, sagte er.

Diesmal errötete Sarah. Hoffentlich konnte er es in der dunklen Mensa nicht sehen.

»Wie geht es deinem Artikel?«, fragte sie. Stefan hatte ihr in Schönbrunn erzählt, dass er nur schleppend damit vorankam. Seit dem letzten Wochenende hatten sie sich nur einmal kurz in der Mensa gesehen, aber keine Gelegenheit gehabt, sich näher zu unterhalten.

»Ich sammle immer noch Material, und je mehr ich zusammentrage, desto mulmiger wird mir.« Er verzog den Mund. »Aber heute Abend wollen wir nicht über so unerfreuliche Geschichten reden. Lust auf Tanzen?«

»Später gerne«, sagte Sarah. »Johannes holt mir gerade ein Bier.«

»Der ist wohl zu deinem Schatten geworden.«

Sarah sah sich lachend um. »Dafür ziehst du jede Menge schmachtende Blicke an.«

Belustigt stellte sie fest, dass ihre Worte ihn in Verlegenheit brachten. Das Geplänkel fing an, ihr Spaß zu machen.

»Ich bin Beratungsstudent für die Neuanfänger«, erklärte er. »Sonst würde ich mir Veranstaltungen wie diese sparen.«

Da kam Johannes, der sich mit ausgestreckten Armen einen Weg quer über die Tanzfläche bahnte. In jeder Hand hielt er eine Flasche Bier. Als er Stefan sah, machte er sich nicht einmal die Mühe, Freundlichkeit vorzuheucheln.

»Du schon wieder!«, rief er, und trotz der lauten Musik konnte man den düsteren Unterton in seiner Stimme hören.

»Ich studiere hier«, erwiderte Stefan.

»Solltest du nicht schon lange mit deinem Studium fertig sein?«

»Ach, ich habe keine Eile. Ich gehe genießend durchs Leben und nicht hetzend.« Stefan verschwieg, was er Sarah ganz zu Beginn ihrer Bekanntschaft gestanden hatte, dass er gar nicht vorhatte, zu Ende zu studieren, sondern auf ein passendes Jobangebot hoffte.

Bevor Johannes eine weitere spitze Bemerkung machen konnte, nahm Sarah ihm das Bier ab. »Vielen Dank.« Sie stieß mit ihrer Flasche gegen die von Johannes. »Cheers.«

»Prost.«

»Wir drei heben den Altersdurchschnitt dieser Veranstaltung gehörig«, sagte Sarah belustigt, nachdem sie einen Schluck getrunken hatte. »Ich bin mir noch nie so alt vorgekommen.«

»Perfektes Jagdrevier für ältere Studenten«, bemerkte Johannes vielsagend.

Stefan schmunzelte. »Wen willst du denn jagen?«

Verärgert zog Johannes die Augenbrauen zusammen. »Niemanden. Ich bin hier, um Sarah ein paar der Studentenvertreter vorzustellen und den Unibetrieb abseits von Vorlesungen und Prüfungen zu zeigen.«

»Na, dann lass ich euch mal allein und kümmere mich um die Erstsemestrigen.« Stefan nickte Sarah zu. »Ich schau später noch einmal vorbei.«

Kaum dass er weg war, beugte sich Johannes vertraulich zu Sarah. »Was für ein Angeber. Die Endlosstudenten sind doch alle gleich. Sie überspielen ihren fehlenden Ehrgeiz mit übertriebener Selbstdarstellung.«

Sarah trank wieder aus ihrer Bierflasche und schluckte

damit die spitze Bemerkung hinunter, die ihr auf der Zunge lag. Sie wollte Johannes nicht beleidigen. Er war nett und kümmerte sich fürsorglich um sie.

Später zog er sie in den Nebenraum, wo es etwas leiser war und auch ältere Gäste standen. Er stellte sie einem nach dem anderen vor. Schon nach den ersten zehn Namen schwirrte Sarah der Kopf. Die Studienrichtungen und Abschlussthemen verschmolzen zu einem einzigen Brei, und sie ertappte sich dabei, freundlich zu lächeln und immer wieder dieselben leeren Höflichkeitsfloskeln aufzusagen. Irgendwann wünschte sie sich, ganz weit weg zu sein.

»Bitte entschuldigt mich, ich muss kurz mal wohin«, erklärte sie und floh erleichtert zur Toilette. Die Schlange davor war schier endlos. Sarah reihte sich am Ende ein.

»Willst du hier warten oder lieber mit mir zum Heurigen gehen?«, fragte Stefan, der zu ihr getreten war. Die beiden Studentinnen vor Sarah drehten sich zu ihr um und steckten tuschelnd die Köpfe zusammen. Erstaunlich, was für eine Wirkung der angehende Journalist auf Frauen hatte.

»Wohin?«

»Sag bloß, du hast noch nichts von Heurigen gehört. Du wohnst doch in Neustift am Walde.«

Sarah sah ihn ratlos an.

»Heurige sind urtypische Wiener Lokale«, erklärte Stefan. »Man bekommt dort den heurigen Wein. Also den Wein aus dem aktuellen Jahr. Die Lokale dürfen nur zu bestimmten Zeiten offen halten. Dann hängen die Besitzer einen grünen Buschen vor die Eingangstür, das heißt, dass ›ausgsteckt‹ ist.«

Sarah erinnerte sich, die grünen Buschen in der Gegend

rund um die Villa von Fräulein Weichsel gesehen zu haben. Sie hatte sie allerdings für vergessenen Osterschmuck gehalten.

»Beim Heurigen trinkt man Wein, isst Liptauerbrote oder andere Kleinigkeiten«, fuhr Stefan fort und sah sie mit gespieltem Entsetzen an. »Hast du denn gar nicht gewusst, dass Wien die einzige Millionenstadt ist, in der immer noch professioneller Weinbau betrieben wird?«

»Nie gehört«, gab Sarah zu.

»Ich sehe schon, du brauchst dringend weitere Nachhilfestunden in Wien-Kunde. Eissalon und Zoo hätten wir abgehakt, aber es gibt noch viel mehr.«

»Schade, dass ich keinen Wein trinke, sonst würde mich so ein Heurigenlokal interessieren.«

»Dann machen wir mit den Kaffeehäusern weiter. Das neulich in der Klinik war ja wirklich nicht besonders repräsentativ.«

»Jetzt gleich?«

»Warum nicht?«, fragte Stefan.

»Ich bin dabei!« Sarah trat aus der Reihe.

»Musst du denn nicht …?«

»Das ist nicht so dringend.«

»Wie du meinst.«

»Ich muss bloß meine Jeansjacke holen und mich von Johannes verabschieden.«

Stefan zog den Mundwinkel nach oben. »O weh, da wird jemand sehr böse auf mich sein.«

»Ich nehme an, dass du damit leben kannst.«

»Ich glaube, ja.«

»Wir treffen uns in der Halle am Eingang. Bis gleich.«

Sarah machte sich auf die Suche nach Johannes und

entdeckte ihn an der Bar, wo er sich ein weiteres Bier holte. Sie machte es kurz und schmerzlos und erklärte ihm, dass sie Kopfschmerzen habe und nach Hause wollte. Sein Angebot, sie nach Hause zu begleiten, lehnte sie kategorisch ab. »Wir sehen uns am Montag!«

Dann ließ sie ihn stehen und eilte zum Garderobenständer, wo sie ganze zehn Minuten nach ihrer Jacke suchte. Schließlich hatte sie sie gefunden. Wie Fräulein Weichsels Tuch und ihr Haar stank auch die Jacke nach Rauch. Sie würde sie waschen müssen, dachte sie, während sie zur Eingangshalle lief.

Stefan lehnte lässig an einer der Säulen, die mit unzähligen Plakaten beklebt waren. Als er sie sah, stieß er sich schwungvoll ab.

»Hat ja doch länger gedauert«, meinte er.

»Ich habe meine Jacke ewig nicht gefunden.«

»Deshalb gebe ich meine Kleidung bei solchen Veranstaltungen niemals ab.« Er ging zur Tür, öffnete sie und ließ Sarah den Vortritt.

»Wo gehen wir jetzt hin?«, fragte Sarah.

»Zur Auswahl stehen das *Café Sperl* in der Gumpendorfer Straße, das *Café Landtmann* neben dem Burgtheater oder das *Café Central*. Für alle drei müssen wir allerdings einen Spaziergang in Kauf nehmen.«

»Spaziergang ist gut«, meinte Sarah. »Vielleicht werden wir einen Teil des Rauchgeruchs wieder los.«

»So schlimm?« Stefan vergrub die Nase in seiner Armbeuge. »Stimmt, da kann ein bisserl Durchlüften nicht schaden. Lass uns in die Innenstadt zum *Café Central* gehen. Dort haben sich früher Dichtergrößen wie Stefan Zweig, Arthur Schnitzler und Hugo von Hofmannsthal getroffen.«

»Klingt großartig.«

Der Abend war für die Jahreszeit sehr lau, und so war es ein Vergnügen, den Ring zu queren, durch den Innenhof des Schottenstifts zur Freyung und die Herrengasse entlang zum *Café Central* zu gelangen. Stefan hatte zu jedem der Gebäude etwas Spannendes zu erzählen. Er war wie ein wandelndes Geschichtslexikon.

»Woher weißt du das alles?«, fragte Sarah.

Er zuckte mit den Schultern. »Ich interessiere mich für die Vergangenheit meiner Stadt. Ursprünglich wollte ich Geschichte studieren, aber dann habe ich rasch entdeckt, dass das nicht mein Ding ist. Geht es dir mit deiner Heimatstadt nicht so?«

»Nein«, gab Sarah zu. »Ich bin zwar in Gloucester aufgewachsen, aber irgendwie habe ich mich dort nie wirklich zu Hause gefühlt. Vielleicht liegt es auch daran, dass ich nur zur Hälfte Engländerin bin. Meine Mutter stammt ja aus Deutschland.«

»Aber dein Vater ist Engländer?«

»Ja.« Sarah war selbst über die Kälte in ihrer kurzen Antwort überrascht.

»Schwieriges Verhältnis zum Erzeuger?«

»Ja.«

»Magst du mir mehr erzählen?«

»Nein.«

»Alles klar. Wir sind da.«

Sarah schaute an der Fassade des Gebäudes empor, das mit seinen Rundbogenfenstern, verspielten Erkern und jeder Menge Verzierungen wie ein riesiger italienischer Palazzo aussah.

Drinnen schlug ihnen der aromatische Duft von geröstetem Kaffee und anderen Köstlichkeiten entgegen. Weiße Säulen stützten die gewölbte Decke, an der riesige Kristallluster hingen. Am Ende des Saals zierten zwei riesige Gemälde des letzten Kaiserpaars die Wände. Die klassischen Thonetstühle mit den gebogenen Holzlehnen und den geflochtenen Sitzflächen luden zum Verweilen ein. Ein Kellner im dunklen Anzug trat ihnen entgegen.

»Bitte einen Tisch am Fenster«, sagte Stefan.

Der Ober führte sie zu einem Tisch in einer Nische. Zwei rot gepolsterte Bänke standen einander gegenüber, dazwischen ein Tisch mit dunkler Marmorplatte. Sarah nahm Platz. Hier saß man geschützter und bequemer als in der Mitte des Raums. Sie bestellte sich eine Melange und einen Apfelstrudel. Stefan wollte nichts essen und orderte nur einen kleinen Braunen.

Sarah nutzte die Wartezeit für einen Toilettenbesuch.

»Das Kaffeehaus ist hinreißend«, sagte sie, als sie wieder an den Tisch zurückkam.

»Ja, stimmt, aber es gibt andere, die ebenso viel Flair haben.«

»Wie schön, dann weiß ich schon, womit ich in den nächsten Wochen beschäftigt bin.« Sarah lehnte sich zurück.

»Ich dachte, du bist in Wien, um dich mit Autismus zu beschäftigen.«

Seine Augen waren schokoladenbraun, wenn er lachte, bildeten sich winzige Fältchen in den Augenwinkeln, und auf der Nase waren ein paar Sommersprossen zu sehen.

»Das eine schließt das andere ja nicht aus«, sagte sie. Ihre Nase juckte, und sie musste niesen.

»Gesundheit!«

»Danke.« Sarah griff nach ihrer Handtasche und kramte nach einem Taschentuch, dabei rutschte ein Umschlag auf den Boden. Stefan hob ihn für sie auf und legte ihn auf den Tisch. Es war der Brief von Benedict.

»Dein Freund?« Seine Stimme klang völlig neutral.

»So etwas Ähnliches«, wich Sarah aus.

Stefan zog fragend die Augenbrauen hoch. »Was meinst du damit?«

»Mein verheirateter Liebhaber«, gestand Sarah.

Stefans Gesicht verfinsterte sich. »Du triffst dich mit einem verheirateten Mann?«

»Ja. Das findest du unmoralisch, oder?«

»Irgendwie schon.«

»Ist es wohl auch«, gab sie zu.

»Lass mich raten«, sagte er. »Der Mann wird seine Frau niemals wegen dir verlassen.«

Sarah nickte.

»Ist es nicht schrecklich zu wissen, dass er auch mit einer anderen ins Bett geht?«

»Anfangs war das schlimm«, sagte sie. »Aber seit ich in Wien bin, ist mir die Idee gekommen, dass ich vielleicht aus genau diesem Grund mit ihm zusammengekommen bin.«

»Das verstehe ich nicht.« Stefan verschränkte die Arme vor der Brust und lehnte sich zurück.

»Weißt du, so ein Verhältnis ist ziemlich bequem. Man muss sich nicht fest binden und keine Angst haben, verlassen zu werden, weil man ja ohnehin nicht fest liiert ist.« Zum ersten Mal sprach sie die Wahrheit laut aus.

Der Kellner brachte die Getränke und den Apfelstrudel. Die Vanillesoße wurde in einem Kännchen dazu serviert, und zum Kaffee gab es ein Glas Wasser. Sarah war so mit ihrer Mehlspeise beschäftigt, dass sie Stefans betroffenen Gesichtsausdruck erst bemerkte, als sie wieder aufblickte.

»Kennst du das? Geht es dir ähnlich?«, fragte sie.

Stefan ließ sich mit der Antwort Zeit. Mit gepresster Stimme sagte er schließlich: »Meine Freundin hatte einen anderen.«

»Oh, das tut mir leid.«

»Sie hat mich zwei Jahre lang betrogen. Wäre ich nicht zufällig dahintergekommen, würde sie es wohl immer noch tun.«

»Hast du sie verlassen?«, wollte Sarah wissen.

»Ich hätte ihr alles verziehen, nur damit sie bei mir bleibt. Verrückt, oder?«

Seine Offenheit erstaunte sie. Langsam schüttelte sie den Kopf. »Ich denke nicht, dass es verrückt ist. Zweifellos ungesund, aber nicht verrückt.«

»Als ich sie damit konfrontiert habe, hat sie mir ins Gesicht gesagt, dass sie mich nicht mehr liebt und ich mich aus ihrem Leben vertschüssen soll. Ich musste von einem Tag auf den anderen ausziehen. Es war ihre Wohnung. Zum Glück konnte ich kurzfristig bei einem Freund unterkommen.«

Sarah fiel nichts ein, was sie darauf sagen konnte. Schweigend trank sie einen Schluck von ihrer Melange.

Stefan nahm den Zuckerstreuer und schüttete reichlich davon in seine Tasse. Mit dem kleinen Löffel rührte er die weißen Kristalle in die schwarze Flüssigkeit.

»Ist es nicht total crazy, was man alles tut, nur um von einer bestimmten Person geliebt zu werden?«, sagte er. »Ich verstehe nicht, warum die Natur es so eingerichtet hat, dass Menschen sich immer wieder in Menschen verlieben, von denen sie verletzt werden. Alles wäre viel einfacher, wenn man sein Herz nur an Menschen vergibt, die ebenso empfinden wie man selbst«, fuhr er fort und trank einen Schluck von seinem Kaffee. »Nimm etwa Johannes. Er flattert um dich rum wie ein verliebter Schmetterling, dabei ist für jeden außer ihn ersichtlich, dass er keine Chance haben wird.«

»Wie kommst du darauf?«

Stefan legte den Kopf schräg und zog den rechten Mundwinkel hoch.

Sarah musste lachen. »Du hast recht«, gab sie zu. »Johannes ist nicht in meinem Beuteschema.«

»Haben bei dir nur verheiratete Männer eine Chance?«

Sarah überlegte. Stefan war absolut ehrlich. Das wollte sie auch sein. »Ich fürchte, ich habe mich bisher vor allem für Männer interessiert, bei denen ich keine Angst haben muss, dass es etwas Ernstes werden könnte.«

»Bist du denn schon mal verlassen worden?«

Sarah atmete tief durch. Stefan war ein Fremder. Vielleicht war es deshalb so einfach, sich ihm anzuvertrauen.

»Mit zehn«, sagte sie. »Der Mann war mein Vater.«

»Oh, das tut mir leid.«

»Und jetzt sollten wir wirklich das Thema wechseln. Ich habe schon viel mehr über mich verraten, als ich wollte.«

»Mir geht es genauso«, entgegnete Stefan.

Sarah widmete sich wieder ihrem Apfelstrudel.

»Mir ist übrigens eingefallen, wo ich den Namen Leo Kanner schon einmal gelesen habe«, sagte Stefan plötzlich.

»In einem Artikel über die Heilpädagogische Abteilung stand, dass der Mediziner Georg Frankl, der 1937 seiner

Verlobten Anni Weiss nach Amerika folgte, vom Arzt Leo Kanner mit einem Visum versorgt wurde. Kanner hat mehreren jüdischen Ärzten bei der Flucht aus Österreich geholfen.«

Es dauerte eine Weile, bis Sarah die Tragweite dieser Nachricht bewusst wurde. »Warte mal. Willst du damit sagen, dass Frankl und Weiss mit Dr. Asperger zusammengearbeitet haben, bevor sie nach Amerika gingen?«

»Davon gehe ich aus, wenn sie in derselben Abteilung waren.«

Sarah legte die Gabel zur Seite. »Das würde ja bedeuten, dass sie ihre Forschungsergebnisse mitgenommen und Leo Kanner gezeigt haben könnten.«

»Ja, und?«

»Es gibt etliche Parallelen zwischen den Arbeiten von Kanner und Asperger. Kanners maßgebliches Werk zum Thema Autismus ist 1943 erschienen, ein Jahr vor Aspergers Habilitationsschrift. Man hat bisher nicht verstanden, wie das sein konnte. Asperger hatte zwar schon 1938 einen wichtigen Vortrag zum Thema veröffentlicht, aber der wurde ganz sicher nicht international rezipiert, zumal in der damaligen Zeit. Ich werde dem mal nachgehen. Das könnte genau die Verbindung sein, nach der ich suche«, meinte Sarah und griff erneut zu ihrer Gabel.

Den Rest des Abends unterhielten sie sich über unverfänglichere Themen wie Musik, Politik und die Vorurteile, die es über Engländer und Österreicher so gab. Sarah fühlte sich in Stefans Gegenwart wohl, und es fiel ihr so leicht, sich mit ihm zu unterhalten.

Um Mitternacht stellte sie überrascht fest, dass sie die beiden letzten Gäste im Kaffeehaus waren. Stefan begleitete sie zur Straßenbahnhaltestelle. Als sie einstieg, musste sie den Impuls unterdrücken, ihm einen Kuss auf die Wange zu geben. Und als sie ihm durchs Fenster zum Abschied zuwinkte, fragte sie sich, ob da nicht so etwas wie Bedauern in seinem Blick gewesen war.

GOETHEHOF, WIEN 1938

VIKTORINE

»Die Abstimmung war eine einzige Farce!«, schimpft Maria. Sie hat eben die dritte Tasse Filterkaffee getrunken und rennt jetzt aufgeregt in ihrer kleinen Küche auf und ab. Viktorine sitzt am Fenster und beobachtet ihre Schwester sorgenvoll. Es ist das eingetroffen, was sie niemals für möglich gehalten hat: Am 12. März ist Hitlers Wehrmacht in Österreich einmarschiert. Noch für den 9. März hatte Kanzler Schuschnigg eine Volksabstimmung anberaumen lassen: »Für ein freies und deutsches, unabhängiges und soziales, für ein christliches und einiges Österreich.« Doch dann ist alles anders gekommen. Hitler hat Schuschnigg zum Rücktritt gezwungen und den Befehl zum Einmarsch gegeben. In Wien empfing man Hitler mit Jubelrufen. Auch Viktorine und die ganze Abteilung der Heilpädagogischen Abteilung wurden mit einem Autobus hingefahren, genau wie viele andere Beamte und staatsnahe Mitarbeiter. Man hat ihnen kleine Hakenkreuzfahnen in die Hand gedrückt, und sie haben damit gewunken, genau wie tausend andere. Einige waren wirklich begeistert, aber viele waren wie Viktorine und Judith dazu gezwungen worden. Schon in den Wochen danach hat es die ersten Verhaftungen unliebsamer Kritiker gegeben, dann folgten die Juden. Es heißt, dass etliche in ein Arbeitslager nach Dachau geschickt wurden.

Gestern hat schließlich die offizielle Abstimmung zum Anschluss stattgefunden. Auf dem Wahlschein war das Ankreuzfeld für Hitler riesengroß, das gegen ihn hingegen winzig klein. Abgestimmt wurde an öffentlichen Plätzen, wo SA- und SS-Männer genau kontrolliert haben, wofür gestimmt wurde. Maria hat mit einem Nein gestimmt, woraufhin der SS-Mann sie geohrfeigt und ihr gedroht hat, dass das Konsequenzen für sie haben werde. Ihre Wange ist immer noch blau vom Schlag. Viktorine ist nicht so mutig gewesen. Sie hat in der Universitätskinderklinik gemeinsam mit allen anderen Kollegen mit einem Ja gestimmt, während Dr. Hamburger ihr streng über die Schulter geschaut hat. Auch Judith hat sich dem Druck gebeugt.

»Denkst du, dass du deine Anstellung verlierst?«, fragt Viktorine.

Maria zuckt mit den Schultern. »Und wenn schon. Ich will den Kindern ohnehin nicht einreden, dass dieser kleine Irre mit dem hässlichen Schnauzbart ein anbetungswürdiger Führer ist. Der gehört eingesperrt.«

Viktorine zuckt zusammen. »Psst!« Sie legt den Finger an den Mund. Reflexartig sieht sie aus dem Fenster, so, als könnte einer der Nachbarn unten im Hof ihre Schwester hören. Die Stimmung im Land hat sich verändert. Ständig muss man fürchten, nicht das Richtige zu sagen. Im schlimmsten Fall gibt es Strafen.

»Komm, lass uns eine Runde spazieren gehen«, schlägt Viktorine vor. Sie kennt Maria. Wenn ihre Schwester noch länger wie ein eingesperrtes Tier im Kreis läuft, wird sie sich noch weiter aufregen. »Frische Luft wird dir guttun.«

Maria tritt zum Fenster. Es ist einer der ersten warmen Frühlingstage, die einen Vorgeschmack auf den Sommer liefern. Der süße Duft von frischem Gras und ersten Frühblühern weht mit einem lauwarmen Windstoß in die Küche.

»Du hast recht, eine Runde um die Alte Donau kann nicht schaden.«

Maria geht ins Vorzimmer, Viktorine folgt ihr. Beide setzen ihre Hüte auf und verlassen die Wohnung. Mit schnellen Schritten läuft Maria die Treppe hinunter. Viktorine folgt ihr deutlich langsamer. Sie hat drei Nachtdienste hinter sich und fühlt sich erschlagen, als hätte jemand sie in Watte gepackt. Aber sie wollte Maria unbedingt sehen, nachdem ihr diese am Telefon von dem Vorfall bei der Abstimmung erzählt hat.

Gemeinsam überqueren sie den Innenhof des Gemeindebaus, der an eine moderne Trutzburg erinnert. Sie laufen an den Klopfstangen für die Teppiche vorbei und steuern das mittlere der drei großen, quadratischen Tore an, die zur Schüttaustraße führen. Kaum sind sie hindurchgegangen, bleiben sie stehen. Auf der gegenüberliegenden Straßenseite hat sich eine Menschentraube gebildet. Die Leute klatschen und lachen schadenfroh.

»Nanu, was ist da los?«, fragt Maria. »Helmut und ich haben dort vor ein paar Wochen den Gehsteig mit Parolen für ein freies Österreich bemalt.« Helmut ist ein sozialdemokratischer Parteigenosse.

Viktorine will ihre Schwester zurückhalten, doch Maria ist schon losgegangen. Mit einem mulmigen Gefühl im Bauch folgt Viktorine ihr und nähert sich den Menschen, die jetzt vor Freude grölen. Entschieden drängt Maria sich durch die dicht beisammenstehenden Schaulustigen.

Am Boden knien ein Mann, eine Frau und zwei Kinder. Sie schrubben mit Drahtbürsten den Asphalt, während die Zuschauer sie gehässig anfeuern und beschimpfen. »Dreckiges Judenpack!«, skandieren ein paar junge Männer. Ein blonder Junge mit Pickeln im Gesicht bespuckt zuerst den Mann, dann den Buben am Boden.

»Ferdl, sag, hast du den Verstand verloren?« Maria tritt zu dem Jungen und schlägt ihm energisch auf den Hinterkopf. »Und jetzt entschuldigst du dich sofort bei Herrn Silberstein. Er hat dir vor ein paar Wochen noch die Haare geschnitten. Und dann bittest du Simon um Entschuldigung. Der ist drei Jahre lang neben dir auf der Schulbank gesessen!«

Der Junge reibt sich die Stelle und scheint zu überlegen, wie er sich verhalten soll.

Da tritt ein Mann in brauner Uniform zu Maria. »Was soll das? Der Junge tut nur seine Pflicht!«, brüllt er.

»Seit wann ist es eine Pflicht, ehrenwerte Bürger zu beschimpfen? Und warum müssen Herr Silberstein und seine Familie den Boden schrubben? Dafür gibt es die Straßenreinigung.« Maria will zu ihrem Friseur, um ihm aufzuhelfen.

Der Uniformierte hält sie am Oberarm fest. »Unterstehen Sie sich, diese Straßensäuberung zu unterbrechen.«

»Fassen Sie mich nicht an!« Maria wirbelt herum und funkelt den Mann böse an. Der scheint nicht mit einer so heftigen Reaktion gerechnet zu haben und lässt von ihr ab.

Fuchsteufelswild stemmt Maria die Hände in die Hüften und schreit jetzt die Menschen an: »Schämt euch! Statt hier zu stehen, solltet ihr Herrn Silberstein aufhelfen.«

Sie nähert sich erneut dem Mann auf dem Boden und ignoriert dabei die Buhrufe und Schimpftiraden der anderen.

Herr Silberstein schüttelt kaum merklich den Kopf. »Nicht, Frau Schlögl«, sagt er so laut, dass auch Viktorine es hören kann. »Sie machen es nur noch schlimmer. Der Boden ist gleich sauber.«

Diesmal greift der Uniformierte fester zu und zwingt Maria dabei in die Knie. Sie schreit vor Schmerzen auf.

Viktorines Herz rast. Ihre Hände sind feucht. Sie muss Maria stoppen, bevor die Situation völlig eskaliert. Beherzt tritt sie näher. »Sie müssen meiner Schwester verzeihen«, sagt sie möglichst freundlich. Ihre Stimme überschlägt sich dabei vor Nervosität. »Sie ist verwirrt. Gestern ist sie gestürzt und dabei auf den Kopf gefallen. Sehen Sie nur ihre Wange an, die ist immer noch ganz blau.«

Der Mann mustert Viktorine ungeniert von oben bis unten. An ihrem Busen bleiben seine Augen besonders lang hängen. Es fühlt sich an, als könne er durch ihren Kleiderstoff schauen. Sie fühlt sich gedemütigt. Was der Mann sieht, scheint ihm zu gefallen, denn er grinst anzüglich. Dann blickt er in Marias Gesicht. Er ist offenbar gewillt, Viktorine zu glauben.

»Passen Sie in Zukunft besser auf Ihre Schwester auf. Sie hat ein loses Mundwerk«, sagt er. Dann lässt er Maria los und stößt sie dabei, sodass sie stolpert und fällt. Die Menschen lachen.

Blitzschnell reagiert Viktorine. Sie greift ihre Schwester am Ellbogen, zieht sie hoch und schiebt sie mit Nachdruck aus der Menge. Maria wehrt sich nicht. Erst als sie weit genug von den anderen entfernt sind, zischt Viktorine: »Hast du völlig den Verstand verloren? Das hätte böse ausgehen können.«

»Es geht gerade böse aus«, entgegnet Maria. »Und zwar für die Silbersteins. Die putzen weg, was Helmut und ich aufgemalt haben.«

»Zum Glück hast du das nicht zugegeben«, raunt Viktorine und schaut an Maria herab. Die Strümpfe ihrer Schwester sind durchlöchert, die Knie bluten. »Mit dem Spaziergang wird es jetzt nichts mehr. Das müssen wir reinigen und verbinden.«

»Das ist alles nicht recht, Viki«, sagt Maria wütend.

»Natürlich ist es nicht recht. Aber wenn du so weitermachst, bestehst du bald nur noch aus Wunden und blauen Flecken.«

Maria zuckt bloß mit den Schultern. »Dieser einfältige Ferdl war einer meiner dümmsten Schüler. Und schau ihn dir jetzt an. Er spuckt auf brave Mitbürger und auf seinen ehemaligen Schulkollegen. Am liebsten würde ich ihn an den Schultern packen und kräftig schütteln.«

»Du hast ihm einen Schlag auf den Hinterkopf verpasst.«

»Ich habe gedacht, er kommt zur Vernunft.«

»Das bezweifle ich. Man schlägt keine Minderjährigen, Maria!« Viktorine korrigiert sich. »Man schlägt überhaupt niemanden.«

»Aber es ist für dich in Ordnung, wenn Menschen gedemütigt werden und wenn man sie dazu zwingt, die Straße zu reinigen?« Maria hebt empört die Stimme.

Viktorine schaut sich um, voller Sorge, jemand könnte die Worte ihrer Schwester hören.

»Natürlich ist das nicht in Ordnung«, sagt sie leise und beschleunigt ihre Schritte.

»Und warum schweigst du dann?«

»Weil mein Protest nichts ändern würde. Herr Silberstein hat dich gebeten, zu schweigen, weil du es nur noch schlimmer gemacht hättest.«

Maria schüttelt vehement den Kopf. »Ich sehe das ganz anders, Viki.«

»Komm, lass uns nicht streiten.« Viktorine hakt sich versöhnlich bei ihrer Schwester unter.

»Du kannst doch jetzt nicht immer noch glauben, dass alles gut wird. Oder?« Maria bleibt stehen und sieht Viktorine eindringlich an.

»Nein, das glaube ich nicht mehr«, gibt sie zu. »Aber wir müssen schauen, dass wir und die Menschen, die wir lieben, möglichst unbeschadet durch diesen Wahnsinn kommen. Irgendwann wird es wieder vorbei sein. Wir sitzen das aus.«

»Dein Optimismus in Ehren«, meint Maria. »Aber wenn wir den Mund jetzt nicht aufmachen, werden noch viel schlimmere Dinge passieren.«

»Ich will nicht, dass du den Mund noch weiter aufmachst«, sagt Viktorine ernst. »Was soll als Nächstes passieren? Möchtest du in einem dieser Arbeitslager landen?«

Maria verzieht die Lippen. »Es ist lieb, dass du dich um mich sorgst«, sagt sie. »Aber was habe ich schon zu verlieren? Sie haben mir den Menschen genommen, den ich am meisten geliebt habe.«

»Du hast dein Leben zu verlieren, Maria. Und auch wenn

es dir nichts bedeutet – mir ist es sehr wichtig. Nimm dich für mich in Acht. Bitte!«

Ein Lächeln tritt auf Marias Lippen. »Ich werde mich bemühen.«

Doch Viktorine weiß, dass Maria ihren Vorsatz morgen schon wieder vergessen haben wird.

HEILPÄDAGOGISCHE ABTEILUNG
DER UNIVERSITÄTSKINDERKLINIK, WIEN 1938

ERICH

Auf der Terrasse stehen mehrere Fahrzeuge. Dreiräder, Seifenkisten, ein Fahrrad. Wir dürfen damit über den Hof fahren. Das niedrige Fahrzeug mit den vier Rädern ist mir am liebsten. Früher waren meine Füße zu kurz, doch seit ich gewachsen bin, passe ich genau in den Wagen. Ich achte darauf, dass ich als Erster auf der Terrasse bin, um es schnell zu erwischen. Das Gefährt ist beliebt. Auch die anderen Kinder wollen es haben.

Gestern hat Gottfried mich aus dem Wagen zerren wollen. Er hat geschrien und getobt. Schwester Viktorine ist gekommen, um zu schlichten. Sie hat mich gebeten, auszusteigen, damit auch Gottfried mal fahren kann. Ich habe mich geweigert. Ich wollte das Fahrzeug nicht hergeben. Dann hat Schwester Viktorine mir eine Zeitspanne genannt.

»In zehn Minuten wechselt ihr.«

Ich kenne die Zahl zehn. Ich kenne alle Zahlen und kann sie bis zur Unendlichkeit in meinem Kopf anwachsen lassen. Aber ich habe keine Ahnung, wie lange zehn Minuten dauern. Wie viel Zeit vergeht in zehn Minuten? Reicht es, um eine Flasche Limonade zu trinken? Eine Wurstsemmel zu essen? Oder ein kompliziertes Mathematikrätsel zu lösen?

Ich bin schnell weggefahren, um das Fahrzeug vor Gottfried in Sicherheit zu bringen. Auch er kann mit zehn Minuten nichts anfangen. Er hat weitergeschrien. Irgendwann ist Schwester Viktorine wieder zu mir gekommen. Sie meinte, dass zehn Minuten um sind. Ich bin schließlich ausgestiegen. Nicht, weil ich verstanden habe, warum, sondern um das Bonbon zu bekommen, das sie mir entgegengestreckt hat. Es hat nach Erdbeere geschmeckt. Pfefferminz ist mir lieber, aber auch Erdbeere ist gut.

Heute ist das Fahrzeug wieder leer. Ich renne hin. Klettere hinein. Geschafft. Mit dem Gefährt macht der Vormittag auf der Terrasse Spaß. Die engen Wände des Fahrzeugs geben mir Sicherheit. Hier bin ich geschützt. Ich kann die anderen beobachten und rasch vor ihnen davonflitzen, wenn sie mir zu nahe kommen wollen. Es ist herrlich. Am liebsten hätte ich das Fahrzeug immer bei mir.

Gottfried sieht, dass ich schneller war. Er schreit, läuft auf mich zu und will nach meinem Pullover fassen. Er erwischt meine Haare. Ich heule auf, reiße mich los und trete, so schnell ich kann.

Dr. Asperger sieht mich und hält die Hand hoch, ein Zeichen dafür, dass ich anhalten soll. Nur widerwillig folge ich seiner Anweisung. Ich weiß genau, was jetzt folgt. Ich werde das Fahrzeug wieder verlassen müssen. Dr. Asperger kommt auf mich zu. Er redet auf mich ein. Ich verstehe nichts von dem, was er sagt. Meine Gedanken sind ausschließlich beim Fahrzeug. Ich will nicht aussteigen. Warum sollte ich auch? Er hat keine Bonbons in seiner Manteltasche wie Schwester Viktorine. Außerdem war ich schneller. Ich habe gewonnen. Wäre Gottfried schneller gewesen, hätte ich mich mit etwas anderem begnügen müssen. Aber so gehört das Fahrzeug mir.

Dr. Asperger zeigt auf seine Armbanduhr und hält sie mir direkt unter die Nase. Ich muss auf das Ziffernblatt schauen. Er tippt auf den großen Zeiger. Er steht bei der Zahl fünfzehn. Dann nimmt er einen roten Stift und malt einen Strich auf die Zahl dreißig. Wieder sagt er etwas, was ich nicht hören kann. Meine Gedanken sind nur beim Fahrzeug. Ich klammere mich mit beiden Händen am Lenker fest. Ich will das Fahrzeug nicht hergeben.

Dr. Asperger richtet sich wieder auf. Ich darf wegfahren. Gottfried steht schreiend und tobend da. Auch ihm zeigt der Arzt die Armbanduhr. Gottfried kann damit genauso wenig anfangen wie ich.

Erleichtert zische ich davon, drehe meine Runden, genieße die Geschwindigkeit. Wenn man die Stange fest auf- und abbewegt, bekommt man ein hohes Tempo. Das Fahrzeug gehört nur mir. Auf dem Baum sitzen zwei Amseln. Sie zwitschern so fröhlich, dass ich nur noch ihren Gesang wahrnehme. Plötzlich steht Dr. Asperger wieder neben mir. Er tippt auf seine Armbanduhr. Der große Zeiger ist jetzt bei der Zahl dreißig, dort, wo der rote Strich ist. Gottfried steht zappelnd neben ihm und will das Fahrzeug haben. Jetzt verstehe ich. Die fünfzehn Minuten waren meine Zeit auf dem Fahrzeug. Gottfried bekommt die nächsten fünfzehn Minuten. Das leuchtet mir ein. Es gibt nur ein Fahrzeug, und wir wollen beide damit fahren. Ich klettere aus dem Wagen. Dr. Asperger lobt mich. Zum Glück berührt er mich nicht. Dann fasst er in seine Manteltasche und reicht mir ein Bonbon. Es ist eines, das in grünes Papier gewickelt ist. Es schmeckt nach Pfefferminze. Ob Schwester Viktorine es ihm gegeben hat?

WIEN 1986

SARAH

Seit drei Stunden saß Sarah an ihrem Schreibtisch im hässlichen Büro des NIG. Seit heute Morgen war die Heizung eingeschaltet. Ein lautes Rumoren drang aus den grauen Heizkörpern. Die dicke Staubschicht, die sich langsam erwärmte, sorgte für einen unangenehmen Mief. Neben Sarah standen eine Thermoskanne mit kaltem Kaffee und eine halb volle Packung Rumkugeln der Marke Casali. Johannes war geradezu süchtig danach, aber Sarah mochte sie ebenfalls. Wenn man die Schicht aus Schokolade und Kokos im Mund schmelzen ließ, blieb eine dünne Zuckerkruste. Sobald sie aufplatzte, füllte sich der Mund mit Rum.

»Hast du schon einmal etwas von der motorisierten Mütterberatung gehört?« Sarah schob einen dicken Packen Papier zu Johannes. Seit mehreren Stunden saß sie über unterschiedliche Artikel gebeugt, die sie aus dem Wiener Stadt- und Landesarchiv ausgeliehen hatte. Einen Teil hatte man ihr freundlicherweise kopiert, einen anderen einfach so mitgegeben. Sie musste ihn in ein paar Tagen wieder zurückbringen.

»Noch nie. Was soll das sein?« Johannes korrigierte gerade Seminararbeiten.

»Hier steht, dass es ein Prestigeprojekt von Dr. Hamburger war, dem Leiter der Universitätskinderklinik.«

Johannes legte die letzte Arbeit fein säuberlich auf einen Stapel, rückte seine Brille zurecht und lehnte sich zu Sarah herüber. Der Geruch seines Deos stach ihr in die Nase. Er hatte wieder einmal viel zu viel davon aufgetragen, und sie rückte ein Stück von ihm weg. Johannes schien es nicht zu bemerken.

»Man hat gehofft, damit auch die entlegenen Regionen des Landes zu erreichen«, erklärte Sarah. »Bauernhöfe, die keinen Zugang zu ärztlicher Versorgung hatten.«

»Klingt doch eigentlich ganz vernünftig.« Johannes las die markierte Textstelle laut vor: »Die Gesundheitswagen waren mit drei Sitzen ausgestattet, damit stets eine staatliche Fürsorgerin und eine NSV-Schwester den Kinderarzt begleiten konnten. Diese machten sich Notizen über Kinder, die ihnen behindert oder ›genetisch minderwertig‹ erschienen oder deren Eltern in ihren Augen sozial oder finanziell untauglich waren.« Johannes pfiff laut. »Oh, ich verstehe deinen verkniffenen Gesichtsausdruck.« Er las weiter: »In Koordination mit den örtlichen Gesundheitsämtern registrierte das Personal des Gesundheitswagens Erbkranke, Alkoholiker und Personen mit Tuberkulose und anderen Infektionskrankheiten.« Er sah Sarah an. »Wo hast du den Artikel her?«

»Er stammt von einem Historiker, der sich kurz nach

dem Zweiten Weltkrieg mit den motorisierten Mütterberatungswagen beschäftigt hat. Dr. Hamburger hat sich damit gebrüstet, dass das Programm die Zahl der Rachitiserkrankungen und die Kindersterblichkeit auf dem Land reduziert habe.« Sarah suchte nach konkreten Zahlen, die sie sich irgendwo notiert hatte. »Hier hab ich's. 1940 wurden 1137 Kinder untersucht. Zweiundsechzig Prozent davon hatten Probleme wie starke Plattfüße, vierundzwanzig Kinder angeborenen Schwachsinn und drei Kinder Väter mit schwerem Alkoholismus.«

»Und was bedeutete diese Indexierung für die Kinder?« Johannes schob die Unterlagen wieder auf Sarahs Tischseite, ohne selbst zurückzurutschen.

»Ab Ende August 1940 diente sie dazu, Kinder in die Klinik Am Spiegelgrund zu überweisen«, sagte Sarah.

Johannes' Augen weiteten sich. Es dauerte eine Weile, bis er die Nachricht einordnen konnte. »Jetzt verstehe ich, warum meine Oma nie ein gutes Haar an der Fürsorge gelassen hat. Sie lebt im tiefsten Waldviertel und kannte vermutlich von früher genau solche Wagen. Offenbar hatten die Beraterinnen die Aufgabe, unerwünschte Kinder auszusortieren.«

»Das Misstrauen war durchaus berechtigt.«

»Stell dir mal vor, da kommt jemand und behauptet, er will dir helfen«, sagte Johannes entsetzt. »Doch in Wirklichkeit macht er sich Notizen über dein Kind oder über dich. Später wird dein Kind abgeholt. Du weißt nicht, was mit deinem Kind passiert, und irgendwann kriegst du die Nachricht, dass es an Lungenentzündung verstorben ist.«

»Genau so muss es gewesen sein.« Sarah kaute auf ihrer

Unterlippe. Nie hätte sie gedacht, dass ihre Recherche sie in diese Richtung führen würde.

Johannes steckte sich eine Rumkugel in den Mund und zerkaute sie. »Das ist erschütternd, aber verrate mir bitte, was das mit deinem Forschungsthema zu tun hat.« Der Geruch von Rum und Schokolade wehte zu Sarah. »Oder arbeitest du neuerdings dem Möchtegernreporter zu?«

Sarah ging auf die Bemerkung nicht ein. Er hatte keinerlei Recht, eifersüchtig zu sein. Sie hatte ihm niemals irgendwelche Hoffnungen gemacht.

»Bis Ende Juli 1940 hat Dr. Asperger die motorisierte Mütterberatung geleitet. Er wurde von Dr. Hamburger eingesetzt.«

Überrascht riss Johannes die Augen noch weiter auf. »Das ist interessant«, sagte er. »Weißt du, wann die Tötungen am Spiegelgrund begonnen haben? Kurz nach dem Einmarsch? Bei Kriegsbeginn oder später?«

»Anfang August 1940«, sagte Sarah.

»Das könnte bedeuten, dass Dr. Asperger die Leitung zurückgegeben hat, sobald ihm bewusst wurde, was mit den Kindern passierte, die ihren Eltern weggenommen wurden.«

»Wäre schön, wenn es so gewesen wäre«, meinte Sarah.

Johannes verschränkte die Arme vor der Brust. »Warum ist es dir so wichtig, dass Dr. Aspergers Ruf unbeschädigt bleibt? An deiner Doktorarbeit würde es nichts verändern. Im Gegenteil, ein bisserl braune Vergangenheit würde sie noch interessanter machen. Dann würde vielleicht jemand danach greifen und sie lesen. Für gewöhnlich verstauben solche Arbeiten doch bloß im Aktenschrank. Meine eigene haben vermutlich nur mein Betreuer, meine Mutter und meine Schwester gelesen.«

»Ich will mich nicht mit einem Nazi beschäftigen«, wich Sarah aus.

»Überall ist zu lesen, dass er kein Mitglied der NSDAP war«, beruhigte sie Johannes. »Hast du etwas anderes herausgefunden?«

Sarah verneinte. »Aber er strebte unmittelbar nach dem Einmarsch in Österreich leitende Funktionen an und trat NS-Organisationen bei.«

»Vielleicht hat er das bloß getan, um weiterhin die Heilpädagogische Abteilung leiten zu dürfen«, überlegte Johannes. »Er hat sich bestimmt irgendwie arrangieren müssen. Dass jemand in einer leitenden Position war und keine Parteimitgliedschaft besaß, war mit Sicherheit ungewöhnlich.«

»Du verteidigst ihn?«

Johannes grinste. »Ich will, dass du diesen niedergeschlagenen Gesichtsausdruck wieder ablegst.«

Es war ein Flirtversuch, den Sarah erneut ignorierte. Sie wünschte, irgendjemand könnte ihr garantieren, dass Dr. Asperger eine reine Weste hatte. Die motorisierte Mütterberatung war von Anfang an dazu gedacht gewesen, unerwünschte Kinder auszusortieren, oder nicht? Wie hätte man das übersehen sollen, insbesondere als Leiter des Projekts?

»Die Idee hinter der motorisierten Mütterberatung war doch eigentlich gut«, sagte Johannes. Er schien Sarah aufheitern zu wollen. »Vielleicht ist das ganze Projekt erst im Lauf der Jahre entglitten. Rachitisbekämpfung, Gesundheitsberatung und Kindswohl sind etwas Lobenswertes.«

Sarah kaute weiter auf ihrer Unterlippe. Sie würde sich auf dem Heimweg einen Labello in der Drogerie kaufen müssen.

»Ist es nicht sehr überheblich von uns, die Moralapostel zu geben? Keine Ahnung, wie wir agiert hätten«, fuhr Johannes fort. »Solange du nicht nachweisen kannst, dass Asperger Kinder in den Tötungspavillon überwiesen hat, wissen wir nur, dass er die Mütterberatung geleitet und der Heilpädagogischen Abteilung vorgestanden hat.« Er machte eine kurze Pause und senkte die Stimme. »Soweit ich verstanden habe, willst du in deiner Doktorarbeit beweisen, dass Asperger derjenige war, der den Autismus neu definiert hat, und nicht Leo Kanner.« Er sah Sarah fragend an.

»Ja.«

»Dann vergiss doch die ganze Spiegelgrundgeschichte, wenn sie dich so belastet«, schlug Johannes vor. »Konzentrier dich auf dein Hauptthema. Das ist meiner Meinung nach viel interessanter. Wenn du beweisen kannst, dass Leo Kanner, anders als bisher angenommen, Aspergers Forschungen gekannt hat, reicht das für zwei Doktorarbeiten und ein paar spektakuläre Artikel in Wissenschaftsjournalen.«

»Vielleicht hast du recht.«

»Ich habe immer recht«, meinte Johannes grinsend. »Hast du schon etwas über die beiden Ärzte herausgefunden, die in die Staaten ausgewandert sind? Haben sie Aspergers Forschungsergebnisse in die USA getragen? Und hat Leo Kanner sie verwendet?«

»Stefan hat mir einen Artikel empfohlen, in dem steht, dass Frankl mithilfe von Leo Kanner aus Wien gerettet worden ist. Ich bekomme ihn heute Nachmittag.«

»Na, das wäre doch eine wissenschaftliche Sensation. Nehmen wir an, Frankl hatte Aspergers Forschungsergebnisse in der Tasche und hat sie Kanner gegeben. Wenn du das beweisen könntest, liest die ganze Welt deine Doktorarbeit.«

Sarah verzog den Mund.

»Na gut, vielleicht nur die medizinische Fachwelt. Aber auch das wäre großartig.«

»Würde es nicht auch beweisen, dass Dr. Asperger Dreck am Stecken hatte? Vielleicht war es eine Art späte Rache, dass seine ehemaligen Kollegen ihn übergangen und seine Forschungen gar nicht erwähnt haben? Und er hat befürchtet, dass sie die Wahrheit über ihn und seine Rolle im Nationalsozialismus erzählen würden? Deshalb hat er ihnen nie einen Vorwurf gemacht.«

Johannes zuckte mit den Schultern. »Das sind doch lauter Spekulationen, die dich nicht weiterbringen. Bleib bei den Tatsachen, und wenn dich das Thema Spiegelgrund zu sehr belastet, überlass es den Historikern.«

»Ich komme mir ganz schön naiv vor.«

»Wieso?«

»Wie habe ich nur annehmen können, dass ein Mann, der zu dieser Zeit eine leitende Rolle innegehabt hat, sich nicht in irgendeiner Form mit dem System arrangiert hat?«

Johannes zog die Seminararbeiten wieder zu sich heran. »Du hörst mir nicht zu, meine Liebe.« Er beugte sich noch näher zu ihr und sah sie nun direkt an. »Bleib bei deinem Thema, und verzettle dich nicht. Die Tatsache, dass Asperger die motorisierte Mütterberatung geleitet hat, muss gar nichts heißen.«

»Du hast wohl recht«, brummte Sarah.

»Sag ich ja.«

Trotzdem nahm Sarah sich vor, Stefan von der motorisierten Mütterberatung zu erzählen und auch Gerald danach zu fragen. Vielleicht wussten die beiden mehr.

GROSSE SCHIFFGASSE, WIEN 1938

VIKTORINE

Der Lärm der letzten Nacht hallt immer noch in Viktorines Ohren nach. Der Ruß von der brennenden Synagoge verunstaltet ihr Fensterbrett. Viktorine hat ihn schon mehrmals mit einem feuchten Tuch weggewischt, doch es kommt immer mehr. Tage wird es dauern, bis die schwarzen Partikel aus der Luft verschwunden sind. Die Ruine des Gotteshauses, in dem bis vor Kurzem Menschen friedlich gebetet haben, wird monatelang an die Gräuel der letzten Nacht erinnern. Wie ein enthemmtes Ungeheuer hat sich der Wiener Mob über jüdisches Eigentum hergemacht. Fensterscheiben wurden eingeschlagen, Türen eingetreten und friedliche Nachbarn aus ihren Wohnungen gezerrt. Niemals hätte Viktorine so etwas für möglich gehalten.

Um kurz vor zehn hat es an ihrer Tür geklopft. Zuerst wollte Viktorine nicht öffnen, aber als das Klopfen drängender wurde, hat sie die Tür einen Spaltbreit aufgemacht.

Judith stand weinend und zitternd auf dem Gang, mit aufgelöstem Haar. Den grünen Mantel aus altem Lodenstoff hatte sie in der Hektik falsch zugeknöpft. In der Hand hielt sie eine geblümte Reisetasche aus Samt. Viktorine hat die Kollegin sofort in ihre Wohnung gezogen, hinter ihr doppelt abgesperrt und zusätzlich eine Kommode vor die Tür geschoben. Dort steht sie immer noch und erinnert an die Nacht, von der Viktorine wünschte, sie hätte niemals stattgefunden.

Jetzt schläft Judith. Leise schleicht Viktorine ins Schlafzimmer, um ihre Wollweste zu holen. Es ist eiskalt in der kleinen Wohnung. Später wird sie einheizen. Noch will sie keinen Lärm machen. Selbst mit dem Kaffeekochen wartet sie. Viktorine will Judith nicht wecken. Es hat ewig gedauert, bis die verängstigte Kollegin sich in den Schlaf geweint hat. Auch Viktorine konnte die ganze Nacht nicht schlafen. Jetzt sitzt sie übernächtigt, mit roten Augen und frierend am Küchentisch, wickelt die Wollweste fester um sich und denkt über die letzte Zeit nach.

Bereits vor ein paar Wochen hat Dr. Hamburger Judith entlassen. Nur zu gut kann Viktorine sich an das Gespräch mit Dr. Asperger erinnern.

Viktorine hatte ihren Vorgesetzten im Besprechungsraum abgefangen. Sie hat gewartet, bis alle anderen Kollegen auf die Station zurückgekehrt waren, und ihn erst dann angesprochen.

»Dr. Asperger?«

»Ja?« Überrascht blickte er von seinen Unterlagen auf und sah ihr einen winzigen Moment direkt in die Augen, bevor sein Blick sich wieder irgendwo hinter ihr an der Wand verlor. Er wirkte unkonzentriert.

»Es geht um Schwester Judith.« Nervös trat Viktorine von einem Fuß auf den anderen.

»Was ist mit ihr?«

War es möglich, dass Dr. Asperger es noch nicht wusste? Hatte Dr. Hamburger nur Judith informiert?

»Sie wurde entlassen.«

»Das weiß ich«, sagte Dr. Asperger. »Die Rassengesetze schreiben es vor. Jeder im Reich muss sich daran halten. Wir bilden da keine Ausnahme.«

»Aber die Rassengesetze sind Un…« Viktorine schloss den Mund, bevor ihr das Wort »Unfug« über die Lippen kam. »Sie sind ungerecht.«

»Es sind Gesetze«, antwortete Dr. Asperger. »Etwas als gerecht oder ungerecht zu beurteilen steht uns nicht zu.«

Viktorine wusste, dass Dr. Asperger ein äußerst korrekter Mann war, der stets alle Vorschriften einhielt und auch von seinen Mitarbeitern Präzision erwartete. Unpünktlichkeit war ihm ein Gräuel, Unordnung, ein unvollständiger Medikamentenschrank oder ein schlampiger Bericht konnten ihn zur Weißglut bringen. Aber in diesem Fall ging es nicht um Schlampigkeit.

»Müssen wir uns an Regeln halten, wenn sie unmenschlich sind?« Sie lehnte sich mit ihrer Frage weit aus dem Fenster.

Dr. Aspergers rechte Augenbraue schoss fragend nach oben. »Sie reden über Menschlichkeit?«

Viktorine wurde heiß. Ihre Wangen glühten. Dann nahm sie all ihren Mut zusammen, schließlich ging es um ihre Kollegin. Judith war eine gewissenhafte, einfühlsame Krankenschwester, der noch nie ein Fehler in ihrer Arbeit unterlaufen war.

»Schwester Judith hat immer hervorragende Arbeit geleistet«, sagte sie leise. »Ihr zu kündigen, weil sie einer anderen Religion angehört, ist ungerecht, unmenschlich und unmoralisch.«

»Moral erscheint mir in diesem Zusammenhang nicht das passende Wort zu sein«, sagte er. »Die Gesetze geben den Rahmen unseres Zusammenlebens vor. Juden dürfen nicht in Krankenhäusern arbeiten. Daran haben wir uns zu halten. Über die Frage der Gerechtigkeit müssen sich die Juristen Gedanken machen. Nicht wir Ärzte und auch nicht die Krankenschwestern.«

»Sie finden es richtig, dass man Schwester Judith gekündigt hat?« Viktorine war fassungslos. Soweit sie sich zurückerinnern konnte, hatte Judith ihrem Vorgesetzten niemals Grund zur Kritik geliefert.

»Die Gesetze verlangen es. Alles andere ist irrelevant.«

»Wie weit würden Sie gehen?«, fragte sie leise. Sie wusste, dass ihr diese Frage nicht zustand. Aber die Enttäuschung und Wut waren so groß, dass sie den Mann, für den sie so viel empfand, am liebsten an den Schultern gepackt und wachgerüttelt hätte.

»Wie bitte?«

»Wo sind Ihre Grenzen?«

»Ich verstehe Ihr Anliegen nicht.«

»Was wäre in Ihren Augen unmoralisch?«

»Sie stellen heute sehr ungewöhnliche Fragen.«

Viktorine blieb stehen. Ihre Hände waren feucht, ihre Ohren und Wangen glühten. Hartnäckig wartete sie seine Antwort ab. Ihr Ärger verlieh ihr ungeahnten Mut, der bekanntlich immer sehr nah bei der Unvernunft beheimatet war.

»Wo sind Ihre Grenzen?«, wiederholte sie.

»Ich bin überzeugter Katholik. Die Regeln der Kirche stehen über allen anderen. Sie gibt die Moral vor.« Er griff nach der Mappe, die vor ihm auf dem Tisch lag. Damit war klar, dass er keine weiteren Fragen zu diesem Thema mehr beantworten würde.

Viktorine wandte sich schon zum Gehen, als er sie zurückhielt. »Ich möchte mich noch mit Ihnen über die beiden neuen autistischen Psychopathen unterhalten.«

»Werner und Günther?« Die beiden Buben waren letzte Woche von der KÜST überwiesen worden. Beide zeigten autoaggressives Verhalten. Werner schlug sich mit beiden Händen gegen die Stirn, sobald man sich ihm näherte, Günther krabbelte auf allen vieren durch den Raum und riss sich an den Haaren, wenn er Stimmen hörte.

»Ich will herausfinden, ob sie ebenso intelligent sind wie Erich«, sagte Dr. Asperger. »Günther hat gestern nach Stift und Papier gegriffen, als er sich unbeobachtet fühlte.«

Viktorine hatte eine ähnliche Beobachtung gemacht. Zum Thema Arbeit zurückzukehren war gut. Sie nahm den Faden bereitwillig auf. »Es ist, als wäre der Verstand der Kinder in einen Käfig gesperrt«, sagte sie. »Wir müssen den Schlüssel zu jedem Kind finden.«

»Welchen Schlüssel? Welcher Käfig? Wovon reden Sie?«

Viktorine blinzelte irritiert. Es war ihr schon öfter aufgefallen, dass Dr. Asperger mit Vergleichen und Sprichwörtern wenig anfangen konnte. Neulich hatte sie gesagt, dass eine Schwalbe noch keinen Sommer ausmache, worauf er geantwortet hatte, dass jetzt im Herbst doch keine Schwalben am Himmel zu sehen seien. Und als Dr. Frankl gesagt hatte, dass ein Kollege nicht alle Tassen im Schrank habe, hatte Dr. Asperger nach den Tassen gesucht. Nun griff er nach seiner Mappe und hob sie hoch.

»Ich will, dass Sie die beiden Buben genau beobachten. Beim Essen, beim Schlafen, beim Spielen. Halten Sie alles möglichst exakt fest. Genau wie Sie es bei Erich getan haben.«

»Ich werde mich bemühen.«

»Danke«, sagte er. »Ich werde in den nächsten Wochen übrigens nur selten in der Klinik sein.«

»Verreisen Sie?«

Dr. Asperger schüttelte den Kopf. »Nein, natürlich nicht. Wie kommen Sie auf die Idee?«

»Weil Sie gesagt haben, dass Sie nicht da sein werden.«

»Ich übernehme die Leitung der motorisierten Mütterberatung.«

»Viktorine?« Judiths Stimme klingt leise und verschlafen. Die Kollegin steht an der offenen Küchentür. Sofort kehren Viktorines Gedanken wieder ins Hier und Jetzt zurück. Die Schrecken der letzten Nacht sind schlagartig wieder da.

»Hast du gut geschlafen?«, fragt sie besorgt.

Judith wiegt den Kopf. »Geht so.«

»Ich mach uns Kaffee.«

»Danke.« Judith setzt sich an den Küchentisch, während Viktorine aufspringt. Sie ist froh, endlich etwas tun zu können. Auch wenn Kaffee keine Lösung für Judiths Probleme ist.

»Ich kann nicht nach Hause zurück«, sagt Judith. Ihre Tränen kehren zurück. »Die Eigentümer haben mich rausgeworfen und werden die Wohnung jetzt an jemand anders vermieten. Ich habe nur in Windeseile meine Dokumente, den Schmuck meiner Mutter und ein paar Kleidungsstücke zusammengepackt. Alles andere gehört jetzt den Witibschlagers, meinen Vermietern.«

Viktorine entzündet mit einem Streichholz eine blaue Flamme am Herd und stellt einen Topf mit heißem Wasser darauf. »Sie müssen dir doch zugestehen, ein paar deiner Habseligkeiten zu holen.«

Judith antwortet nicht. Sie starrt auf ihre Hände, die sie unentwegt knetet.

»Ich werde am Nachmittag hinfahren und mit den Leuten reden«, sagt Viktorine. »Ich habe die nächsten zwei Tage frei.«

»Das wird nichts bringen«, entgegnet Judith. »Du hast die Habgier in ihren Augen nicht gesehen.«

»Ich probiere es trotzdem. Zumindest deine Fotografien müssen sie rausrücken. Damit können sie ohnehin nichts anfangen.«

»Ich hätte gerne die Kristallgläser meiner Mutter. Sie erinnern mich an sie und haben einen großen ideellen Wert für mich.«

»Ich hole sie«, verspricht Viktorine und brüht den Kaffee auf. Der aromatische Duft gerösteter Bohnen beruhigt ihre Nerven und gaukelt ihr für einen Moment Normalität vor.

»Viel wichtiger als die Fotos und die Gläser ist die Frage, wie wir dich aus Österreich rausbringen.«

»Es gibt kein Österreich mehr«, erinnert Judith.

»Dann eben aus Wien.« Viktorine weigert sich, zu ihrer Heimat Hitlerdeutschland zu sagen.

»Ich habe kein Geld, und ohne Geld habe ich keine Chance. Niemand will mittellose Juden aufnehmen. Wir sind überall unerwünscht. Selbst wenn es mir gelingen würde, mich in einen der Züge zu schmuggeln – was soll ich ohne Geld in der Schweiz oder in England anfangen?«

»Du bist ausgebildete Krankenschwester. Du hast etwas vorzuweisen«, sagt Viktorine und kaut so lange an ihrer Unterlippe, bis sie schmerzt. »Meine Schwester hat Kontakt zu illegalen Sozialisten. Vielleicht kann sie uns weiterhelfen.«

»Maria ist im Widerstand?«

»Psst!« Viktorine will nicht, dass dieses Wort in ihrer Wohnung ausgesprochen wird. Es ist bedrohlich und bedeutet den Tod. »Nein, natürlich nicht«, sagt sie dann.

In Wahrheit weiß sie es nicht genau. Womöglich ist Maria politisch aktiver, als Viktorine glaubt, und erzählt es ihr nicht, um sie nicht in Gefahr zu bringen. Seit Michaels Tod scheint Maria keine Angst mehr zu haben. Im Gegenteil, manchmal fürchtet Viktorine, dass ihre Schwester ihr Ende regelrecht herbeisehnt. Letzte Woche musste sie den ganzen Nachmittag auf einer Polizeiwache verbringen, weil sie Hitler in der Öffentlichkeit beschimpft hatte. Man hatte sie schließlich mit einer Verwarnung wieder freigelassen, weil einer der Polizisten der Vater eines Kindes ist, das sie unterrichtet.

»Es wird irgendeine Lösung geben. Maria wird etwas einfallen«, verspricht Viktorine. »Wenn wir dich nicht außer Landes schaffen können, werden wir dich verstecken, bis der ganze Spuk wieder vorbei ist. Es kann ja nicht ewig so weitergehen.«

Judith schüttelt traurig den Kopf. »Das ist erst der Anfang, glaub mir.«

Noch vor ein paar Wochen hätte Viktorine widersprochen. Doch in der Zwischenzeit ist zu viel passiert. Die einzige Stabilität in ihrem Leben ist die Arbeit mit den Kindern. Daran wird sich auch in Zukunft nichts ändern. Wen interessieren schon autistische Psychopathen?

HEILPÄDAGOGISCHE ABTEILUNG
DER UNIVERSITÄTSKINDERKLINIK, WIEN 1938

ERICH

Ich liege auf einem Untersuchungsbett. Dr. Jekelius hat mich in feuchte Tücher wickeln lassen. So fest, dass jede Bewegung unmöglich geworden ist. Der kalte, nasse Stoff juckt, aber ich kann mich nicht kratzen. Meine Gelenke sind taub, und der ganze Körper schmerzt. Ich muss pinkeln, halte den Drang aber zurück. Ich will nicht in meiner eigenen Pisse liegen.

Wie es dazu gekommen ist? Ich weiß es nicht mehr genau. Es muss etwas mit dem Rechenbeispiel zu tun haben, das er mir gegeben hat. Kurz bevor ich es gelöst hatte, hat Dr. Jekelius mich angebrüllt. Er hat mir Fragen gestellt, warum ich Integralrechnungen verstehe. Ich habe nicht geantwortet. Was hätte ich auch sagen sollen? Dann hat er mich angefasst. Ich habe aufgeschrien und zugeschlagen. Dann hat er mir einen harten Gegenstand an die Schläfe geworfen. Das Blut ist längst zu einer Kruste getrocknet. Kurz darauf kam die Jacke. Sie haben mich in diese Kammer gezerrt. Seit Stunden liege ich hier. Weiße Kacheln an den Wänden und am Boden. Ein Medikamentenschrank aus Metall an der Wand. Es stinkt nach Desinfektionsmittel. Ich kann den Kopf kaum zur Seite wenden. Wenn ich die Augen so weit nach rechts drehe, bis es schmerzt, nehme ich ein Fenster wahr. Es ist bloß eine kleine Öffnung, durch die Licht und eisiger Wind hereindringen. Es steht offen. Bis vor Kurzem hat mir die Sonne direkt in die Augen geschienen. Trotz geschlossener Augen habe ich die Helligkeit gespürt. Es kam mir so vor, als würden tausend Messer auf mich einstechen, so grell war es. Ich habe leuchtende Kreise gesehen und Kopfschmerzen bekommen. Statt zu schreien, habe ich fest auf meine Zunge gebissen, bis ich Blut geschmeckt habe. Deshalb hat Dr. Jekelius mir einen Holzriegel zwischen die Zähne geschoben.

Der ist jetzt wieder weg. Die Sonne ist auch irgendwann weitergewandert. Der Schmerz ist geblieben. Ich zittere vor Kälte. Wo ist Schwester Viktorine? Sie kann von alldem nichts wissen. Niemals würde sie zulassen, dass man mir das antut. Ihr Gesicht ist das einzige, das ich lesen kann. Weder ihre Augen noch ihr Mund sind böse. Ihr gesamter Körper verspricht Freundlichkeit. Ich will ihren Namen laut schreien, aber dann geben sie mir vielleicht wieder die Spritze, von der mir so furchtbar schlecht wird. Wenn ich in diesem Zustand speiben muss, ersticke ich. Ich will nicht sterben. Noch nicht. Dazu bin ich zu jung. Ich schließe die Augen, suche in meinen Gedanken nach einer großen, zwölfstelligen Zahl. Nein, das reicht nicht. Sie muss größer sein: zwanzig Stellen. Ich multipliziere sie mit 37, dividiere mit 28, multipliziere mit 16, ziehe die Wurzel und addiere eine hohe Quadratzahl. Als ich eine weitere Wurzel ziehe, passiert es. Ich kann den Drang nicht weiter zurückhalten. Die warme Flüssigkeit nässt die beinahe trockenen Tücher ein. Für einen kurzen Moment verfliegt die Kälte. Ich muss nicht mehr zittern. Der scharfe Geruch von Pisse steigt in meine Nase. Ich unterdrücke den Würgereiz. Nur nicht speiben, bitte nicht speiben.

Wieder fange ich zu rechnen an. Ich starre an die weiße Decke und erkenne winzige Punkte, tote Fliegen oder Staubfussel, die ein willkürliches Muster bilden. Ich lege in Gedanken ein Netz darüber und versuche, eine Regelmäßigkeit zu erkennen. Sobald ein Rhythmus entsteht, schlägt mein Herz langsamer. Bald wird die Wärme meiner eigenen Pisse weg sein. Dann wird die Kälte in doppelter Strenge zurückkehren. Wenn ich überleben will, muss ich rechnen. Eine neue Formel taucht vor mir auf. Ich setze Variablen ein und schließe die Augen. Es werden mir die Worte fehlen, um sie zu erklären. Aber ich kann die Lösung schon erkennen. Der Gedanke entlockt mir trotz der schrecklichen Situation ein Gefühl der Zufriedenheit. Zumindest glaube ich, dass es das ist. Oder nennt man es Freude, Glück? Nein, das kann es nicht sein. Nicht in Tücher gefesselt in einer eisigen Kachelkammer.

Ich versuche, erneut meine Konzentration auf die Zahlen zu lenken, die jetzt statt der Flecken an der Decke tanzen. Solange das gelingt, ist alles gut.

WIEN 1986

SARAH

Eigentlich hatte Sarah nicht vorgehabt, erneut zur ehemaligen Klinik Am Spiegelgrund zu fahren. Aber Stefans Stimme hatte so aufgeregt geklungen, dass sie nicht widerstehen konnte.

»Gerald hat eine Akte gefunden, die musst du dir einfach ansehen.«

»Warum?«

»Es geht darin um einen Schüler von Dr. Asperger.«

»Einen Schüler?«

»Gut, dann nennen wir ihn einen Patienten«, korrigierte sich Stefan. »Aber der Junge muss ein unglaubliches Potenzial gehabt haben. Vielleicht ist er ein Schlüssel zu Aspergers Forschungen.«

Mehr hatte Stefan nicht sagen müssen. »Ich bin in einer Stunde bei dir!« Sie hatte ihre Tasche gepackt und Johannes' vorwurfsvollen Dackelblick ignoriert. »Wieder zum Spiegelgrundarchiv?«

»Ja!«

»Was ist mit unserem gemeinsamen Mittagessen?«

»Ein anderes Mal.« Und schon war sie die Stufen hinuntergelaufen, zum Jonasreindl, wo sie die Straßenbahn genommen hatte.

Jetzt marschierte sie durch den wunderschönen Klinikpark. Seit ihrem letzten Besuch war die Farbenpracht der Blätter noch intensiver geworden. Leuchtend rot hingen sie an den Ästen oder lagen feucht glänzend am Boden. Sarah musste aufpassen, damit sie nicht ausrutschte. Tagsüber sorgte die Sonne für angenehme Temperaturen, doch nachts fror es bereits.

Zügig lief sie den Weg zum Pavillon hoch, wo Stefan bereits auf sie wartete. Er lehnte an der Wand, ein Bein angewinkelt, die Arme verschränkt. Sobald er Sarah erblickte, stieß er sich lässig ab, fuhr sich mit der Hand durchs unfrisierte Haar und kam ihr entgegen.

»Super, dass du dir so schnell Zeit genommen hast.«

»Du hast am Telefon meine Neugier geweckt.«

»Genau das hatte ich gehofft.« Die Freude in seinen Augen hatte etwas Kindliches, das Sarah unglaublich anziehend fand.

»Was habt ihr gefunden?«

»Die Akte eines Jungen, der viele, viele Jahre in der Heilpädagogischen Abteilung untergebracht war. Es gibt eine ganze Mappe mit Beobachtungsprotokollen über ihn. Die meisten stammen von Dr. Asperger. Es gibt aber auch welche von einer Krankenschwester namens Viktorine Zak.«

»Stimmt, das war eine Mitarbeiterin von ihm. Wo sind die Unterlagen?«

Ungeduldig schob sie ihn vor sich her in den Pavillon.

Als sie dabei zufällig seinen Oberarm berührte, stellte sie sich unwillkürlich vor, wie es sich anfühlen würde, wenn er kein T-Shirt und keinen Pullover anhätte. Schlagartig wurde ihr heiß. Ob er ahnte, was sie dachte? Sie versuchte, sich abzulenken, indem sie zielstrebig in den Raum am Ende des Gangs lief, wo sie bei ihrem letzten Besuch gewesen waren.

Gerald wartete schon auf sie.

»Wie schön, dass du so schnell kommen konntest«, sagte er.

»Die Akte über den Jungen interessiert mich natürlich sehr«, entgegnete Sarah.

Er schob ihr einen vergilbten Ordner aus braunem Papier über den Tisch zu. »Eigentlich sind es Unterlagen aus der Heilpädagogischen Abteilung des AKH«, fing er an. »Da der Junge aber später in der Klinik Am Spiegelgrund war, sind die Papiere offenbar mit ihm mitgewandert.«

»Ist er hier ...?« Sarah wollte das Wort nicht aussprechen.

»Ob er hier getötet wurde?« Gerald hatte anscheinend weniger Skrupel, das schreckliche Wort auszusprechen. »Das wissen wir noch nicht. Aber es ist zu befürchten. Offenbar wurde er 1943 hierher überwiesen. Da dürfte er über achtzehn gewesen sein, also eigentlich schon erwachsen.«

»Viele Autisten hinken mit ihrer Entwicklung hinterher«, sagte Sarah. »Was war der Grund, dass man ihn hierher überstellt hat?«

»Das Übliche: asoziales Verhalten, mangelnde Arbeitsbereitschaft, keine Integration in Gruppen.«

Sarah schlüpfte aus ihrem Mantel, zu dem sie heute Morgen wegen der empfindlich kalten Temperaturen gegriffen hatte. Nachlässig hängte sie ihn über die Lehne des Holzstuhls und nahm daneben Platz. Bevor sie die Akte aufschlug, hielt sie kurz inne. Der Junge, über den sie gleich lesen würde, war ein Patient von Dr. Asperger gewesen. Genau danach hatte sie gesucht. Mit einem flauen Gefühl im Magen fasste sie nach dem Deckblatt und schlug es auf. »Erich Heizinger«, stand am linken oberen Rand. »Genaues Geburtsdatum unbekannt, angenommenes Geburtsjahr: 1924, uneheliches Kind von Anna Heizinger, Magd am Bauernhof Kirchleitner, Bezirk Lilienfeld. Pflegeeltern: Maria und Hans Kirchleitner. Erstvorstellung in der KÜST: 12.03.1932. Aufnahme in der Heilpädagogischen Abteilung AKH Wien: 24.04.1932. Diagnose: Intelligenzminderung, geistige Behinderung, autistische Psychopathie.«

Sarahs Kehle schnürte sich zusammen. Der kleine rothaarige Junge tauchte vor ihrem geistigen Auge auf. Seine Strähnen klebten klatschnass in der Stirn. Er saß in strömendem Regen auf der Schaukel der Wohnanlage.

»Ist alles in Ordnung?« Besorgt nahm Stefan neben ihr Platz.

Sarah ließ ihre Schultern kreisen und bewegte den Kopf von der einen zur anderen Seite, bis ein leises Knacken zu vernehmen war. »Alles gut.«

Stefan schien nicht überzeugt zu sein, bohrte aber nicht weiter. Er sah zu den Papieren hinüber, die vor ihr auf dem Tisch lagen. Sarah schob sie zwischen ihn und sich selbst, damit sie beide lesen konnten. Das nächste Blatt enthielt Daten zu Erich Heizingers Gewicht, Größe und Kopfumfang. Der Junge hatte über keine Sprache und kein Sprachverständnis verfügt. Sein Verhalten wurde als aggressiv und massiv fremdgefährdend beschrieben, sein Verstand als zu gering für sein Alter bezeichnet.

Die Formulierungen waren Sarah bestens bekannt. Sie hatte sie schon unzählige Male in anderen Befunden gelesen. Sie blätterte weiter. Das nächste Blatt stammte aus der Heilpädagogischen Abteilung. Rechts oben auf der Seite stand der Name des betreuenden Arztes: Dr. Hans Asperger. Zuständige Krankenschwester: Viktorine Zak.

»Na bitte«, meinte Stefan. »Besser könnte es doch nicht sein, oder?«

Sarah nickte. Aufgeregt flogen ihre Augen über den handschriftlichen Bericht. Die Buchstaben sahen aus wie gedruckt. Jeder Strich war mit akkurater Sauberkeit gezogen, jeder Bogen exakt gerundet. Nicht ein einziger Rechtschreibfehler war zu erkennen, kein Buchstabe fiel aus der Reihe. Sarah erkannte die Handschrift sofort. Sie hielt Originalaufzeichnungen von Dr. Asperger in der Hand.

Der Bericht stammte aus dem Jahr 1934.

Der Patient hat eine sehr geringe Selbstbeherrschung, reagiert auf Lärm mit Schreien und verkriecht sich unter Tischen, sobald sich zu viele Menschen in einem Raum aufhalten. Reduziert man alle Reize, zeigt er ungewöhnliche Fertigkeiten. Der Junge ist in der Lage, höchst komplexe Gleichungen zu lösen. Weitere Versuche in dieser Richtung sind in den nächsten Tagen geplant.

Sarah legte den Bericht zur Seite. Es folgte ein Beobachtungsprotokoll in einer völlig anderen Handschrift, mit geschwungenen und verschnörkelten Buchstaben. Ganz unten stand der Name der Protokollantin: Viktorine Zak. Sarah überflog den Bericht. Erich wurde darin als aufmerksamer Schüler beschrieben, der wissbegierig Lerninhalte aufsaugte und sich innerhalb kürzester Zeit die Fähigkeit zum Lesen und Schreiben aneignete und über eine aktive Sprache verfügte. Das war nur ein paar Monate nach seiner Aufnahme in der Universitätskinderklinik gewesen. Es war nicht zu übersehen, dass die Protokollantin eine große Sympathie für den Jungen hegte.

»Ich bin ja kein Psychologe«, meinte Stefan. »Aber ich denke, dass dieser Bericht nicht ganz neutral ist.«

Sarah pflichtete ihm bei. Sie legte das Protokoll zur Seite und blätterte zum nächsten. Alle schienen von Viktorine Zak zu stammen. Sie beschrieb darin die unterschiedlichen Lerneinheiten, schilderte Erichs Fortschritte und hob hervor, wie aufmerksam, entgegenkommend und höflich er sei. Unangepasstes Verhalten wie Schreien, stereotypes Klopfen oder Wippen mit dem Oberkörper erwähnte sie nur als kleine Randbemerkung, so, als wäre es etwas, das zur gesunden Entwicklung eines Jungen dazugehörte und nicht weiter beunruhigend sei. Sarah blätterte um. Sie suchte nach Dr. Aspergers Handschrift. Tatsächlich fand sie ein Blatt, auf dem er die Rechenaufgaben auflistete, die sein Patient lösen konnte.

»Der Junge muss ein Mathegenie gewesen sein!« Stefan pfiff durch die Zähne. »Ich verstehe nicht einmal die Aufgabenstellung.«

»Mir geht es genauso«, gab Sarah zu. »Allerdings war ich nie besonders gut in Mathe.«

»Wie alt war Erich, als er diese Aufgaben löste?« Stefan rückte noch näher.

Sarah konnte sein Aftershave riechen. Es war ein angenehmer, unaufdringlicher Duft nach Tanne und Sandelholz.

»Darf ich?« Ohne auf Sarahs Antwort zu warten, griff Stefan in die Unterlagen und nahm das Blatt mit den Rechenaufgaben. Es war auf den 16. Mai 1936 datiert. »Er muss ungefähr zwölf gewesen sein. Die Aufgaben sind so komplex, dass sie Maturanten überfordern würden.«

Gerald mischte sich ein. »Ich habe nachgefragt. Solche Integralrechnungen lösen Mathematikstudenten im zweiten Studienjahr.«

Sarah las weiter. Auf der allerletzten Seite befand sich eine handschriftliche Notiz: eine Überweisung vom April 1943 in die Klinik Am Spiegelgrund – »wegen aggressiven, fremdgefährdenden Verhaltens«, allerdings fehlte die Unterschrift eines Arztes.

»Ob Asperger die Überweisung veranlasst hat?«

»Das kann ich mir nicht vorstellen«, meinte Stefan. »Warum hätte er einen Patienten wie Erich freiwillig gehen lassen sollen? Es sieht ja ganz so aus, als wäre er von seinen Fähigkeiten sehr beeindruckt gewesen.«

Sarah richtete sich an Gerald. »Habt ihr noch mehr gefunden? Ist der Junge wieder zurück ins AKH gekommen?«

»Normalerweise wurde das auf der Rückseite der Akte vermerkt«, erklärte Gerald. Er drehte den Papierstapel um, doch das letzte Blatt war leer.

»Heißt das, dass er hiergeblieben ist?«, wollte Sarah wissen.

Gerald zuckte mit den Schultern. »Das kann ich dir leider nicht sagen.« Er blätterte noch einmal die gesamte Akte durch. »Es hat den Anschein, als wären die Unterlagen nicht vollständig. Jemand hat ein paar Blätter aus der Mappe genommen. Sieh mal hier.« Er zeigte auf den ausgefransten Rand eines Doppelbogens.

»Kommt das öfter vor?«, fragte Stefan.

»Eigentlich nicht«, meinte Gerald nachdenklich. »Wenn man den Nazis etwas nicht vorwerfen kann, dann ist es Schlamperei. Sie haben ihre Gräueltaten akribisch archiviert.«

»Warum dann nicht das Schicksal dieses Jungen? Wenn er so besondere Fähigkeiten hatte?«, meinte Stefan. »Wäre es möglich, dass Teile seiner Akte versehentlich in einer anderen Mappe gelandet sind? Vielleicht waren nicht alle Mitarbeiter so ordentlich.«

»Denkbar ist alles«, sagte Gerald. »Ich werde meinen Kollegen eine Notiz hinterlassen, damit sie ein besonderes Augenmerk darauf haben.«

»Danke!« Sarah schlug die Akte zu. »Darf ich mir die Akte ausleihen, um sie zu kopieren?«

»Na klar, nur zu. Du wirst sie ja verlässlich wieder zurückbringen.«

»Selbstverständlich.« Sarah steckte die Unterlagen in ihre Tasche.

»Ich glaube übrigens nicht, dass Dr. Asperger für die Überweisung verantwortlich war«, sagte Gerald. »Die Handschrift sieht anders aus.«

»Kommt sie dir bekannt vor?«, fragte Sarah. »Hast du sie in anderen Akten gesehen?«

Gerald nickte. »Auch wenn er die Notiz nicht unterschrieben hat, so hat die Handschrift verdammt große Ähnlichkeit mit der von Dr. Jekelius.«

»Der Mann mit der Todesspritze«, erinnerte sich Sarah.

»Er war Leiter der Klinik Am Spiegelgrund«, ergänzte Gerald. »Es ist wohl damit zu rechnen, dass der Junge hier gestorben ist. Wäre er in eine Pflegefamilie oder in ein Kinderheim gekommen, wäre seine Akte mit ihm weitergewandert.«

»Und wenn er nach 1943 wieder zurück ins AKH gekommen ist?«, wollte Stefan wissen.

»Ich nehme an, auch dann. Aber vielleicht war man schlampig und hat bloß die Hälfte mitgeschickt«, entgegnete Gerald. »Wenn euch dieser Junge so interessiert, solltet ihr im AKH nachfragen, ob ihr die alten Akten der Heilpädagogischen Abteilung nach Erich Heizinger durchforsten dürft.«

»Das werde ich machen«, sagte Sarah.

Sie hatte eine Sondergenehmigung, die sie dazu berechtigte, im Archiv zu forschen. Zwar war sie schon einige Male dort gewesen, hatte aber immer nur auf gut Glück Akten durchstöbert. Jetzt hatte sie einen konkreten Namen. Damit würde es einfacher sein.

»Ich werde gleich hinfahren«, meinte sie.

»Soll ich dich begleiten?«, bot Stefan an. »Vier Augen sehen mehr als zwei.«

Das Angebot nahm Sarah gerne an, und das lag nicht nur daran, dass sie mit ihm schneller brauchbare Unterlagen finden konnte.

»Na, dann drücke ich euch die Daumen! Toi, toi, toi!«, sagte Gerald zum Abschied.

Eine Stunde später saßen Sarah und Stefan erneut in einem verstaubten Archiv, diesmal im Alten AKH. Der verwinkelte Gebäudekomplex mit zahlreichen Innenhöfen und Treppen stammte noch aus der Zeit Josephs II. Der Sohn Maria Theresias hatte das Krankenhaus errichten lassen, das zum ersten Mal in der Geschichte Wiens eine Klinik für alle Bewohner des Reichs gewesen war. Im Alten AKH fanden immer noch Behandlungen statt, wenn auch nur noch wenige. Seit einigen Jahren wurde darüber diskutiert, ob die Stadt Wien das gesamte Areal nicht der Universität schenken könnte, bisher waren es aber bloß Pläne. All das hatte Stefan Sarah auf dem Hinweg in der Straßenbahn erzählt.

»Ich bin jedes Mal aufs Neue beeindruckt, wie sorgfältig in Wien archiviert wird«, sagte Sarah.

»Den Kontrollwahn haben nicht erst die Nazis erfunden«, meinte Stefan. »Das konnten schon die Beamten der Habsburger.«

»Es erleichtert Wissenschaftlern die Arbeit erheblich.«

Sarah kämpfte sich durch alle Akten der Heilpädagogischen Abteilung von Patienten, deren Nachname mit dem Buchstaben H begann. Wann immer sie dabei auf den Namen Asperger stieß, nahm sie die Akte heraus, überflog sie und legte sie auf einen Extrastapel. Stefan ging genauso vor.

Draußen wurde es langsam finster. Die einzelne Glühbirne, die von der Decke hing, beleuchtete den engen Raum mit den kleinen Fenstern nur spärlich. Hohe Aktenschränke aus dunklem Holz bedeckten die Wände. Sarah musste sich tief über die Akten beugen, um die alten Handschriften entziffern zu können. Sie und Stefan arbeiteten konzentriert und schweigend. Umso heftiger zuckte Sarah zusammen, als Stefan erstaunt aufschrie.

»Das gibt's ja nicht!«

»Hast du etwas über Erich Heizinger gefunden?«

»Nein, aber über Herta Schreiber. Offenbar wurden die Unterlagen falsch eingeordnet. Versehentlich ist der Vorname zu den Nachnamen gerutscht.«

»Sollte mir der Name etwas sagen?« Sarah sah verwirrt von den Unterlagen auf.

»Ich habe gestern ihren Namen bei den Kindern gefunden, die an einer Lungenentzündung infolge einer Giftspritze in der Einrichtung Am Spiegelgrund gestorben sind.«

Das Wort Giftspritze jagte Sarah immer noch einen eisigen Schauer über den Rücken, auch wenn sie es in der letzten Zeit so oft gehört hatte.

»Das Mädchen hatte im Alter von zweieinhalb Jahren Meningitis und Diphterie. Sie war das jüngste von sechs Kindern. Dr. Hans Asperger hat die Diagnose gestellt und 1941 die permanente Unterbringung am Spiegelgrund angeordnet.«

»Was bedeutete das?«

»Das Mädchen ist in den Tötungspavillon 15 gekommen, zu Dr. Jekelius. Dem Mann, vor dem die Royal Air Force gewarnt hat.«

In Sarahs Ohren begann es zu rauschen. Sie atmete tief durch. »Vielleicht wusste Dr. Asperger gar nicht, was am Spiegelgrund wirklich passierte. Er arbeitete ja im AKH.«

»Hier ist ein Foto von dem Mädchen!« Stefan reichte Sarah eine Schwarz-Weiß-Fotografie. Ein kleines, weinendes Mädchen mit kahl geschorenem Kopf war darauf zu sehen. Die Vorstellung war unerträglich, dass man ihr Gift injiziert hatte, der zu einem langsamen und qualvollen Tod geführt hatte.

»Und da ist eine Notiz. Sie scheint von Asperger zu stammen.« Stefans Hand zitterte, als er Sarah das Blatt reichte.

Die akkurate kleine Schrift war eindeutig die von Asperger, stellte Sarah fest. Es handelte sich um einen Notizzettel, den man an die Akte geheftet hatte, gemeinsam mit einem Brief, der eine völlig andere Handschrift trug.

»Die Mutter berichtet, dass Herta für die gesamte Familie eine Bürde sei«, erklärte Stefan. »Sie bittet inständig, ihr Kind vom Leiden zu erlösen, da ihm ohnehin nicht zu helfen sei.«

Sarah spürte, wie ihr bitter die Magensäure aufstieß. Sie atmete tief durch. »Das ist entsetzlich«, sagte sie leise und legte das Blatt weg, als handelte es sich um ein Stück vergiftetes Papier.

Dann überflog sie den Brief von Hertas Mutter. Der Bogen war vergilbt und brüchig, die Schrift ließ sich nur schwer entziffern und enthielt eine Reihe Rechtschreibfehler. Aber es ging eindeutig aus dem Schreiben hervor, dass die Frau um den Tod ihres Kindes bat.

»Es scheint, als wollte er seine Handlung mit der Notiz rechtfertigen«, sagte Stefan. »Er hat auch den Brief der Mutter beigelegt, so, als wollte er sich damit entschuldigen. Die Mutter wünschte sich den Tod ihres behinderten Kindes. Ich will mir nicht erlauben, diese Frau wegen dieses Wunsches zu verurteilen.«

»Es ist eine Sache, den Wunsch in sich zu tragen, und ein ganz anderer, ihn auszusprechen«, entgegnete Sarah. Die Schärfe in ihrer Stimme überraschte sie selbst.

»Ja, natürlich.« Stefan stimmte ihr zu. »Und es ist noch einmal etwas anderes, wenn ein Arzt Gott spielt und diesen Wunsch erfüllt.«

Sarah sah die kleine Herta vor sich, wie sie in ihrem Bett lag und mit Sicherheit ahnte, dass man ihr nichts Gutes wollte. Das Kind hatte niemanden auf der Welt gehabt, der es schützen wollte. Niemanden, der es liebte. Sie stand stellvertretend für all die anderen Kinder, denen man so schreckliches Leid zugefügt hatte. Wie einsam musste sie sich gefühlt haben?

Tränen traten in Sarahs Augen. Sie konnte nichts dagegen tun. Rasch wandte sie sich ab, damit Stefan sie nicht sehen konnte. Der rothaarige Junge auf der Schaukel war wieder da. Wie oft hatte sie sich gewünscht, er wäre tot, und gleichzeitig liebte sie ihn inniger als jeden anderen Menschen auf dieser Welt.

Stefan schien bemerkt zu haben, wie betroffen sie war. Er trat näher und legte seine Hand auf ihre Schulter. Sarah zuckte zusammen. Nun liefen ihr die Tränen über die Wangen. Stefan kramte nach einem Taschentuch in seiner Hosentasche und reichte es ihr.

»Es ist zerknittert, aber sauber«, erklärte er.

Sarah nahm es dankbar entgegen und schnäuzte sich.

»Ich nehme an, dass es hier nicht nur um die kleine Herta und Dr. Asperger geht«, sagte er.

Sarah nickte bloß. Ihre Stimme versagte. Warum jetzt? Warum ausgerechnet hier? Sie hatte sich doch sonst so gut unter Kontrolle.

»Willst du darüber reden?«, wollte Stefan wissen.

Sie schüttelte den Kopf. Der Gefühlsausbruch war ihr unangenehm, doch Stefan tat so, als sei es das Natürlichste der Welt. Er legte seinen Arm um sie. Kurz war Sarah versucht, sich dagegen zu wehren, doch dann ließ sie es geschehen. Seine Nähe fühlte sich gut an. Trotz ihrer Traurigkeit nahm sie wahr, wie gut er roch. Eine Weile verharrten sie so, ohne zu sprechen. Erst als Sarah sich vollständig beruhigt hatte, ließ er sie los. Sarah verspürte Bedauern.

»Geht's wieder?«, erkundigte er sich leise.

»Ja, danke.«

»Willst du noch weitermachen, oder hast du genug für heute?«

»Ein paar Akten möchte ich noch durchschauen«, sagte sie. »Den Buchstaben H würde ich gerne abhaken können.«

»In Ordnung. Ich hätte niemals gedacht, dass ich hier so viel brauchbares Material finden würde.«

»Du wirst Dr. Asperger doch nicht in deinem Artikel nennen, oder?« Die Vorstellung, dass der Name des Arztes beschmutzt werden könnte, missfiel ihr.

»Na ja, wenn er Dreck am Stecken hat, dann sollte man das auch sagen dürfen. Meinst du nicht?«

»Wir wissen doch gar nicht, ob er …« Sarah hielt inne. Eigentlich wussten sie es inzwischen ganz genau. Der Beweis lag schwarz auf weiß vor ihr auf dem Tisch. Dr. Asperger hatte das Todesurteil der kleinen Herta unterschrieben. Und auch wenn es der ausdrückliche Wunsch der Mutter gewesen war, machte es diese Tat um keinen Deut besser.

»Ich werde erst darüber schreiben, wenn wir mehr über den Arzt herausgefunden haben«, versprach Stefan.

»Danke, das ist fair.« Sarah beugte sich über die Akten und setzte ihre Suche fort.

Als sie eine Stunde später erschöpft und müde die Arbeit beenden wollte, wurde Stefan noch einmal fündig. »Hier ist dein Erich!«, rief er.

»Du hast ihn gefunden?«

Tatsächlich war Stefan auf die Akte des Jungen gestoßen. Vor ihm lag eine dicke Mappe, die mit dem Namen Erich Heizinger beschriftet war.

»Es sind weitere Beobachtungsprotokolle«, sagte er.

»Von wem stammen sie?«, wollte Sarah wissen.

»Von Hans Asperger und Viktorine Zak. Sieht so aus, als hätte der Junge die beiden über viele Jahre beschäftigt.« Stefan blätterte die handschriftlichen Protokollbögen durch. Offenbar hatten die Beobachtungen im wöchentlichen Abstand stattgefunden, wobei etliche Protokolle zu fehlen schienen. Sarah überflog einige. Es ging um den Erwerb des Lesens, des Schreibens und um Erichs außergewöhnliche Begabung auf dem Gebiet der Mathematik. Es würde eine Weile dauern, bis Sarah all diese Unterlagen durchgelesen hatte.

»Nanu, was ist das?« Stefan richtete seinen Zeigefinger auf einen Eintrag, der sich von den anderen unterschied. Er war mit einem roten Stift geschrieben, und die Schrift stammte nicht von Dr. Asperger. »Hier steht, dass der Junge für die Forschung von großer Wichtigkeit sein kann.«

»Er wurde doch ohnehin beobachtet. Was hatten sie noch mit ihm vor?«

»Jemand schlägt vor, den Jungen am Institut für Mathematik der Universität Wien vorzustellen.«

»Und ist es dazu gekommen?«

»Keine Ahnung!« Stefan blätterte weiter. »Ich sehe hier nichts mehr dazu.«

»Wie kann es sein, dass der Junge in der Klinik Am Spiegelgrund gelandet ist? Wenn auch andere Ärzte seine Genialität erkannt haben?«

»Keine Ahnung«, meinte Stefan. »Lebt Viktorine Zak eigentlich noch? Wenn ja, könnte sie unsere Fragen mit Sicherheit beantworten.«

»Wie finde ich das heraus?«

»Zentralmelderegister.«

»Brauche ich da wieder eine Spezialgenehmigung?« Mit

Schrecken erinnerte sich Sarah daran, wie kompliziert es gewesen war, die Erlaubnis zu bekommen, im Archiv des AKH forschen zu dürfen. Ihre Anfrage hatte von mindestens fünf verschiedenen Beamten bewilligt und abgestempelt werden müssen.

»Ich kann das für dich herausfinden«, bot Stefan an.

»Wirklich?«

»Ja, klar.« Stefan stand auf und rieb sich den Staub von den Händen. »Aber für heute habe ich genug Dreck inhaliert.« Es war nicht ganz klar, was genau er mit dem Dreck meinte – den Staub oder den Inhalt der Akten.

Draußen war es mittlerweile vollständig dunkel geworden. Sarah spürte die Müdigkeit, die sie mit einem Mal überfiel.

»Du hast recht«, sagte sie. »Lass uns aufhören.«

»Mein Magen knurrt. Wollen wir was essen gehen?«

»Das würde ich wirklich gerne«, sagte Sarah. »Aber meine Vermieterin kocht jeden Abend, und sie ist bestimmt traurig, wenn ich nicht mit ihr esse.«

»Schade.« Stefans Enttäuschung klang echt.

»Morgen?«, schlug Sarah vor. »Wenn ich Fräulein Weichsel gleich morgens sage, dass ich nicht komme, wartet sie nicht auf mich.«

»Abgemacht.«

Sie verließen das kleine Archiv, und Sarah sperrte den Raum mit dem Schlüssel ab, den ihr der Hausmeister überlassen hatte. Dann schlenderten sie zur Haltestelle. Stefan wartete mit Sarah auf die Straßenbahn. Gerade als sie einsteigen wollte, überraschte er sie mit einem flüchtigen Kuss direkt auf den Mund. Die Intensität der zärtlichen Berührung überwältigte Sarah.

Stefan lächelte entschuldigend. »Wollte ich schon den ganzen Tag machen.« Er strich sanft über ihre Wange, dann musste Sarah einsteigen.

Als sie aus dem Fenster sah, winkte Stefan ihr lächelnd zu, und sie winkte zurück. Es war ein schüchternes, zurückhaltendes Lächeln, das in Sarahs Körper eine nie gekannte Sehnsucht weckte. Sie konnte es kaum erwarten, Stefan wiederzusehen.

GOETHEHOF, WIEN 1938

VIKTORINE

Auf dem rechteckigen Küchentisch liegen ein Reisepass und ein Visum. Viktorine hält ihren eigenen Pass daneben. Die Fälschungen sind täuschend echt. Aber werden die Zollbeamten das auch so sehen? Judith greift mit zitternden Händen nach ihren Dokumenten.

»Sollte ich es bis nach Großbritannien schaffen, werde ich euch das Geld zurückschicken, sobald ich genug verdient habe.« Ihre Augen sind feucht. Sie hat in der letzten Stunde immer wieder geweint.

»Das ist nicht nötig«, versichert Maria. »Wichtig ist, dass du in Sicherheit bist und das dreckige Nazipack dir nichts anhaben kann.«

Um die gefälschten Papiere zu finanzieren, haben Viktorine, Maria und Judith zusammengelegt. Als Adresse ist im Pass die Anschrift der Person angegeben, bei der Judith in London wohnen wird. Felicitas Rosenberg ist eine jüdische Sozialdemokratin, die schon 1934 ausgewandert ist. Jetzt nimmt sie Flüchtlinge vorübergehend bei sich auf, bis sie im Exil Fuß fassen können.

»Hilde Sommer«, liest Judith. »Das ist ein schöner Name.«

»Das bist ab jetzt du!«, sagt Maria und reicht Judith einen gefälschten Ariernachweis. »Du bist durch und durch nichtjüdisch! Arisch bis in die vierte Generation. Vergiss das nicht.«

Viktorine nimmt Judiths alten Reisepass vom Tisch. Sie zerschneidet das Papier in winzig kleine Teile. »Es tut mir leid, aber wir werden ihn dem Ofen übergeben müssen«, sagt Maria und öffnet das Türchen ihres Schwedenofens. Viktorine wirft die Schnipsel ins Feuer. Gierig schlingen sich die Flammen darum. Innerhalb kürzester Zeit sind das Dokument und damit Judiths wahre Identität Geschichte.

Erneut kommen Judith die Tränen. »Was, wenn ich entdeckt werde?«

»Sie werden dich nicht entdecken«, versichert Maria. »Wenn du hierbleibst, schicken sie dich in ein Arbeitslager. Was dort sonst noch alles passiert, wollen wir uns gar nicht ausdenken.« Sie packt alle Unterlagen zusammen und steckt sie in Judiths Tasche. Dann schaut sie auf die Uhr. »Leopold muss jeden Moment da sein. Er bringt dich zum Bahnhof. In zwei Tagen bist du in England.«

Judith schluckt und nickt tapfer. Mit einem Taschentuch tupft sie ihre Tränen weg. »Ich bin euch so dankbar.«

»Psst!« Viktorine nimmt sie in den Arm und drückt sie ganz fest an sich. »Ich werde dich furchtbar vermissen.«

»Kommt ihr mich besuchen?«

»Ganz bestimmt«, verspricht Viktorine.

»Ich wollte immer schon mal nach London«, meint Maria. »Den Big Ben und den Tower anschauen.«

»Schreib uns, wenn du gut angekommen bist.«

»Mach ich.«

Genau in dem Moment klopft es an der Tür. Maria öffnet. »Freundschaft«, flüstert sie.

»Freundschaft«, kommt es ebenso leise zurück.

Leopold ist Lastkraftfahrer und wird Judith mit seinem Automobil zum Bahnhof nach Tulln bringen. Die Gefahr, an einem der Bahnhöfe in Wien von einem übereifrigen Polizisten genau kontrolliert zu werden, ist zu groß.

»Dann ist es also so weit.« Judith greift nach ihrer geblümten Reisetasche, in der sich die Kristallgläser ihrer Mutter befinden. Es ist Viktorine gelungen, dem gierigen Ehepaar die Gläser abzukaufen. Sie hat Judith nie verraten, was sie den beiden bezahlt hat. Den Namen Witibschlager wird sie ihr Leben lang mit skrupelloser, berechnender Habgier verbinden.

»Pass auf unsere Kinder auf«, sagt Judith. »Sie werden die Nächsten auf der Liste der Nazis sein.«

Noch vor ein paar Monaten hätte Viktorine ihr widersprochen. Doch ihr Optimismus ist längst vergangen.

»Ich werde wachsam sein«, verspricht sie.

Viktorines Fuß wippt nervös, und ihre Finger zittern. Am liebsten würde sie den selbstgefälligen Arzt aufs Wildeste beschimpfen. Dr. Jekelius ist ein Sadist. Wie sonst lässt sich erklären, was er während ihrer und Dr. Aspergers Abwesenheit getan hat? Erich ist immer noch völlig verstört. Er hat nachts sein Bett eingenässt. Das ist davor nie vorgekommen.

»Die Maßnahmen waren notwendig«, sagt Dr. Jekelius. »Der Junge hat ein aufbrausendes Gemüt und ist gewaltbereit.«

»Der Einzige, der gewalttätig gehandelt hat, waren Sie«, entfährt es Viktorine. Sie staunt selbst über ihren Mut, aber die Bilder des verängstigten Jungen sind ihr noch so präsent, dass sie Erichs Schmerz förmlich spüren kann.

»Zügeln Sie Ihre Zunge, Schwester Viktorine«, zischt Dr. Jekelius.

»Ich sage bloß die Wahrheit«, verteidigt sich Viktorine. »Sie haben den Jungen stundenlang in feuchten Tüchern gefesselt ganz allein in einem eiskalten Zimmer liegen lassen. Es ist ein Wunder, dass er diese Folter überlebt und keine Lungenentzündung bekommen hat.«

»Sie wagen es, meine Behandlungsmethoden infrage zu stellen?« Dr. Jekelius' Stimme ist gefährlich leise. Viktorine bewegt sich auf sehr dünnem Eis. Eine weitere Bemerkung, und sie riskiert eine Versetzung. Dr. Jekelius hat die Leitung der Abteilung inne, wenn Dr. Asperger mit der motorisierten Mütterberatung unterwegs ist.

»Ich gebe Schwester Viktorine recht.« Dr. Asperger mischt sich ein. »Auch wenn Sie Erfolg mit den nassen Körperwickeln erzielt haben, so erscheint mir die Methode eine Spur zu drastisch.«

Hat Viktorine sich eben verhört? Eine Spur zu drastisch? Was ist aus dem Vorzeigeprojekt von Dr. Lazar geworden? Ein Ort, an dem Kinder misshandelt werden. Ihr ist zum Heulen zumute.

»Patienten mit feuchten Tüchern zu fesseln ist eine Methode, die man im letzten Jahrhundert angewendet hat«, sagt sie aufgebracht. Es ist ihr klar, dass sie sich Dr. Jekelius eben zum Feind macht, aber sie kann nicht anders. Sie hat schon zu lange geschwiegen und seinen menschenverachtenden Behandlungen nichts entgegengesetzt. Der Mann ist eine Schande für die Heilpädagogische Abteilung. Was passiert als Nächstes? Werden die Kinder in Ketten gelegt und an die Wand gefesselt?

»Darf ich Sie an Ihre Stellung erinnern?« Dr. Jekelius wird nun doch lauter. »Sie sind eine einfache Krankenschwester! Es steht Ihnen nicht zu, das Handeln eines Arztes zu hinterfragen oder gar zu kritisieren.«

»Ich bitte Sie alle, sich wieder zu beruhigen«, fordert Dr. Asperger. »Wir sind in einem Krankenhaus und nicht auf einem Jahrmarkt.« Es kommt selten vor, dass er seine Stimme erhebt.

Erstaunt schauen alle Anwesenden zu ihm. Es dauert eine Weile, bis er weiterspricht.

»In Zukunft wird die Methode der feuchten Körperwickel in meiner Abteilung nicht mehr angewendet.« Er schaut Dr. Jekelius nicht an, richtet seine Worte aber an ihn. »Damit sage ich nicht, dass Ihre Behandlungsmethoden keine Berechtigung haben, Herr Kollege.«

»Ich werde mich auch in Zukunft nicht von einem Psychopathen schlagen lassen«, kontert Dr. Jekelius. Er ist es nicht gewohnt, gemaßregelt zu werden.

Viktorine weiß, dass dieser Vormittag Konsequenzen für sie haben wird. Sobald sich eine geeignete Gelegenheit bietet, wird Dr. Jekelius sie seinen Zorn spüren lassen.

»Das verlangt auch niemand von Ihnen, Herr Kollege«, sagt Dr. Asperger. »Erich ist Teil meiner Forschungen, weshalb ich nicht wünsche, dass bei ihm Methoden angewendet werden, von denen ich nichts weiß.«

»Was interessiert Sie so an den autistischen Psychopathen? Sie sind allesamt nicht geeignet, sich in die Gesellschaft einzufügen. Sie sind Störfaktoren für eine gesunde Volksgemeinschaft.«

»Das sehe ich anders«, entgegnet Dr. Asperger. »Viele dieser Kinder verfügen über außergewöhnliche Fähigkeiten. Ich bin davon überzeugt, dass sie einen sehr wertvollen Beitrag für die Gesellschaft leisten können, da sie zu besonderen Leistungen imstande sind. Unsere Aufgabe ist es, herauszufinden, wo ihre Stärken liegen.«

»Sie suchen eine Stecknadel im Heuhaufen.«

»Warum Stecknadel?«, fragt Dr. Asperger irritiert. »Stecknadeln interessieren mich nicht.«

»Ich fürchte, Sie verrennen sich gerade in eine Sackgasse«, meint Dr. Jekelius.

»Ich weiß nicht, was eine Sackgasse mit meinen Forschungen zu tun haben soll. Aber ich kann Ihnen versichern, dass Erich ein ganz besonderer Junge ist. Im Moment leidet er unter unkontrollierbaren Gefühlsausbrüchen, die gilt es zu reduzieren. Aber der Junge hat mehr Verständnis für Zahlen als wir alle in diesem Raum.«

Dr. Seitz lacht. »Dann sollten wir das Goldkerlchen gut beschützen. Vielleicht braucht ihn die Armee eines Tages.«

Viktorines Magen dreht sich um. Ihr ist übel. Die Männer reden über Erich, als wäre er ein Versuchskaninchen. Wo ist der Respekt den Patienten gegenüber geblieben? Sie sieht sich im Raum um. Zum ersten Mal fühlt sie sich völlig allein. Die engagierten Ärzte sind alle weg. Judith ist unterwegs nach England. Der Einzige, der noch aus Dr. Lazars Arbeitsgruppe geblieben ist, ist Dr. Asperger. Ob er sieht, dass einige seiner Kollegen gar nicht am Wohl der Kinder interessiert sind?

»Die Sitzung ist zu Ende«, sagt Dr. Asperger.

Viktorine wartet, bis alle den Raum verlassen haben, dann räumt sie die leeren Tassen auf den Servierwagen. Die Kollegin, die Judiths Stelle übernommen hat, ist bereits aus dem Raum geeilt. Viktorine macht die Arbeit allein, doch das stört sie nicht. Gerade als sie nach zwei Tassen greift, sieht sie, dass Dr. Asperger eine seiner Mappen vergessen hat. Sie klemmt sie sich unter ihren Arm, und ein paar Papiere rutschen heraus. Rasch bückt sie sich, um sie aufzuheben. Ein Foto ist dabei. Es zeigt eine bäuerlich gekleidete Frau, die ein sehr mageres Kind hält. Mutter und Kind klammern sich aneinander. Das Mädchen hat seinen Kopf an die Brust der Mutter geschmiegt. Viktorine legt das Foto zurück in die Mappe und nimmt die anderen Papiere auf. Es handelt sich um Berichte. Viktorine überfliegt einen davon. Offenbar ist es der Befund zu dem Kind auf dem Foto. Das Mädchen heißt Emilia, ist zwei Jahre alt und leidet unter Krämpfen. »Schwere Geisteskrankheit. Nicht bildungsfähig. Empfehlung einer Fremdunterbringung, die Eltern sind nicht in der Lage, das Kind entsprechend zu versorgen.«

Viktorine holt das Foto noch einmal aus der Mappe. Es ist eine Momentaufnahme, auf der Mutter und Kind innig miteinander verbunden aussehen. Warum wird eine Fremdunterbringung empfohlen? Dr. Asperger muss mehr gesehen haben, als diese Fotografie preisgibt. Nachdenklich legt Viktorine das Foto zurück in die Mappe. Judiths Warnung kommt ihr ins Gedächtnis. Sofort verwirft sie ihre Bedenken wieder. Dr. Asperger ist am Wohl der Kinder interessiert, genau wie sie selbst.

WIEN 1986

SARAH

Sarah klebte zwei Briefmarken auf die Ansichtskarte und drehte sie um. Drei Königspinguine waren auf einem künstlichen Eisberg zu sehen. Einer hatte einen toten Fisch im Schnabel.

»Warst du im Tiergarten?«, fragte Johannes. Er trug wieder ein farbenfrohes Hawaiihemd. Heute waren gelbe Bananen und orange Sonnenuntergänge darauf.

»Ja.« Sie würde Johannes lieber nicht sagen, dass sie mit Stefan dort gewesen war. Ihr Kollege würde bloß wieder mit eifersüchtigen Bemerkungen reagieren.

»Warum Pinguine?«

»Mein Bruder liebt die Tiere.«

»Ich wusste nicht, dass du so junge Geschwister hast.«

»Mein Bruder ist fünfundzwanzig.«

»Oh!« Überrascht hob Johannes die Augenbrauen, dann grinste er. »Keine Ahnung, warum ich Pinguine mit Kindern in Verbindung bringe. Ist er Biologe?«

»Nein, er mag sie ganz einfach.« Sarah steckte die Karte in ihre Tasche. Später würde sie sie in einen Briefkasten werfen.

Johannes wechselte das Thema. »Wie kommst du mit deinen Forschungen voran?«

»Ganz gut. Ich habe Beobachtungsprotokolle von Dr. Asperger und seiner Mitarbeiterin Viktorine Zak gefunden.«

»Klingt vielversprechend.«

»Es sind fast ausschließlich Beobachtungen zu einem Jungen. Er scheint eine Schlüsselrolle in Dr. Aspergers Untersuchungen zu spielen. Vielleicht war er der Ausgangspunkt seiner Forschungen. Der Junge war ein Mathematikgenie.«

»Wow!« Johannes pfiff durch die Zähne und setzte sich auf die Tischplatte neben Sarah. »Lebt der Junge noch? Wie alt ist er jetzt? Vielleicht ist er ein berühmter Mathematiker oder Physiker geworden.«

»Es wäre wirklich schön, wenn er noch am Leben wäre«, sagte Sarah. »Leider verliert sich seine Spur in der Klinik Am Spiegelgrund.«

»Oh, das verheißt nichts Gutes!« Johannes verzog das Gesicht. »Hast du seinen vollständigen Namen?«

»Er heißt Erich Heizinger und müsste jetzt um die sechzig sein.«

»Du hast also schon nach ihm gesucht?«

»Stefan übernimmt das für mich.«

»Der lässt wohl nichts aus, um bei dir Eindruck zu schinden«, kommentierte Johannes und wirkte eingeschnappt.

»Er hilft mir«, entgegnete Sarah. »Dafür bin ich ihm sehr dankbar.«

»Pass nur auf, dass du deine Forschungen nicht bald in einem reißerischen Artikel wiederfindest.«

»Das würde Stefan nicht tun.«

Johannes hob abwehrend die Hände. »Sag hinterher nicht, ich hätte dich nicht gewarnt.«

»Er schreibt einen Artikel über den Spiegelgrund, nicht über Dr. Asperger«, erklärte Sarah.

Statt zu antworten, zuckte Johannes mit den Schultern. Dann holte er eine dünne Mappe aus seiner Aktentasche. »Schau, was ich für dich gefunden habe.« Stolz legte er die Mappe vor Sarah auf den Tisch. »Ein Artikel über die motorisierte Mütterberatung, nach der du mich gefragt hast. Du hast mich neulich neugierig gemacht. Mir gingen die Erzählungen meiner Großmutter nicht aus dem Kopf.«

Sarah zog den Artikel zu sich. »Und steht was Neues darin?«

»Nein, es wird bloß bestätigt, was du ohnehin schon herausgefunden hast. Die Fahrten dienten dazu, sogenanntes unwertes Leben auf dem Land aufzustöbern und in die Klinik Am Spiegelgrund zu überstellen. Dort kam ein Großteil der Kinder ums Leben. Alle hatten die gleiche Todesursache: Lungenentzündung. Sobald sich herumsprach, was mit den Kindern passierte, versteckte man sie auf Dachböden, in Schuppen und in Ställen. Die motorisierte Mütterberatung war so was wie der Kinderfänger in *Tschitti Tschitti Bäng Bäng*. Mit dem Unterschied, dass die Kinder im Film bloß weggesperrt werden und nicht sterben müssen.«

Der Vergleich hinkte ziemlich, auch wenn Sarah sich als Kind vor dem gruseligen Kinderfänger mit der langen Nase und dem riesigen Fangnetz gefürchtet hatte. »Ich verstehe nicht, warum man erst jetzt davon erfährt«, sagte sie. »Wie konnte so lange darüber geschwiegen werden? Auch deine Oma hat dir nichts darüber erzählt.«

»Vielleicht hat man gedacht, wenn man nicht mehr über die vielen schlimmen Dinge redet, verschwinden sie aus dem Gedächtnis, und irgendwann glaubt man, sie hätten niemals stattgefunden. Man belügt sich selbst.«

»Ehrliche Vergangenheitsbewältigung schaut in der Tat anders aus«, meinte Sarah bitter.

»Ich habe nie behauptet, dass die in Österreich stattfinden würde«, sagte Johannes. »Es ist eine politische Entscheidung, wie ein Land mit seiner Vergangenheit und seiner Verantwortung umgeht. Es ist einfacher, alles unter den Teppich zu kehren und den Mythos vom ersten Opfer Hitlerdeutschlands am Leben zu erhalten. In Österreich haben viele Menschen Dreck am Stecken. Ich will nicht wissen, wie oft Kinder von netten Nachbarn denunziert wurden.«

»Gerade deshalb verstehe ich das Schweigen nicht. Stell dir vor, du lebst weiter Tür an Tür mit den Menschen, die für den Tod deines Kindes verantwortlich sind.«

»Das muss schrecklich sein«, sagte Johannes. »Wobei mir die Sache mit den behinderten Kindern völlig unverständlich ist. Wenn Eltern so ein Kind haben, sind sie ohnehin schon gestraft. Warum fügt man ihnen noch weiteres Leid zu?«

»Na ja, entstellte, unästhetische Kinder, die schreien, lallen oder sabbern, machen den Menschen eben Angst«, bemerkte Sarah.

»Solche Kinder sollten Mitleid erwecken«, meinte Johannes.

»Nein, das sollten sie nicht.«

»Wie bitte?«

»Wozu mit jemandem mitleiden? Davon hat niemand etwas. Die betroffenen Menschen am allerwenigsten.«

Überrascht hob Johannes die Augenbrauen. »Mitgefühl erwecken? Ist das besser?«

»Ja, viel besser«, sagte Sarah. Sie nahm den Artikel und legte ihn zu den anderen Unterlagen, die sie noch durchschauen wollte. Dann stand sie auf. »Ich muss los.«

»Die Postkarte einwerfen?«

»Unter anderem!« Es ging Johannes nichts an, dass sie in einer halben Stunde mit Stefan im Kaffeehaus verabredet war. »Vielen Dank für den Artikel.«

»Gerne. Wollen wir in den nächsten Tagen mal zusammen essen gehen?«

»Meine Vermieterin kocht jeden Abend für mich.«

»Dann auf ein Bier oder einen Kaffee?«

»Im Moment bin ich bis über beide Ohren mit Arbeit eingedeckt.«

Johannes war hartnäckig. Vielleicht wäre es doch besser, ihm klipp und klar zu sagen, dass sie kein Interesse an ihm hatte? Aus irgendeinem Grund machte er sich Hoffnungen, dabei hatte Sarah ihn ganz bestimmt nie dazu ermutigt. Sie verließ fast fluchtartig das NIG.

Als sie das *Café Krugerhof* betrat, saß Stefan bereits auf einem der Nischenplätze. Wie sollte sie ihn begrüßen? Der Kuss beim Abschied an der Straßenbahn war ihr noch lebendig im Gedächtnis. Stefan entdeckte sie erst, als sie neben seinem Tisch stand. Er nahm ihr die Entscheidung ab. Mit einer Selbstverständlichkeit, als hätte er es schon immer so gemacht, stand er auf und drückte ihr einen sanften Kuss direkt auf die Lippen. Die Berührung jagte Sarah einen warmen Schauer durch die Körpermitte. Als er sie wieder losließ, verspürte sie Enttäuschung.

»Servus!« Stefans Stimme klag weich.

Sarahs Wangen glühten förmlich. Sie hätte heute Morgen auf das Rouge verzichten können. Am liebsten hätte sie einfach dagestanden, seine Hände gehalten und sich in seinen braunen Augen verloren. Stattdessen nahm sie Platz und fragte ihn nach seinen Nachforschungen.

»Hast du Viktorine Zak oder Erich Heizinger gefunden?«, wollte sie wissen.

»Ich freue mich auch, dich wiederzusehen.«

Sarah war nervös. Wie verhielt man sich gegenüber jemandem, zu dem man sich dermaßen hingezogen fühlte? Bei Benedict waren solche Gefühle nie aufgekommen. Er hatte sie ins Bett bekommen wollen, und sie hatte nichts dagegen gehabt. Mehr war da nicht gewesen.

Sarah entschied sich für die Wahrheit. »Ich freue mich auch sehr, dich wiederzusehen.«

Stefan lächelte zufrieden. Langsam streckte er ihr seine Hände über den Tisch hinweg entgegen. Nur zu gerne ergriff sie sie. Stefans Finger waren warm und kräftig. Sie versprachen Sicherheit.

»Ich habe beide gefunden«, sagte Stefan nach einer Weile.

»Wirklich?« Damit hatte Sarah nicht gerechnet. »Das ist ja großartig. Wie alt ist Viktorine? Lebt sie in einem Altersheim? Was macht Erich?«

»Ich habe nur ihre Namen gefunden.« Stefans Gesichtsausdruck wurde ernst. »Viktorine ist tot. Von Erich fehlt leider jede Spur. Was nicht ungewöhnlich ist für ein Kind, das am Spiegelgrund war. Es bedeutet wohl dasselbe.«

»O nein.« Enttäuscht ließ Sarah seine Hände wieder los. »Kennt man Viktorines Todesursache?«

»So was steht nicht im Melderegister.«

»Schade!« Sarah seufzte. »Ich hätte so gerne mit einem der beiden gesprochen. Stell dir nur vor, was Viktorine Zak uns alles hätte erzählen können.«

Dann fiel ihr auf, dass Stefan trotz der dürftigen Nachrichten nicht enttäuscht wirkte. Hatte er noch nicht alles erzählt?

»Du verheimlichst mir noch etwas, oder?«

Ein Grinsen stahl sich auf seine Lippen. »Stimmt. Ich habe jemanden ausfindig gemacht, der dir vielleicht weiterhelfen kann.«

»Wen?«

»Viktorine Zak hatte eine Schwester, die noch am Leben ist.«

»Eine Schwester?«, wiederholte Sarah begeistert. Sie hatte das dringende Bedürfnis, Stefan um den Hals zu fallen. »Du bist der Beste.«

»Ich weiß!«

»Wo finde ich die Frau?«

»Sie heißt Maria Schlögl und wohnt in einem Gemeindebau im 21. Bezirk. Im Goethehof, das ist eine der riesigen Anlagen, die in der Zwischenkriegszeit für die Arbeiter errichtet wurden.«

»Wie komme ich dorthin? Hast du eine Telefonnummer von ihr?« Sie wollte aufspringen und sich augenblicklich auf den Weg machen.

»Jetzt trinken wir erst mal in Ruhe Kaffee«, sagte Stefan. Er winkte dem Ober und bestellte zwei Melange. »Dann fahren wir mit der U1 nach Kaisermühlen.«

»Sollten wir uns nicht vorher ankündigen?«

Stefans Grinsen wurde noch breiter. »Schon erledigt. Frau Schlögl erwartet uns um vier. Sie war sehr überrascht, als ich ihr erzählt habe, dass wir mit ihr über ihre Schwester reden wollen. Aber sie ist gerne dazu bereit.«

»Wie alt ist die Frau?«

»Über achtzig, aber ihre Stimme klang am Telefon sehr jugendlich. Sie scheint noch völlig klar im Kopf zu sein.«

Sarah spitzte die Lippen und schickte einen Kuss über den Tisch.

»Den nehme ich lieber direkt.« Stefan beugte sich zu ihr und küsste sie auf die Lippen. In Sarahs Bauch erhob sich ein ganzer Schwarm Schmetterlinge, der sich erst wieder beruhigte, als der mürrische Ober sich unfreundlich räusperte.

»Soll ich Ihnen die Häferl auf den Kopf stellen?«

Zum ersten Mal fuhr Sarah auf der Hochbahnstrecke mit der U-Bahn über die Donau. Bei der UNO-City, einem der vier Hauptsitze der Vereinten Nationen, stiegen sie aus dem Zug. Das moderne Gebäude mit seinen gebogenen Türmen in unterschiedlichen Höhen sah futuristisch aus. Ganz anders als die Gründerzeithäuser der Innenstadt oder die Jugendstilvillen, die Sarah bisher gesehen hatte. Dass sich auf dieser Seite der Stadt außerdem große Erholungsgebiete befanden, hatte Sarah bereits gehört. Neben der künstlich angelegten, gut zwanzig Kilometer langen Donauinsel gab es auch die Alte Donau, einen stillgelegten Donauarm, der im Sommer zum Wassersport einlud. Durch einen hübschen Park mit altem Baumbestand und einer riesigen Liegefläche und direktem Wasserzugang gelangten sie zum Goethehof.

Sarah nahm ihre Umgebung nur bedingt wahr. Zu sehr war sie auf Stefans Nähe konzentriert. Er hielt ihre Hand und ging so dicht neben ihr, dass sich ihre Oberarme berührten. Immer wieder blieb er stehen, um sie zu küssen. Es fühlte sich aufregend und zugleich richtig an. Völlig anders als bei Benedict, mit dem sich Sarah niemals in der Öffentlichkeit hatte zeigen, geschweige denn Zärtlichkeiten austauschen dürfen.

Vor einer Wohnanlage, die an eine Trutzburg erinnerte, hielten sie an. Über dem mittleren der drei rechteckigen Tore, die in einen Innenhof führten, stand in altmodischen Buchstaben der Name *Goethehof*.

»Diese Arbeiterburgen waren in den Zwanziger- und Dreißigerjahren eine Revolution«, erklärte Stefan. »Zum ersten Mal stellte man den Arbeitern Wohnraum zur Verfügung, den sie sich leisten konnten und der noch dazu praktisch und schön war.«

Sie nahmen den rechten Toreingang und befanden sich wenig später in einem begrünten Innenhof. Bänke luden zum Verweilen ein, es gab einen kleinen Kinderspielplatz und ein niedriges Gebäude, über dem *Kindergarten* stand.

»Angeblich befand sich hier in der Zwischenkriegszeit ein Montessori-Kindergarten«, erklärte Stefan. »Hab ich nachgelesen. War damals etwas ganz Besonderes.«

»Ist es doch immer noch«, sagte Sarah. In England waren Kindergärten, in denen nach der Methode der italienischen Reformpädagogin unterrichtet wurde, beliebte Einrichtungen, die sich nur Besserverdiener leisten konnten.

»1934 wurde der Kindergarten geschlossen«, sagte Stefan.

»Bürgerkrieg?« Nach und nach wurde Sarah zur Expertin für österreichische Zeitgeschichte.

Stefan zeigte auf eine Gedenktafel. Ein Mann mit Gewehr

war darauf zu sehen. *Gefallen im Kampf für Freiheit und Demokratie 1934*, stand darunter.

»Vor zwei Jahren wurden an mehreren Orten in der Stadt Mahnmale errichtet, die an die Menschen erinnern, die im Februar 1934 gestorben sind«, erzählte er.

»Das Thema scheint dich besonders zu interessieren.«

»Dass mein Großvater als Sozialdemokrat in Mauthausen ermordet wurde, hat mich wohl ziemlich geprägt. Ich wollte mehr über die Geschichte erfahren. Schließlich sind es meine Wurzeln. Es kommt mir fast so vor, als wäre es meine Aufgabe, die Erinnerung über diese Zeit am Leben zu erhalten.«

»Das ist eine große Aufgabe.«

Stefan zuckte mit den Schultern. »Du hast mir immer noch nicht erklärt, warum du so viel Energie und Zeit für Dr. Asperger aufbringst.«

Sie hatten das richtige Treppenhaus erreicht.

»Wir sind da«, sagte Sarah.

»Dann wollen wir mal.« Für den Moment gab sich Stefan zufrieden, aber Sarah war sich sicher, dass er später auf seine Frage zurückkommen würde.

Im Treppenhaus roch es nach Suppe und Gurkensalat. Die weißen Wände waren mit einem grünen Muster versehen, und Sarah vermutete, dass es mit einer Dekorwalze aufgedruckt worden war. Auch in England war es üblich gewesen, die Wände so zu dekorieren, heute war diese Technik allerdings nicht mehr verbreitet. Im zweiten Stock hielt Stefan vor einer Tür an, auf der *Schlögl* stand, und drehte die mechanische Klingel. Schon nach kurzer Zeit näherten sich schlurfende Schritte. Die Tür öffnete sich, und eine zarte Frau mit eisgrauem Haar, das zu einem flotten Pagenkopf geschnitten war, öffnete ihnen. Sarah hatte einen gebrechlichen Menschen erwartete, doch die alte Frau, die vor ihnen stand, blickte sie aus hellwachen Augen an, ihre Körperhaltung war aufrecht, und die Art, wie sie sie begrüßte, bewies, dass sie mentale Stärke besaß.

»Kommen Sie rein!« Sie öffnete die Tür.

»Vielen Dank, dass Sie sich so schnell Zeit für uns genommen haben«, sagte Sarah und stellte sich vor.

»Sie sind Deutsche?«

»Nein, Engländerin mit deutscher Mutter.«

Maria Schlögl nickte. »Ich habe Kaffee gekocht. Wollen Sie lieber Tee?«

Sarah lachte. »Nein, Kaffee ist wunderbar. Vielen Dank. Nicht alle Engländer trinken ausschließlich Tee.«

»Dachte mir schon, dass das bloß ein Vorurteil ist.«

»Waren Sie jemals in England?«, fragte Sarah.

»Leider nein. Ich wollte immer mal hinfahren. Eine gute Freundin von mir ist ausgewandert, aber leider hat sich nie ein Besuch ergeben. Vor zehn Jahren ist sie gestorben, und jetzt laden ihre Kinder mich immer wieder ein. Aber ich bin zu alt zum Reisen. Das hätte ich vor zwanzig Jahren tun sollen.«

»Man ist nie zu alt zum Reisen«, widersprach Stefan.

»Junger Mann, reden wir in fünfzig Jahren weiter«, sagte die alte Dame lachend und deutete auf Stefans Brust. Ihr Zeigefinger war gekrümmt, vermutlich vom Rheuma. Sarah fragte sich, ob Maria Schlögl früher Lehrerin gewesen war. Die Art, wie sie redete, erinnerte Sarah an ihre alte Biologielehrerin, die sie sehr gemocht hatte.

Frau Schlögl bat sie ins Wohnzimmer. Der Raum war schlicht, aber gemütlich eingerichtet. Es gab einen dunklen Esstisch, der für Kaffee und Kuchen gedeckt war, ein grünes Sofa, auf dem eine bunte, gehäkelte Decke lag, eine Glasvitrine, in der sich geblümtes Geschirr und geschliffene Bleikristallgläser befanden, und ein Regal mit Büchern. Neben dem Fenster hingen alte Fotografien. Auf einem Hochzeitsfoto war eine junge Frau im einfachen, hellen Kleid zu sehen, bei der es sich zweifellos um Frau Schlögl handelte. Der Mann neben ihr sah draufgängerisch aus. Sie hielten sich an den Händen und machten den Eindruck, als hätten sie vor nichts und niemandem Angst. Ein Paar, das Berge versetzen konnte, solange es zusammen war.

»Das war mein Ehemann Michael.« Maria Schlögl trat zu Sarah. In der Hand hielt sie eine weiße Porzellankanne. »Die Heimwehrler haben ihn 1934 erschossen.«

»Das tut mir sehr leid«, sagte Sarah.

»Mir auch.« Maria Schlögl schien auch nach über fünfzig Jahren nicht verziehen zu haben. Sie klang unversöhnlich.

»Nehmen Sie bitte Platz.« Sie wies zum Esstisch, wo ein Gugelhupf auf einem silbernen Servierteller darauf wartete, angeschnitten zu werden.

»Ich habe ihn nicht selbst gebacken«, erklärte sie. »Meine Nachbarin, eine junge Wirtschaftsstudentin, war für mich beim Bäcker.«

»Der Kuchen schmeckt bestimmt sehr gut«, sagte Sarah.

»Das will ich hoffen, bei dem, was er gekostet hat.« Maria Schlögl stellte die Kanne auf den Tisch und setzte sich. Sarah und Stefan nahmen gegenüber Platz. Nachdem der Kaffee eingegossen, der Kuchen auf Teller verteilt und Milch und Zucker herumgereicht worden waren, fragte Maria Schlögl: »Sie interessieren sich also für meine Schwester Viktorine. Warum?«

»Ich schreibe eine Arbeit über Dr. Asperger. Ihre Schwester hat jahrelang mit ihm zusammengearbeitet. Ich hatte gehofft, Sie können mir etwas über die Arbeit Ihrer Schwester erzählen.«

»Was wissen Sie denn schon?«

»Wir haben einiges über die Heilpädagogische Abteilung gelesen, eine Errungenschaft des Roten Wien.« Stefan warf einen Blick zum Bücherregal, wo in einem Bilderrahmen ein Schmuckschreiben die fünfzigjährige Mitgliedschaft bei den Sozialdemokraten bekundete. Die Worte »Rotes Wien« wirkten wie ein Zauberspruch. Mit einem Mal wurde Maria Schlögl gesprächiger. Ihre Körperhaltung entspannte sich.

»Die Abteilung war revolutionär«, sagte die alte Dame stolz. »Behinderte Kinder wurden zum ersten Mal wie Menschen behandelt. Man hat ihre Bedürfnisse ernst genommen und sie nicht in Betten weggesperrt wie Tiere in Käfige.«

»Ich habe gelesen, dass sie unterrichtet wurden. Hat Ihre Schwester das gemacht?«, fragte Sarah.

»Viki war Krankenschwester, keine Lehrerin. Für den Unterricht hat man Pädagogen eingestellt. Ich habe mich damals beworben, habe dann aber eine Stelle in der Schule um die Ecke bekommen. Wobei ich zugeben muss, dass mich die Aufgabe sehr interessiert hätte. Die Abteilung war unter Dr. Lazar etwas ganz Besonderes. Es wurde Medizingeschichte geschrieben. Leider geriet sie in Vergessenheit.«

»Ihre Schwester war ein Teil davon«, sagte Sarah.

»Viki lebte für ihren Beruf. Sie hat sich für nichts anderes interessiert.«

»Das klingt nach einem erfüllten Leben«, sagte Sarah.

»Ihre Liebe zu ihrem Beruf hat sie allerdings naiv und blind gemacht.« Maria Schlögl schnaufte laut. »Sie hat nicht sehen wollen, wohin sich die Abteilung nach Lazars Tod entwickelt hat. Hamburger war ein Nazi.« Sie spuckte das Wort aus.

»Wir haben gelesen, dass viele engagierte Ärzte die Abteilung verlassen haben«, meinte Sarah.

»Dann werden Sie auch herausgefunden haben, dass sie das nicht freiwillig getan haben.« Maria Schlögl nahm einen Schluck von ihrem Kaffee. »Anni Weiss ging nach dem Bürgerkrieg nach Amerika. Sie war Sozialdemokratin. Ihr Verlobter Georg Frankl folgte ihr 1937. Beide waren Juden.«

»Kannten Sie Anni Weiss und Georg Frankl persönlich?«, erkundigte sich Sarah.

»Ja. Beide waren Sozialdemokraten.«

»Haben die beiden mit Dr. Asperger geforscht?«

»Natürlich. Sie haben zusammengearbeitet und ihre Erkenntnisse geteilt. Aber weder Frankl noch Weiss konnten Asperger besonders gut leiden.«

»Warum?«

»Weil er der treue Schüler von Hamburger war, einem Nazi. Der hat Frankl übergangen und Asperger zum Leiter der Abteilung gemacht, obwohl alle wussten, dass Frankl der bessere Kandidat war. Die Besprechungen, die wöchentlich stattfanden, gerieten unter Asperger zur Farce. Das musste sogar Viki zugeben.«

»Denken Sie, dass Dr. Frankl und Dr. Weiss die Forschungsergebnisse mit nach Amerika genommen haben?«

»Ja, natürlich. Warum nicht? Aber soviel ich weiß, haben die beiden Vikis und Aspergers Meinung nicht geteilt. Sie glaubten nicht an die Genialität von Autisten.«

»War Asperger auch ein Nazi?«

Sarah zuckte bei Stefans Frage zusammen.

Maria Schlögl stach ein Stück vom Kuchen mit der Gabel ab und führte es zum Mund. »Hm, gar nicht so schlecht«, sagte sie kauend. »Probieren Sie ihn.«

Die beiden kamen ihrer Aufforderung nach. Der Kuchen war in der Tat saftig und gut, doch Sarah hatte keinen Hunger. Sie fürchtete sich vor dem, was sie vielleicht gleich zu hören bekam. Aber Maria Schlögl schwieg. Hatte sie die Frage wieder vergessen, oder wollte sie dazu nichts sagen?

Stefan hatte als Erster wieder einen leeren Mund. »Hat Ihre Schwester jemals erwähnt, dass Dr. Asperger Kinder zum Spiegelgrund überwiesen hat?«

»Meine Schwester war völlig blind, wenn es um ihren Vorgesetzten ging. Wenn er Dreck am Stecken hatte, so wollte sie das nicht sehen.« Wieder schnaufte Frau Schlögl.

»War sie in ihn verliebt?«, fragte Sarah vorsichtig.

»Mehr als das«, sagte Frau Schlögl. »Sie hat ihn vergöttert, wobei es dafür gewiss keinen Grund gab. Er war kein guter Arzt.«

»Warum sagen Sie das?«, wollte Sarah wissen.

»Ich bin ihm nicht oft begegnet«, gab Frau Schlögl zu. »Nur, wenn ich Viki ab und zu vom Dienst abgeholt habe. Aber ich kann Ihnen versichern, dass Dr. Asperger kein empathischer Arzt war. Als Mutter hätte ich ihn mir niemals für mein Kind gewünscht. Auf mich wirkte er immer kalt und berechnend. Er war zwanghaft auf Ordnung bedacht. Aber Viki wollte das alles nicht hören. Sie hat ihn stets durch eine rosarote Brille betrachtet.«

»Hat er Kinder in die Klinik Am Spiegelgrund geschickt?« Stefan wiederholte seine Frage.

»Ja, natürlich.«

»Wusste er, was dort passierte?«

»Alle wussten, dass es eine Euthanasiestation war. Alle – bis auf meine Schwester. Die hat ganz lange weggeschaut, und als sie davon erfuhr, war es für sie zu spät, zu gehen. Da war sie längst Teil des Systems geworden.«

»Ihre Schwester hat in der Klinik Am Spiegelgrund gearbeitet?« Sarah wagte kaum, die Frage auszusprechen.

»Nein, natürlich nicht!« Frau Schlögl schüttelte entschieden den Kopf. »Aber sie wusste, dass gewisse Kinder dort den sicheren Tod finden würden.«

»Hat sie mit Ihnen darüber gesprochen?«

Frau Schlögls Blick wurde trüb. Sie starrte an die Wand hinter Sarah. »Nein.«

Sarah ahnte, dass es eine Lüge war, doch sie spürte auch, dass Maria Schlögl nicht mehr erzählen würde. Sie wollte das Andenken an ihre Schwester nicht beschmutzen.

Sarah versuchte es anders. »Dr. Asperger hat als Erster erkannt, dass Autismus eine Störung mit einem ganzen Spektrum an Ausprägungen ist und dass viele Autisten über ganz außergewöhnliche Begabungen verfügen. Hat Ihre Schwester mit Ihnen über seine Forschungen gesprochen?«

»Ich habe Ihnen ja schon gesagt, dass die Arbeit Vikis Leben war. Sie hat von nichts anderem geredet.«

»Können Sie mir davon erzählen?«

»Es gab da einen Jungen, Erich hat er geheißen. Er war ein außergewöhnliches Mathematikgenie.«

»Haben Sie den Jungen kennengelernt?«

»Nein.«

Wieder hatte Sarah den Eindruck, dass Frau Schlögl nicht ganz ehrlich war.

»Der Junge konnte Aufgaben lösen, mit denen Studenten

an der Universität Probleme gehabt hätten. Es war Viktorine, die sein Talent erkannt hat. Und Dr. Asperger war der Einzige, der ihr geglaubt hat. Er hat sich um den Jungen gekümmert.« Maria Schlögl machte eine Pause, nahm einen Schluck von ihrem Kaffee und verzog den Mund. »Zu wenig Zucker.« Sie nahm einen weiteren Löffel und rührte ihn in die Flüssigkeit.

»Wir haben Beobachtungsprotokolle über Erich Heizinger gelesen«, sagte Sarah.

»Dann wissen Sie ja, wozu der Junge imstande war.«

»Wir wusste nicht, dass Ihre Schwester sein Talent erkannt hat. Wir dachten, es sei Dr. Asperger gewesen.«

»Viki hat jeden Tag mit dem Jungen gearbeitet. Er ist ihr ans Herz gewachsen. Wir hatten beiden keine eigenen Kinder. Vielleicht kann man fremde Kinder dann viel näher an sich heranlassen.«

»Wissen Sie, ob und wie Erich ums Leben gekommen ist?«

»Nein.«

Wieder eine Lüge, davon war Sarah überzeugt.

»Ich glaube, dass Erich der Ausgangspunkt für Dr. Aspergers Forschungen war. Stimmen Sie mir in diesem Punkt zu?«, fragte Sarah.

»Das war der Junge ganz bestimmt. Sobald Asperger herausgefunden hat, wie groß Erichs Potenzial war, untersuchte er auch die anderen autistischen Psychopathen. Einige verfügten über spezielle Fähigkeiten, ähnlich wie Erich. Aber sie alle hatten natürlich auch große Defizite. Asperger stieß auf massiven Widerstand in der Klinik. Die wenigsten Kollegen wollten sich mit diesen Kindern beschäftigen. Sie galten als asozial und ›bildungsunfähig‹. Ich glaube, dass

Asperger für diese Kinder eine Lanze gebrochen und sich für sie eingesetzt hat. Als er in den Krieg eingezogen wurde, fiel seine schützende Hand weg.«

»Die Kinder landeten am Spiegelgrund?«

»Das weiß ich nicht.« Maria Schlögl widmete sich wieder ihrem Kaffee.

»So schade, dass ich mich nicht mehr mit Ihrer Schwester unterhalten kann«, sagte Sarah. »Sie hätte mir viel erzählen können.«

»Ich habe noch ein paar Aufzeichnungen von Viki. Wollen Sie die lesen?«

»Das würde ich sehr gerne«, sagte Sarah begeistert.

»Einen Moment, ich hole sie.« Maria Schlögl stand auf und ging ins Nebenzimmer.

»Bingo!« Stefan hob den gestreckten Daumen hoch und nahm sich ein weiteres Stück vom Gugelhupf. Schon nach wenigen Augenblicken kehrte Frau Schlögl mit einem in Leder gebundenen Buch zurück. Es sah alt und abgegriffen aus. Sie legte es vor Sarah auf den Tisch.

»Darf ich?«, fragte Sarah.

»Nur zu, lesen Sie ruhig. Es steht nichts darin, wofür sich meine Schwester hätte schämen müssen.«

Aufgeregt schlug Sarah die erste Seite auf. Die Handschrift war ihr bereits vertraut. Es waren dieselben Schnörkel wie in den Beobachtungsprotokollen.

5. März 1932. Wir haben einen neuen Jungen auf der Station. Er heißt Erich und ist uns von der KÜST geschickt worden. Dr. Asperger ist für ihn zuständig. Er hat mich gebeten, ab morgen mit dem Jungen zu arbeiten. Ich weiß noch nicht, womit ich beginnen soll.

Der Junge ist unkonzentriert und flatterhaft. Sobald man sich ihm nähert, verkrampft sich sein Körper. Er schreit und schlägt um sich. Manchmal beißt er. Seine Augen wandern ständig hin und her, ohne einen dabei anzusehen.

6. März 1932. Ich habe Erichs Tisch an die Wand geschoben. Es ist erstaunlich, was diese kleine Veränderung bewirkt hat. Jetzt kann er sich auf das Material, das ich ihm zeige, konzentrieren. Ich glaube, dass Erich viel klüger ist, als alle vermuten. Innerhalb weniger Stunden hat er das gesamte Alphabet erlernt. Dazu brauchen andere Kinder Wochen. Erich kann die Buchstaben zusammenlauten. Ob er einen Sinn darin erkennt, ist mir noch nicht klar.

Sarah konnte ihr Glück kaum fassen und blätterte weiter. Die Aufzeichnungen erfolgten regelmäßig, aber nicht täglich. Sie schlug willkürlich eine weitere Seite auf.

8. September 1935. Erich errechnet Schnittflächen von Ellipsen, die einander überlappen. Er hat ein unglaubliches Zahlengedächtnis. Dr. Asperger stellt ihm täglich neue Aufgaben. Auch er ist von Erichs Talent überwältigt.

Sie blätterte weiter, bis sie bei den Aufzeichnungen des Jahres 1938 gelandet war.

12. September 1938. Wir haben vier neue Kinder in die Abteilung aufgenommen. Drei davon sind autistische

Psychopathen. Dr. Asperger ist davon überzeugt, dass auch sie besondere Begabungen haben. Dr. Jekelius meint, sie wären hochgradig schwachsinnig.

Sie blätterte ein ganzes Stück weiter und las dann folgende Notiz:

2. Dezember 1939. Dr. Jekelius hat die Station verlassen. Ich weine dem herzlosen Mann keine Träne nach. Er ist nun Leiter der Klinik Am Spiegelgrund.

Sarah schlug wahllos eine Seite im hinteren Drittel des Buchs auf.

20. Mai 1940. Die kleine Anna, ein Mädchen mit Mongolismus, wurde gestern zu Dr. Jekelius überstellt. Die Eltern haben mich gebeten, sie zu besuchen, da sie es nicht dürfen. Anna hat sehr geweint, als man sie weggebracht hat. Ich habe keine Ahnung, was am Spiegelgrund besser sein soll als in unserer Abteilung.

3. Juni 1940. Ich wollte mein Versprechen einlösen und die kleine Anna besuchen. Um auf das Gelände zu gelangen, musste ich einen speziellen Passierschein ausfüllen und unterschreiben. Ich musste mich dazu verpflichten, nichts von dem, was ich sehen würde, an die Öffentlichkeit weiterzugeben. Die Vorgehensweise hat mich erstaunt. Was ich in der Klinik gesehen habe, übersteigt jede Fantasie menschlicher Grausamkeiten. Zu Anna hat man mich nicht gelassen. Ich habe Maria davon erzählt. Sie meinte, ich sei naiv, weil ich die

Geschichten nicht geglaubt hatte, die man sich über den Spiegelgrund erzählt. Jetzt bin ich Mitwisserin.

Sarah blickte stumm auf.

»Sie sind ja ganz blass«, sagte Maria Schlögl. »Haben Sie die Seite erwischt, wo Viki vom Spiegelgrund schreibt?«

»Ja.«

»Ich habe Ihnen gesagt, dass meine Schwester gutgläubig war. Sie hat nicht wahrhaben wollen, was alle ahnten. Als sie die Gräuel mit eigenen Augen gesehen hat, war sie so entsetzt, dass sie nächtelang nicht schlafen konnte. Sie hat ihre Wohnung in der Leopoldstadt aufgegeben und ist zu mir gezogen, weil die Bilder sie verfolgten.«

»Hier steht noch nicht, was sie gesehen hat.«

»Sie werden mich verstehen, sobald sie alles gelesen haben.«

Sarah blätterte zur letzten Seite.

Februar 1944. Die Bombenangriffe werden immer heftiger. Jedes Mal, wenn die Fliegersirene ertönt, heißt es, die Kinder schnappen und in den Keller laufen. Die Einsätze sind mittlerweile zur Routine geworden. Wir sind alle über uns selbst erstaunt, wie schnell wir es schaffen, uns mit den Kindern in den finsteren Keller zu hocken. Für unsere Autisten war der Ortswechsel anfangs eine große Herausforderung. Sie haben geschrien, getobt und sich mit Händen und Füßen gewehrt. Mittlerweile wissen alle: Sobald die Sirene ertönt, heißt es laufen.

Sarah schlug das Buch zu. »Haben Sie noch weitere Tagebücher Ihrer Schwester?«

»Nein, das ist das einzige. Viki hat darin zwölf Jahre ihres Lebens festgehalten. Oft schrieb sie wochenlang gar nichts, dann wieder täglich.«

»Die Aufzeichnungen sind ein Schatz für meine Forschungen. Darf ich mir das Buch ausleihen? Selbstverständlich bringe ich es Ihnen wieder zurück.«

Sarah war klar, worum sie die alte Frau bat. Das Tagebuch war vielleicht das Einzige, was ihr von ihrer Schwester geblieben war. Es wäre völlig verständlich, wenn sie es nicht aus der Hand geben wollte.

»Oder darf ich es hier lesen und mir Notizen machen?«, schlug Sarah vor.

»Sie können es sich gerne ausleihen, wenn Sie es verlässlich wiederbringen.«

»Das mache ich. Versprochen.«

Maria Schlögl nickte. »Gut.«

Vorsichtig steckte Sarah das Buch in ihre Tasche. Am liebsten hätte sie gleich damit begonnen, es Seite für Seite zu studieren. Es dauerte eine Weile, bis das Gespräch wieder in Gang kam.

»Wo in England hat Ihre Freundin gewohnt?«, fragte Stefan.

»In London. Sie ist 1938 vor den Nazis geflüchtet.«

»War sie Sozialdemokratin?«, fragte Stefan mit Blick auf die Urkunden in der Vitrine.

»Nein, sie war Jüdin. In der sogenannten Reichskristallnacht hat sie ihre Wohnung und ihren gesamten Besitz verloren. Arisierung.« Maria Schlögl spuckte das Wort aus, als sei es Gift. »Ein habgieriges und skrupelloses Pack war das.

Ich werde den Namen der Vermieter nie vergessen: Witibschlager. Sie haben im selben Haus gewohnt und sich eiskalt an ihrem Eigentum bedient.«

»Ich kann mir das immer noch nicht vorstellen«, sagte Sarah. »Diese Leute, mit denen man zuvor Tür an Tür gewohnt hat, haben einen plötzlich verraten und bestohlen?«

»Der Mensch ist ein Monster«, sagte Maria Schlögl finster.

»Wurden viele Wohnungen arisiert?«, fragte Sarah.

»Wohnungen, Häuser, Villen, Geschäfte, Kaffeehäuser. Insgesamt wurden mehr als zweitausend Gebäude beschlagnahmt«, antwortete Maria Schlögl. »Viertausend Geschäfte wurden geplündert, und sechstausendfünfhundert Juden wurden willkürlich verhaftet. Viertausend von ihnen hat man nach Dachau verschleppt.« Sie schenkte sich selbst und ihren Gästen Kaffee nach. »Leute, die es allein zu nichts gebracht hätten, streckten plötzlich ihre gierigen Finger nach dem Besitz anderer aus. Meist waren es Menschen, von denen man nie vermutet hätte, dass sie zu solchen Verbrechen fähig wären, und nach dem Krieg taten sie so, als hätten die Liegenschaften immer ihnen gehört.«

»Warum hat nach dem Krieg niemand die Verbrechen den Behörden gemeldet? Die wahren Besitzer haben bestimmt noch Anspruch auf ihre Wohnungen. Hat Ihre Freundin in London versucht, ihr Eigentum zurückzubekommen?« Sarah zog die volle Kaffeetasse zu sich. »Es gibt doch Gesetze, die die Restitution regeln.«

»Judith hat mehrere Anträge gestellt, aber die haben niemanden gekümmert. Nach dem Krieg waren alle froh, dass der Wahnsinn ein Ende hatte. Niemand wollte sich mit den Gräueltaten beschäftigen. Man dachte, wenn genug

Gras über die Sache wächst, wird eines Tages alles vergessen sein.«

Sarah erinnerte sich: Etwas Ähnliches hatte auch Johannes gesagt.

»Aber genau das darf niemals passieren«, fuhr Frau Schlögl leidenschaftlich fort. Ihre Stimme ließ erahnen, wie sie sich als junge Frau für ihre Ideale eingesetzt hatte. Ob sie im Widerstand gearbeitet hatte? »Wir müssen eine Kultur der Erinnerung schaffen. Die Verbrechen dürfen niemals vergessen werden.« Maria Schlögl sah von Stefan zu Sarah und wieder zurück. »Es sind die Enkelkinder der Täter, es ist Ihre Generation, die erstmals dazu bereit ist, die Decke aufzuheben und den Dreck herauszuholen, der darunterliegt.«

»Möglicherweise waren bei unseren Eltern die Wunden noch zu frisch«, sagte Stefan nachdenklich.

Maria Schlögl machte eine wegwerfende Handbewegung. »Lauter Feiglinge in diesem Land!« Sie klang jetzt bitter. »Daran hat sich nichts geändert. Aufarbeitung bedeutet Schmerz. Sich den Gespenstern zu stellen, die mit dem Dreck zum Vorschein kommen, ist nicht lustig. Aber es ist der einzige Weg zur Heilung.«

»Was würden Sie sich wünschen?«, fragte Sarah.

»Dass endlich ehrlich über die Vergangenheit geredet wird«, sagte Frau Schlögl. »Ein Anfang wäre die Entfernung von Dollfuß' Bild aus dem Parlament. Der Mann hat den Befehl gegeben, auf seine eigenen Landsleute zu schießen. Viele junge Menschen wissen gar nicht, dass es einen Bürgerkrieg in diesem Land gegeben hat.«

»Dollfuß hängt im Parlament?«, fragte Stefan.

»Ja, es ist eine Schande.« Der Schmerz in ihrer Stimme

war jetzt so deutlich zu vernehmen, dass Sarah sich fragte, ob Frau Schlögl jemals über den Tod ihres Ehemanns hinweggekommen war.

»Der Mann hat dort wirklich nichts verloren«, stimmte Stefan ihr zu. »Jedes Kind sollte in der Schule lernen, was in der sogenannten Reichskristallnacht passiert ist. Zweitausend Gebäude allein in Wien – das ist unglaublich.«

Vor Sarahs innerem Auge tauchte das Bild ihrer Vermieterin auf. Entsetzt über ihren eigenen Gedanken, schob sie es sofort wieder weg. Die alte Frau wollte sich nicht mit der Vergangenheit auseinandersetzen. Das war ihr gutes Recht. Die Villa hatte sie mit Sicherheit von irgendeinem Verwandten geerbt. Anders war das gar nicht möglich.

Frau Schlögl schnitt weiteren Kuchen auf und wollte ihn auf die Teller verteilen. »Sie haben Ihren Gugelhupf ja noch gar nicht aufgegessen«, sagte sie zu Sarah.

Doch ihr war der Appetit vergangen. Stefan hingegen nahm dankbar das dritte Stück, sehr zur Freude der Gastgeberin.

Zum ersten Mal an diesem Nachmittag lächelte sie. Sarah konnte erkennen, dass sie einmal eine schöne Frau gewesen war, genau wie ihre Schwester.

Danach führten sie Small Talk, redeten über Klischees, die man in Österreich nach dem Krieg erfolgreich aufgebaut hatte. Über den Walzer, die Lipizzaner, das Habsburgerhaus und Schönbrunn.

»Jenseits aller Klischees ist das Essen in Wien aber wirklich sehr gut«, sagte Sarah. Jetzt aß auch sie vom Gugelhupf. Er war luftig und süß. Genau wie der Kuss, den sie Stefan geben würde, sobald sie die Wohnung wieder verlassen hatten.

FÜRSORGEANSTALT AM SPIEGELGRUND,
WIEN 1940

VIKTORINE

Viktorine holt den Passierschein aus ihrer Handtasche und zeigt ihn dem Pförtner. Der untersetzte Mann mit dem kleinen Hitlerbärtchen und dem fettigen Haar starrt sie finster an. »Die Kinder kriegen keinen Besuch.«

»Dies ist eine Ausnahme«, entgegnet Viktorine. »Das Mädchen war monatelang bei uns auf der Station. Niemand kennt sich mit ihrer Pflege besser aus als ich.« Sie verschweigt, dass sie Annas Eltern versprochen hat, nach dem Mädchen zu schauen und ihr den kleinen Teddybären zu bringen, den sie im AKH vergessen hat.

Ihre Worte scheinen den Pförtner nicht zu überzeugen. Viktorine hält ihm den Passierschein direkt unter die Nase. »Sehen Sie doch, hier ist der Stempel des Krankenhausleiters. Ich habe eine Genehmigung für den Besuch.«

Tatsächlich ist es ihr gelungen, Dr. Hamburger zu überreden. Sie hat ihn in einem Moment der Unachtsamkeit erwischt. Möglich, dass er gar nicht mitbekommen hat, was er da unterschrieben hat. Vermutlich hat er sie einfach rasch wieder loswerden wollen.

Der Pförtner runzelt die Stirn, scheint hin- und hergerissen zu sein. Schließlich ringt er sich ein »Na meinetwegen, dann gehen Sie« ab und winkt sie durch.

Rasch läuft sie an ihm vorbei, bevor er es sich wieder anders überlegt. Anna ist im Pavillon 15 untergebracht. Viktorine versucht, sich einen Überblick zu verschaffen.

Auf der gegenüberliegenden Seite des kleinen Parks entdeckt sie eine Tafel. Dort muss sie hin. Rasch überquert sie den Kiesweg, läuft an einem Gebäude entlang und stößt beinahe mit einem abgestellten Leiterwagen zusammen.

Im ersten Moment denkt sie, dass es sich um Küchenabfälle handelt, die achtlos darauf abgelegt wurden. Doch dann erkennt sie, was es wirklich ist. Sie schreit auf, kommt sich vor wie in einem Horrorfilm. Vor dem Krieg hat sie mit Maria ein paar im Lichtspieltheater angesehen, *Das Cabinet des Dr. Caligari* zum Beispiel. Aber das hier ist Wirklichkeit. Im Wagen liegen Kinderleichen. Magere, kleine Körper. Verrenkte Glieder, entstellte, schmerzverzerrte Gesichter. Leblose Augen, die sie anklagend anstarren.

Viktorine kann gar nicht aufhören zu schreien.

Eine Krankenschwester stürmt aus dem Nebengebäude auf sie zu. »Was ist los? Was machen Sie hier?«

Viktorine starrt sie bloß an und zeigt benommen auf den Wagen.

»Hören Sie auf zu schreien. Kommen Sie mit.« Die Frau, sie mag um die vierzig sein, trägt eine makellos saubere Schwesternuniform. Sie zieht Viktorine unsanft mit sich.

Kurz darauf sitzt sie in einem kahlen Untersuchungsraum einem Arzt gegenüber, der sich als Dr. Gross vorstellt.

Erneut muss sie eine Verschwiegenheitserklärung ausfüllen. Viktorines Hände zittern, und ihr Name ist kaum lesbar, so verwackelt sind die Buchstaben.

Es kommt ihr so unwirklich vor. Hoffentlich wacht sie gleich wieder auf und bemerkt, dass alles bloß ein Albtraum ist. Sie legt den Stift zurück auf den Tisch. Ihr Herz rast in einem Tempo, als wollte es aus der Brust springen.

Die Tür geht auf, und ein weiterer Mann tritt ein. Es ist Dr. Jekelius. Viktorines Kehle schnürt sich zusammen.

Die Augen des Arztes funkeln garstig hinter der kleinen Metallbrille. »Sieh einer an. Schwester Viktorine. Was für eine Überraschung.«

War das der Tag, auf den er gewartet hat? Wird er sich jetzt an ihr rächen?

Er verschränkt die Arme vor der Brust und lehnt sich gegen den Tisch, vor dem sie sitzt. »Es trifft sich ausgezeichnet, dass Sie hier sind. Wir suchen Personal und brauchen dringend eine neue Krankenschwester.«

Ihr Kopf schnellt nach oben. »Ich arbeite im AKH.«

»Nicht mehr lange.« Er lächelt sadistisch.

»Ich will nicht versetzt werden.«

»Das werden nicht Sie entscheiden. Wenn wir der Meinung sind, dass Sie hier von mehr Nutzen sind als im AKH, dann werden Sie noch nächste Woche Ihren Dienst bei mir antreten. Sie haben Dinge gesehen, die Sie nicht ausplaudern dürfen. Es gibt keinen besseren Schutz gegen böses Gerede als Menschen, die mit uns an einem Strang ziehen.«

»Ich werde niemals …«

Weiter kommt sie nicht, denn er schneidet ihr das Wort ab. »Halten Sie Ihren Mund. Sie werden tun, was von Ihnen verlangt wird. Andernfalls wird man zu drastischeren Methoden greifen, um Sie mundtot zu machen.«

Viktorines Hände und Knie zittern, ihre Zähne schlagen gegeneinander. Sie formt ihre Hände zu Fäusten und drückt sie so fest gegen die Knie, bis es schmerzt. Die Beine werden ruhig.

»Sie werden sehen, in ein paar Wochen werden Sie von unseren Behandlungsmethoden überzeugt sein, und die Arbeit wird Ihnen Freude bereiten. Sie ist sehr erfüllend. Wir tragen dazu bei, dass der Volkskörper gesundet und von Schwachstellen gesäubert wird.«

Er grinst dümmlich, aber Viktorine weiß, dass er nicht dumm ist. Ganz im Gegenteil. Jekelius ist berechnend und nachtragend. Seine Rache ist es, sie zur Täterin werden zu lassen. Deshalb hat sie den Passierschein erhalten. Es war kein Versehen. Jekelius hat Hamburger ausdrücklich darum gebeten. Was für ein perfides Spiel. Mit einem Mal kommt Viktorine sich unglaublich einfältig vor.

»Sobald Sie hier sind, wird Dr. Gross Ihnen eine Einführung in unsere Behandlungsmethoden geben.«

Der junge Arzt nickt seinem Vorgesetzten zu. Er wirkt desinteressiert, als wäre er mit seinen Gedanken ganz woanders. Vielleicht schon bei den nächsten Kindern, denen er Giftspritzen verabreichen kann.

»Es ist gut, dass Sie nun hier sind«, meint Dr. Jekelius. »Über kurz oder lang werden alle Kinder von Dr. Aspergers Abteilung bei uns landen. Sie haben Vertrauen zu Ihnen. Das erleichtert vieles.« Wieder grinst er.

Viktorine ist so schlecht, dass sie sich auf der Stelle übergeben könnte. Sie atmet tief ein, um den Brechreiz zurückzuhalten.

Im Nachhinein kann sie nicht mehr sagen, wie sie vom Spiegelgrund zum Goethehof gekommen ist. Erst als sie bei Maria an die Tür klopft, ist ihr klar, dass sie eben durch die halbe Stadt gelaufen sein muss.

Ihre Schwester öffnet ihr.

»Viki, um Himmels willen, was ist passiert? Du schaust aus, als wärst du eben dem Tod begegnet.«

»Das bin ich auch!« Sie kann die Tränen nicht mehr zurückhalten, stürzt sich in Marias Arme und weint hemmungslos.

»Komm rein!« Maria zieht sie in die Wohnung und schließt die Tür rasch hinter ihr. Zu viele neugierige Blicke lauern in den anderen Wohnungen.

In der Küche drückt sie Viktorine auf einen der Stühle. Sie macht Wasser heiß und gießt Melissentee auf. Viktorine kaut nervös auf ihrer Unterlippe, bis sie blutet. Daran kann auch der nervenberuhigende Tee nichts ändern.

»Ich habe das Grauen gesehen«, sagt sie leise.

Maria setzt sich und streichelt ihr sanft über den Rücken, während Viktorine ihr erzählt, was sie erlebt hat.

»Ich glaube, einer der Körper war der von der kleinen Anna.« Viktorine weint. »Ich habe ihren Teddybären immer noch in der Handtasche. Was soll ich den Eltern sagen? Sie haben mich gebeten, ihre Tochter für sie zu küssen. Jetzt ist sie tot. Man hat sie umgebracht. Das Mädchen war behindert, aber völlig gesund, als sie die Heilpädagogische Abteilung verlassen hat.«

Maria schweigt.

»Ich kann am Spiegelgrund nicht arbeiten«, sagt Viktorine.

»Das wirst du auch nicht. Man kann dich nicht zwingen.«

»Wenn ich mich weigere, dann sperren sie mich ein. Und was geschieht mit Erich? Er wird auch dort landen. Muss ich ihm dann eine Giftspritze verabreichen?«

»Glaubst du, dass sie das tun? Die Kinder vergiften?«

Viktorine zuckt mit den Schultern. »Diese Kinderkörper waren das Schlimmste, was ich jemals gesehen habe. Wie Tierkadaver haben sie sie einfach auf einen Leiterwagen geworfen. Kreuz und quer lagen die Körper, übereinander und ineinander verkeilt. Niemals hätte ich gedacht, dass Menschen zu so etwas fähig sind.«

»Was, denkst du, spritzen sie den Kindern?«

»Ich habe keine Ahnung«, gibt Viktorine zu. »Vielleicht Barbiturate, das macht die Kinder schläfrig, sie essen nichts mehr, und irgendwann sind sie so schwach, dass sie an Erschöpfung sterben. Die kleinen Körper waren bis auf die Knochen abgemagert.«

»Das sind keine Menschen«, sagt Maria. »Du musst dich gegen die Versetzung wehren.«

»Wie?«

»Es wird uns etwas einfallen.« Maria ergreift Viktorines Hand. »Lass uns gemeinsam nachdenken. Wir haben Judith nach London geschickt. Wir werden dir Jekelius als Vorgesetzten vom Leib halten.«

Marias Worte geben Viktorine neue Hoffnung. Wie eine kleine, schwache Flamme wärmt das Gefühl ihre Gedanken. Den Rest erledigt der heiße Tee, der vor ihr auf dem Tisch steht.

Selten war Viktorine so nervös bei einer wöchentlichen Vormittagsbesprechung wie heute. Immer wieder wandert ihr Daumennagel in ihren Mund. Sie ermahnt sich dazu, die Hand wieder in den Schoß zu legen. Der Nagel ist schon fast abgekaut. Nun muss die verkrustete Unterlippe herhalten.

»Schwester Viktorine ist eine meiner besten Mitarbeiterinnen«, sagt Dr. Asperger. An jedem anderen Tag hätte sie sich über das Lob gefreut. Heute kann sie es kaum wahrnehmen. Zu viel steht auf dem Spiel. »Niemand versteht die autistischen Psychopathen besser als sie.«

Dr. Asperger sitzt Dr. Hamburger gegenüber. Der Klinikleiter hat während der wöchentlichen Besprechung bekannt gegeben, dass Viktorine zur Anstalt Am Spiegelgrund wechseln wird. Seither ertönt ein leises Pfeifen in Viktorines rechtem Ohr. Es ist nicht sonderlich laut, aber es ist ständig da und irritiert.

»Es gibt auch andere Krankenschwestern, die sich mit der Diagnose auskennen.« Für Dr. Hamburger ist das Thema längst beendet. Er will zum nächsten Punkt der Tagesordnung übergehen.

»Nein!« Dr. Aspergers Antwort ist ruhig, aber bestimmt.

»Wie bitte?« Dr. Hamburger blinzelt irritiert. Er ist es nicht gewöhnt, dass man ihm widerspricht. Auch die anderen Ärzte und Krankenschwestern heben überrascht die Köpfe.

»Ich kann auf ihre Mitarbeit nicht verzichten.« Zur Erklärung reicht Dr. Asperger seinem Vorgesetzten einen dicken Packen Unterlagen.

Es hat die beiden Schwestern drei durchwachte Nächte gekostet, Viktorines Beobachtungsprotokolle in eine lesbare Form zu bringen. In der Klinik hat sie ihre sauberen Abschriften den Berichten von Dr. Asperger zugeordnet. Anschließend hat sie alle Übereinstimmungen im Verhalten der Kinder herausgesucht, in Gruppen zusammengefasst und in Tabellen übertragen. Als Viktorine diese Unterlagen heute Morgen Dr. Asperger überreicht hat, war dieser zuerst sprachlos und dann so begeistert, dass sie kurz gedacht hat, er würde sie in den Arm nehmen und ihr einen Kuss auf die Wange drücken. Stattdessen hat er sie dankbar angestrahlt, was für ihn eine geradezu überschwängliche Gefühlsregung ist. Es hat sich für Viktorine fast wie ein Kuss angefühlt. »Sie haben mir einen großen Dienst erwiesen«, hat er gesagt. »Sie wissen nicht, wie lange ich meine Beobachtungen schon in einer Tabelle zusammenfassen will. Aber mir fehlt ständig die Zeit.«

Viktorine hat bloß genickt. Sie wusste ganz genau, wie sehr er sich diese Tabelle gewünscht hat. Wiederholt hat er davon gesprochen und ihr die Kategorien genannt, die die Tabelle enthalten soll: Situationen, in denen die Kinder Augenkontakt halten, in denen sie schreiend durch den Raum laufen, sich selbst verletzen oder in stereotype Bewegungen verfallen. Viktorine hat sie um einen weiteren Faktor ergänzt: Entspannung. Hier hat sie alle Situationen eingetragen, in denen die beobachteten Kinder den Eindruck vermittelten, ruhig und ausgeglichen zu sein. In Erichs Fall sind es nicht die, in denen er rechnet, sondern die, in denen er die Katze streichelt. Beim Rechnen hat Viktorine immer den Eindruck, er würde sich damit selbst Halt geben und regulieren. So, wie sie es gerade mit dem Kauen auf ihren Lippen tut.

»Was soll ich damit anfangen?«, fragt Dr. Hamburger gereizt. Er überfliegt die Listen und holt mit seiner drohenden Stimme Viktorine zurück in den Besprechungsraum.

»Schwester Viktorine hat die Liste zusammengestellt. Es

ist erst der Anfang, und diese Liste wird mir beim Verfassen eines wissenschaftlichen Artikels helfen.«

»Das ist erfreulich, ändert aber nichts an der Tatsache, dass Schwester Viktorine uns verlassen wird.«

»Sie ist die Einzige, die genau weiß, was in die Tabellen einzutragen ist. Niemand kennt die autistischen Patienten besser als sie. Auf ihren großen Erfahrungsschatz kann ich nicht verzichten.«

Auf diese Worte hat Viktorine gehofft. Marias Plan scheint aufzugehen. Wir müssen allen zeigen, dass sie auf dich nicht verzichten können, hat sie gesagt.

»Was wollen Sie mir mit diesen Tabellen sagen, Dr. Asperger?« Dr. Hamburger klingt ungehalten. »Sagen Sie klipp und klar, worum es hier geht.«

»Der Artikel wird die Basis für meine Habilitationsschrift über autistische Psychopathen sein. Wir werden beweisen, dass es sich um eine Störung handelt, die in verschiedenen Ausprägungen auftritt. Viele der Patienten verfügen über große kognitive Fähigkeiten. Unsere Klinik wird die Medizingeschichte neu schreiben.«

»Medizingeschichte?« Das Wort wirkt wie ein Zaubermittel. Mit einem Mal ist Hamburgers Interesse geweckt. Er schaut die Unterlagen noch einmal durch. Sein Gesicht verrät, dass er davon ebenso beeindruckt ist, wie Dr. Asperger es heute Morgen war.

»Und Sie sind der Meinung, dass Schwester Viktorine die Einzige ist, die Ihnen bei den Untersuchungen helfen kann?«

»Sie hat jahrelange Erfahrung und interpretiert das Verhalten der Kinder richtig. Alle anderen Mitarbeiterinnen müssten lange eingeschult werden. Damit verlieren wir Zeit.«

»Wann können Sie beginnen, den Artikel zu schreiben?«

»Das ist schwer vorherzusagen«, meint Dr. Asperger. »Es hängt davon ab, wie kooperativ die Kinder sich zeigen.«

Dr. Hamburger schaut auf seine Armbanduhr. Wie immer ist er unter Zeitdruck.

»Nun gut. Sie haben mich überzeugt.« Er gibt die Unterlagen an Dr. Asperger zurück. »Ich will, dass Sie diesen Artikel schreiben. Solange Sie daran arbeiten, bleibt Schwester Viktorine bei uns. Ich werde Dr. Jekelius Bescheid geben. Er soll sich nach einer anderen Mitarbeiterin umsehen.« Dr. Hamburger richtet seinen Blick auf Viktorine. Die zusammengekniffenen Augen scheinen sie zu durchschauen. »Ich nehme mal an, dass das in Ihrem Interesse ist.«

»Ja.« Ihre Antwort ist nicht mehr als ein leises Piepsen, so nervös ist sie.

Erst als alle den Besprechungsraum verlassen haben und sie allein mit dem Geschirr zurückbleibt, fällt die Anspannung von ihr ab. Tränen der Erleichterung laufen über ihre Wangen. Den Freudentanz hebt sie sich für später im Goethehof auf.

WIEN 1986

SARAH

Sarah wickelte die weiche Strickjacke enger um ihre Schultern und zog sich ein weiteres Paar Wollsocken an. Es war eisig kalt in ihrem Zimmer. Obwohl sie den Heizkörper auf die höchste Stufe gedreht hatte, gab das alte Ding nur rumpelnde Geräusche von sich. Der Kasten wurde nicht einmal lauwarm. Sie konnte trotzdem noch nicht ins Bett gehen, um sich mit einer Wärmflasche unter der Daunendecke zu verkriechen.

Viktorine Zaks Aufzeichnungen fesselten sie, und sie bestätigten, was sie bereits vermutet hatte. Erich Heizinger war eines der Kinder, mit denen Dr. Asperger seine These belegte: Menschen mit der Diagnose Autismus waren zu außergewöhnlichen kognitiven Leistungen fähig. Viktorines Beziehung zu dem Jungen schien besonders eng gewesen zu sein. Sein Name tauchte in vielen ihrer Einträge auf. Sie berichtete von seinen Lernfortschritten ebenso wie von seinen Rückfällen. Wenn er schreiend in einer Ecke hockte, suchte sie nach den Gründen und gab sich selbst die Schuld für sein Verhalten. Sie wollte Erich verstehen und war davon überzeugt, dass er nicht aus Boshaftigkeit schrie oder zuschlug.

20. Juni 1937. Erich hat den ganzen Vormittag Mathematikaufgaben gelöst, die Dr. Asperger ihm gestellt hat. Als er sie sehen wollte, hatte Erich einen von seinen Wutanfällen. Er sprang auf, warf den Stuhl um, verkroch sich in eine Ecke, legte beide Hände an die Ohren und schrie mit geschlossenen Augen. Zum Glück war Dr. Jekelius nicht da. Er hätte den Jungen wieder mit Spritzen ruhiggestellt. Dabei geht es doch nicht darum, ihn mit Medikamenten vollzustopfen. Wir sollten versuchen, ihn zu verstehen. Immer noch ist mir nicht klar, was die Auslöser für sein Verhalten sind. Ich wünschte, Erich könnte es mir sagen. Er redet häufig mit mir. Aber wenn es um seine Wutausbrüche geht, bleibt er stumm. So, als könnte er sie selbst nicht verstehen. Oder geniert er sich dafür? Erich ist klug. Er weiß, dass das, was er tut, nicht richtig ist.

Sarah legte das Tagebuch zur Seite. Sie schloss die Augen und sah den kleinen, rothaarigen Jungen vor sich. Diesmal saß er nicht auf der Schaukel, sondern lag auf dem Fußboden eines einfach eingerichteten Wohnzimmers. Er hatte sich exakt an die Kante des Teppichs gelegt und schob ein rotes Auto auf dem abgetretenen Parkettboden hin und her. Ein Mädchen mit einem Walkman betrat den Raum. Sie hörte ein altes Lied von den Beatles, sang fröhlich mit und drehte sich dabei im Kreis. Sie hatte einen Lolli im Mund, ein Geschenk ihrer Freundin Mary. Es war ihr Lieblingsgeschmack: Vanille und Erdbeere. Für einen kurzen Moment war das Leben des Mädchens perfekt, und sie fühlte sich rundherum zufrieden. Am Abend würde ihre Lieblingssendung im Fernsehen kommen, die sie bei Mary zu Hause sehen durfte. Sie würde ihre Freundin besuchen und lange aufbleiben. Doch ihr Glück wurde jäh unterbrochen. Der Junge sprang auf, rannte auf sie zu, riss ihr den Lolli aus dem Mund, stieß sie zur Seite. Der Walkman landete krachend auf dem Boden. Dann kehrte der Junge zurück zu seinem Auto, legte sich wieder auf den Boden, steckte den Lolli in den Mund und tat so, als wäre nichts passiert. Das Mädchen hob weinend den Walkman auf. Er war kaputt. Sie würde kein neues Gerät bekommen, denn dafür gab es kein Geld. Es nützte auch nichts, sich bei ihrer Mutter zu beschweren, denn die würde ihr bloß Vorwürfe machen, denn schließlich war es ihre eigene Schuld gewesen. Das Mädchen hatte sich nicht an die Regeln gehalten, und davon gab es viele. Sie durfte sich nicht schnell und laut durch die Wohnung bewegen. Sie durfte nicht singen, sie durfte keine Lollis lutschen, sie durfte keine grellen Farben tragen und keine Sonnenbrillen aufsetzen.

Sarah fror. Sie sah sich selbst als Mädchen vor sich. Der Junge auf dem Boden war ihr Bruder Harry. Er war Autist.

»Wollen Sie heute Abend Palatschinken oder gefüllte Paprika essen?« Fräulein Weichsel trocknete die Frühstückstassen ab. In ihrer Küche gab es keinen Geschirrspüler.

»Beides klingt köstlich«, sagte Sarah. »Allerdings werde ich am Abend nicht da sein. Ich bin mit einem Kollegen verabredet.«

Fräulein Weichsel hob fragend die Augenbrauen. »Der hübsche junge Mann mit der Lederjacke, der Sie neulich nach Hause gebracht hat?«

Sarah verkniff sich ein Schmunzeln. Wenn ihre Mutter wüsste, wie genau das alte Fräulein sie beobachtete, würde sie zweifellos beruhigter schlafen.

»Der kann gerne mitessen.«

»Wirklich?« Mit diesem Vorschlag hatte Sarah nicht gerechnet.

»Seit Sie hier wohnen, ist mir bewusst, wie einsam ich davor war. Gemeinsam essen macht viel mehr Freude.«

»Bin ich eigentlich Ihre erste Mieterin?«

»Ja, aber ich hätte mich schon viel früher dafür entscheiden sollen. Ich habe immer allein hier gewohnt.«

»Ist es das Haus Ihrer Eltern?«

»Nein.«

»Und wie lange wohnen Sie schon hier?«

»Seit 1938.«

Sarah schluckte. Das war das Jahr der sogenannten Reichskristallnacht, und sie musste an den Nachmittag bei Maria Schlögl denken.

»Was, meinen Sie, schmeckt Ihrem Kollegen besser?«, wollte Fräulein Weichsel wissen. »Süß oder pikant?«

»Wie bitte?«

»Gefüllte Paprika oder Palatschinken?«

»Ich weiß es nicht.«

»Dann mache ich die Paprika, ich habe nämlich noch ein bisserl Faschiertes. Zur Nachspeise gibt es dann hauchdünne Marillenpalatschinken. Die schmecken jedem.«

Sarah wollte den bösen Verdacht wieder aus ihrem Kopf bekommen. Es gab keinerlei Beweise für die Unterstellung, doch leider passte alles zusammen. Die alte Frau wollte nicht über Österreichs braune Vergangenheit sprechen. Sie selbst und ihre Eltern hätten sich niemals ein Haus in dieser Größe und Lage leisten können. Das Fräulein war nie verheiratet gewesen. Warum war sie ausgerechnet im Jahr 1938 hier eingezogen?

Sarah hatte keine Lust mehr auf ein gemeinsames Abendessen. Aber Fräulein Weichsel schien in Gedanken bereits durchzugehen, was sie an Lebensmitteln zu Hause hatte und welche Zutaten sie noch einkaufen musste.

»Sieben Uhr, wie immer!«, sagte sie fröhlich.

Eine Stunde später saß Sarah in der Institutsbibliothek. Vor ihr lagen drei Texte. Einer stammte von Anni Weiss, einer von Leo Kanner und einer von Hans Asperger. Obwohl sie zu unterschiedlichen Zeiten und an verschiedenen Orten veröffentlicht worden waren, wiesen sie entscheidende Parallelen auf.

Anni Weiss schilderte in ihrem Artikel von 1935 einen offenbar autistischen Jungen und betonte, dass »er eine besondere Begabung besitzt, und zwar in einem Umfang, der die Fähigkeiten eines durchschnittlichen Menschen übersteigt«. Sie beschrieb nicht nur typisch autistische Verhaltensweisen, sondern auch mögliche Therapieformen.

Leo Kanner stellte in seinem Artikel »Autistic Disturbances of Affective Contact« von 1943 elf autistische Kinder vor und beschrieb ihre Verhaltensweisen: soziale Zurückgezogenheit, eingeschränkte emotionale Beziehungen, repetitive Sprach- und Verhaltensmuster, sprachliche Einschränkungen, Fixierung auf Objekte und Vorlieben für Routineabläufe.

Die Liste war fast deckungsgleich mit der von Asperger. Dieser hatte seine wichtigsten Forschungsergebnisse allerdings schon 1938 in seinem Vortrag formuliert und in der *Wiener klinischen Wochenschrift* veröffentlicht. War das der Beweis dafür, dass Dr. Asperger die Diagnose als Erster gestellt hatte?

Sarah blätterte den gesammelten Jahrgang der Zeitschrift durch, den Johannes ihr neulich gebracht hatte. Endlich kam sie dazu, sich die anderen Texte anzusehen. In mehreren Beiträgen wurde eine aggressive Rassenpolitik propagiert, und man befürwortete die »Beseitigung von Juden«. Ein anderer Arzt sprach sich für die Zwangssterilisation von unerwünschten Personen aus. Es war eher unwahrscheinlich, dass Leo Kanner während des Krieges Zugriff auf diese Zeitschrift gehabt hatte.

Also mussten Anni Weiss und Georg Frankl Aspergers Forschungsergebnisse und womöglich auch Abschriften von Beobachtungsprotokollen mit über den Atlantik gebracht haben. Warum hatte Asperger niemals Einspruch erhoben? Er hätte beweisen können, dass Leo Kanner, der als Entdecker der Diagnose Autismus galt, sich auf seine Forschungsergebnisse gestützt hatte. Ob er befürchtet hatte, man könnte herausfinden, in welchen Zeitschriften er publiziert hatte? Oder hatte er gar ein schlechtes Gewissen wegen seiner Rolle während des Naziregimes? Die These, die er selbst nach dem Krieg propagiert hatte, er habe die ihm anvertrauten Kinder retten wollen, verlor immer mehr an Plausibilität.

Sarah hatte alle Artikel von Dr. Asperger gelesen, die sie hatte auftreiben können. Dabei waren ihr zwei Dinge aufgefallen.

Zum einen hatte sich seine Sprache im Lauf der Jahre verändert. Er hatte sich dem Tonfall der Nationalsozialisten angepasst. Zum anderen hatte er seine Definition von Autismus geändert. Hatte er vor der Annexion Österreichs noch davor gewarnt, bei verhaltensauffälligen Kindern kategorische Diagnosen zu stellen, so sah er das 1938 in einem anderen Licht. Seine ergebnisoffene Analyse war nicht länger erwünscht, da sie mit den nationalsozialistischen Vorgaben nicht vereinbar war. Kinder hatten sich an das System anzupassen. Man wollte klare Aussagen, eindeutige Prognosen. Die Diagnose »autistischer Psychopath« konnte das Todesurteil bedeuten. Erich hatte diesen Stempel von Dr. Asperger aufgedrückt bekommen.

Sarah versuchte, sich in den Mann hineinzuversetzen. Er hatte im Dritten Reich Karriere gemacht und sich mit dem System arrangiert. Dr. Hamburger und alle anderen Verantwortlichen vertrauten ihm. Er hatte einen leitenden Posten inne, ohne Mitglied der NSDAP zu sein. 1940 wurde er zusätzlich zum medizinischen Experten beim Wiener Hauptgesundheitsamt. Das war die zentrale Behörde, die den Wert eines Menschen für das System beurteilte. Hatte er diese Position genutzt, um besonders viele Kinder zu retten, oder hatte er sie in den sicheren Tod geschickt, wie die kleine Herta?

Er war strenger Katholik. Eigentlich ein Grund, keine Führungsrolle im Nationalsozialismus zu bekommen. Aber er war auch ein Mann, der sich an Regeln hielt. Viktorine Zak hatte mehrmals sein fast zwanghaftes Regelverständnis erwähnt.

Sarah nahm das Tagebuch aus ihrer Tasche, in die sie als Lesezeichen mehrere bunte Zettel gelegt hatte, um die Stellen wiederzufinden, die ihr besonders interessant erschienen. Sie schlug eine davon auf.

20. April 1938. Wir mussten alle für den Anschluss Österreichs an Deutschland abstimmen. Einigen fiel es sehr schwer. Ich hatte Tränen in den Augen, weil ich mich so schlecht gefühlt habe. Für Dr. Asperger scheint es eine Selbstverständlichkeit gewesen zu sein. Nachdem Kardinal Innitzer sich in einem öffentlichen Brief für den Anschluss Österreichs an Deutschland geäußert und mit den Worten »Heil Hitler« unterschrieben hatte, war für Dr. Asperger klar, dass es seine Pflicht als Katholik war, auch dafür zu stimmen. Ich schätze Dr. Asperger. Er ist ein großartiger Mediziner und ein wunderbarer Mann, für den ich viel mehr empfinde, als gesund für mich ist. Aber sein Festhalten an Regeln und Gesetzen ist mir manchmal unheimlich. So, als wäre seine Moral allein von äußeren Regeln bestimmt. Er hinterfragt sie nicht. In diesem Punkt erinnert er mich an Erich. Hat der Junge eine Regel internalisiert, ist es ihm unmöglich, davon abzuweichen. Es sind oft unsinnige Regeln, die mir nicht einleuchten. So müssen seine Schuhe exakt nebeneinander auf einer dunklen Fliese neben seinem Bett stehen. Stößt jemand in der Nacht dagegen und verrutschen sie, ist das ein Drama. Erich bekommt einen seiner Wutanfälle und ist nicht zu beruhigen. Es hat Monate gedauert, bis ich den Grund dafür erkannt habe. Jetzt sorge ich dafür, dass die Schuhe nicht verstellt werden, und Erich schreit nicht mehr.

Je mehr Sarah las, umso deutlicher wurde, wie sehr Viktorine Zak den Jungen gemocht hatte. Maria Schlögl hatte gemeint, dass ihre Schwester für ihn eine Art Mutterrolle übernommen habe. Doch ab 1943 erwähnte sie ihn nicht mehr. Das war das Jahr, in dem er an den Spiegelgrund überwiesen worden war, aber nicht einmal dieses einschneidende Ereignis erwähnte Viktorine.

Sarah blätterte das ganze Tagebuch noch einmal sorgfältig langsam durch. Zwischen März 1943 und dem letzten Eintrag von 1944 klaffte eine große zeitliche Lücke, und als Sarah genau hinsah, stellte sie fest, dass hier ein paar Seiten fehlten. Hatte ihre Schwester sie aus irgendeinem Grund entfernt? Doch weshalb? Gerade diese Zeit wäre für Sarah so interessant gewesen.

Sie schlug eine weitere rot markierte Seite auf.

17. September 1937. Judith hat Dr. Asperger heute gefragt, wo denn das Haar in der Suppe sei. Er hat völlig irritiert reagiert und gefragt, warum sie jetzt eine Suppe erwähne. Niemand esse doch gerade eine. Frankl und die anderen haben sehr gelacht, worauf er rot angelaufen ist und den Boden angestarrt hat, so, wie er es bei jeder Besprechung macht. Schade, ich mag es, wenn ich sein Gesicht sehen kann.

Hastig blätterte Sarah weiter.

5. Oktober 1937. Ich habe heute einen Stift von Dr. Aspergers Schreibtisch genommen. Er ordnet seine Stifte nach Farbe und Größe. Sie liegen in einem exakten

Abstand zu seinen Unterlagen auf seinem Schreibtisch. Ich mag seine Liebe zur Ordnung.

8. Oktober 1937. Judith hatte Geburtstag. Sie hat einen Kuchen für uns gebacken und mitgebracht. Er war köstlich. Alle haben ihn gegessen. Nur Dr. Asperger hat ihn nicht angerührt. Ich habe ihn noch nie etwas anderes essen gesehen als trockene Biskotten. Er scheint sich ausschließlich von schwarzem Kaffee und Biskotten zu ernähren. Ob er deshalb so schlank ist?

Sarah schlug das Tagebuch zu. Konnte es sein, dass Dr. Asperger selbst ein Mensch mit einer autistischen Störung war? Vieles von dem, was Viktorine Zak beschrieb, deutete darauf hin. Es würde auch erklären, warum er keine Probleme damit hatte, Diagnosen zu stellen, die eine Überweisung zum Spiegelgrund bedeuteten. Regeln waren dazu da, um eingehalten zu werden. Womöglich auch dann, wenn sie unmenschlich waren.

Sarah erinnerte sich an einen verregneten, stürmischen Nachmittag. Sie war zehn Jahre alt gewesen und hatte am Morgen ihren Schlüssel zu Hause vergessen. Harry war allein zu Hause gewesen und hatte die Anweisung bekommen, niemanden hereinzulassen. Sarah hatte geklopft und geklingelt. Harry hatte gesehen, dass sie draußen stand. Sie hatte ihm heulend erklärt, dass er sie reinlassen müsse, weil sie ihren Schlüssel nicht dabeihabe, doch er hatte sie einfach im eiskalten Regen stehen lassen. Bis auf die Knochen nass war sie gewesen. Am nächsten Tag hatte sie mit Fieber im Bett gelegen. Alles, was ihre Mutter dazu gesagt hatte, war: »Harry war völlig außer sich. Er hat stundenlang geweint.«

»Und ich habe stundenlang gefroren.«

»Denk in Zukunft bitte an deinen Schlüssel. So etwas darf nicht noch einmal passieren.«

Die Erinnerung verblasste wieder, und Sarah kehrte mit ihren Gedanken zu Dr. Asperger zurück. Sein Vorgesetzter Dr. Hamburger hatte ihm vertraut, weil er Regeln eingehalten und systemtreu agiert hatte. Aber was war mit Dr. Aspergers christlichen Werten? Wie hatte er als Christ die kleine Herta in den Tod schicken können?

Dann fiel ihr das vierte Gebot ein: Du sollst Vater und Mutter ehren. Hatte Asperger nicht auch eine Regel befolgt, indem er den Wunsch der Mutter an erste Stelle gesetzt hatte?

Blieb immer noch die Frage, warum er nie richtiggestellt hatte, dass Leo Kanner seine Forschungsergebnisse verwendet hatte. War er der Meinung gewesen, dass Anni Weiss und Georg Frankl genauso viel Recht auf die Ergebnisse hatten wie er, da sie an der Forschung beteiligt gewesen waren? Oder hatte sich sein eigenes Konzept von Autismus im Lauf der Jahre so sehr von Leo Kanners wegentwickelt, dass es ihm nicht mehr wichtig erschien?

Sarah schlug alle Bücher wieder zu und steckte Viktorines Tagebuch in ihre Tasche. Sie hatte sich ihre Arbeit zu dem Thema anders vorgestellt. Nie hätte sie erwartet, in einem braunen Sumpf zu landen und bis über die Knie darin zu versinken. Auf einmal beschäftigte sie sich mit den Themen Euthanasie und Zwangssterilisation. Dr. Asperger, der Held ihrer Jugend, der ihrem Bruder den Stempel »Autist« genommen und das Etikett »Hochbegabter« verpasst hatte, war vom Thron gestürzt, den Sarah ihm errichtet hatte.

Nun interessierte sie es nicht mehr, den Nachweis zu erbringen, dass er die Diagnose Autismus als Erster gestellt hatte. Lorna Wings Wunsch, diesem Mann einen Platz in der Medizingeschichte einzuräumen, der ihn unsterblich machte, hatte für Sarah an Relevanz verloren.

Was sie jedoch brennend interessierte, war die Frage, was aus Erich Heizinger geworden war. Was war nach 1943 mit dem Jungen passiert?

FÜRSORGEANSTALT AM SPIEGELGRUND,
WIEN 1943

ERICH

Sie haben mich von Viktorine weggebracht. Ich habe geschrien, bis sie mir einen Prügel zwischen die Zähne geschoben haben, dabei haben sie mir wieder einmal ein Stück von einem Zahn ausgeschlagen. Diesmal von einem Backenzahn. Es tut weh. Aber der Zahn ist nichts gegen die anderen Schmerzen.

Sie haben mich wieder in eine dieser Jacken gesteckt. So wie früher. Die Ärmel sind fest am Rücken zusammengebunden. Ich kann mich nicht bewegen. Der Stoff kratzt auf meiner Haut. Es fühlt sich an wie winzige Glasscherben, die sich in meine Haut bohren. In meinen Fingern ist kein Gefühl mehr, sie sind völlig taub. Ob ich sie jemals wieder bewegen kann? An meiner Schläfe befindet sich eine Platzwunde. Das Blut ist eingetrocknet. Die Haut an der Stelle spannt.

Ich kann das Auge nicht vollständig öffnen. Aber es ist ohnehin besser, nicht zu sehen, was hier vor sich geht. Als sie mich in den Raum geschleppt haben, ist ein Wagen an mir vorbeigefahren. Auf der Ladefläche lagen tote Kinder. Sie waren nackt und dürr.

Sicher schaue ich auch bald so aus. Sie haben mir eine wässrige Suppe mit Gemüse und weichen, fetten Fleischstücken gegeben. Ich konnte sie nicht essen. Ich habe noch nie Fleisch gegessen. Es geht einfach nicht. Das Zeug kommt sofort wieder hoch. Es bleibt nicht in meinem Körper. Mir wird vom Geruch so übel, dass ich speiben muss. Ich esse Nudeln mit Butter. Weiches Brot mit Butter. Erdäpfel mit Butter. Hin und wieder mache ich Viktorine eine Freude, dann esse ich Karotten oder Äpfel. Aber sie schmecken mir nicht. Ich mag das Knacken beim Beißen. Wenn sie mir nichts zu essen geben, werde ich verhungern. Das ist kein schöner Tod. Aber besser, als hier eingesperrt zu sein.

Jedes Mal, wenn die Tür aufgeht, rast mein Herz, und ich fürchte mich. Dr. Jekelius, der Mann, der mich vor Jahren in die nassen Tücher gewickelt hat, ist vorbeigekommen. Er hat auf mich eingeredet, aber ich habe ihn nicht verstanden. Laute Silben, die völlig sinnlos aneinandergereiht waren. Dann hat er mir auf einem Blatt Papier ein Mathematikbeispiel gezeigt. Es war eine einfache Gleichung. Ich habe das Ergebnis sofort im Kopf gehabt. Dort habe ich es behalten. Ich habe die Lösung nicht sagen können. Es ging einfach nicht. Ich habe so große Angst vor dem Mann. Er hat mich angeschrien. Als er gegangen ist, habe ich das Wasser nicht mehr halten können. Die Schwester, die später gekommen ist, hat mich geschlagen und geschimpft, ich sei ein Dreckschwein. Sie wollte, dass ich meinen Urin wegputze. Das konnte ich nicht. Ich habe nur gezittert. Da hat sie mich in die Pfütze gestoßen, und ich bin mit der

Wange darin gelandet. Jetzt riecht alles nach Pisse. Es ist so ekelhaft.

Ich glaube, dass Dr. Jekelius mein Gehirn erforschen will. Die Schwester hat gesagt, dass er meinen Kopf aufschneiden wird. Ob er ihn dann wieder zunäht? Oder legt er mein Gehirn in eines der Gläser? In einem der Räume, durch die sie mich geführt haben, war ein Regal mit ganz vielen Gläsern, und ich glaube, dass Gehirne darin geschwommen sind. Ob es die Gehirne der toten Kinder waren? Das ist der schrecklichste Ort, den es auf dieser Welt gibt.

Warum hat Viktorine zugelassen, dass sie mich hierhergebracht haben? Ist sie böse auf mich, weil ich letzte Woche wieder einen meiner Anfälle gehabt habe? Es lag an den vielen Kindern, die schreiend durch den Gang gelaufen sind. Ich habe den Lärm nicht ertragen. Er ist in meinem Kopf explodiert. Ich habe mich auf den Boden gesetzt und so laut geschrien, bis die anderen still waren. Ich habe mit den Fäusten gegen meine Schläfen getrommelt, um mich selbst zu spüren. Das will ich jetzt auch tun. Aber es geht nicht. Meine Hände sind auf dem Rücken gefesselt. Ich rutsche über den Boden zur Wand. Die kalte Wand gibt mir Sicherheit. Dann fange ich an, mit dem Hinterkopf gegen die Wand zu klopfen. Bei jedem Schlag potenziere ich eine hohe Zahl, ziehe wieder die Wurzel daraus und addiere eine andere Potenz. Mein Herzschlag wird langsamer. Die Jacke wird unwichtig, der kratzige Stoff rückt in die Ferne. Ich werde eins mit den Zahlen in meinem Kopf. Ich verschmelze mit ihnen und vergesse den Rest.

WIEN 1986

SARAH

Das ganze Haus duftete nach köstlichem Essen. Stefan war über die Einladung überrascht gewesen, hatte aber, ohne zu zögern, zugesagt. Als es an der Tür läutete, konnte es nur er sein.

»Machen Sie doch bitte auf. Der junge Mann weiß ja nicht, dass nicht zugesperrt ist«, bat Fräulein Weichsel. Sie stand mit ihrer geblümten Kochschürze in der Küche hinter ihrem Herd. »Und nehmen Sie doch gleich den Brief von der Kommode. Sie haben wieder Post bekommen.«

Sarah eilte zur Tür und öffnete. Auf dem Weg schnappte sie sich die Briefe. Es waren zwei. Einer von ihrer Mutter, einer von Benedict.

Als Stefan sie auf den Mund küsste, fühlte sie sich wie eine Betrügerin. Dieses Gefühl hatte sie nie gehabt, wenn sie sich mit Benedict getroffen hatte, dabei hätte sie viel mehr Grund dazu gehabt, schließlich war er ein verheirateter Mann. Und sie betrog Stefan ja nicht, indem sie einen Brief entgegennahm.

»Guten Abend!« Stefan hatte zwei kleine Blumensträuße mitgebracht. Rote und sonnengelbe Herbstastern. Einen überreichte er Sarah. »Der andere ist für deine Vermieterin.«

Sein Blick fiel auf die Kuverts in ihrer Hand. »Post aus England?«

Sarah errötete und stopfte die Briefe achtlos in die Hosentasche ihrer Jeans. »Nichts Wichtiges.«

Sie konnte an Stefans Gesicht sehen, dass er ihr nicht glaubte. Er wollte etwas sagen, wurde aber von Fräulein Weichsel abgehalten.

»Das Essen ist fertig«, rief die alte Frau.

Sarah vergrub ihre Nase in den Blumen, um Stefan nicht anschauen zu müssen, während sie ihm vorausging.

An der geöffneten Tür zum Esszimmer blieb Stefan stehen. »Hier lang«, sagte Sarah. »Das Zimmer ist nicht in Verwendung.«

»Wie schade, schaut sehr nett aus«, meinte Stefan, während sie weiter zur Küche gingen.

»Schön, dass Sie hier sind«, begrüßte Fräulein Weichsel den Besuch. Sie stellte sich vor und bot Stefan einen Platz am Küchentisch an.

»Vielen Dank für die Einladung. Ich liebe gefüllte Paprika. Meine Oma hat immer welche gemacht.«

Mit seinem charmanten Lächeln wickelte Stefan Fräulein Weichsel um den Finger. Offenbar funktionierte das bei Frauen jeder Altersgruppe. Sarah schmunzelte. Sie holte eine Vase vom Regal, füllte sie mit Wasser und stellte die Blumen hinein. Dann setzte auch sie sich. Der Tisch war längst gedeckt.

Fräulein Weichsel nahm ihre Schürze ab, stellte eine feuerfeste Auflaufform in die Mitte des Tisches und verteilte köstlich duftende Paprikahälften auf den Tellern. Dazu reichte sie Reis.

»Das Rezept stammt von meiner Mutter«, erklärte Fräulein Weichsel. »Sie hat mir das Kochen beigebracht.«

»Fräulein Weichsel ist eine hervorragende Köchin«, schwärmte Sarah. »Seit ich in Wien bin, habe ich bestimmt schon ein paar Kilo zugenommen.«

Stefan zog amüsiert die Augenbrauen hoch und ließ seinen Blick ungläubig über ihren Körper gleiten.

Fräulein Weichsel schüttelte empört den Kopf. »So ein Unfug. Was ihr jungen Leute immer mit eurem Gewicht habt. Seien Sie doch froh, wenn ein paar Kilo an Reserven da sind. Dass man einmal zu wenig zum Essen hat, kann schneller passieren, als Sie glauben.«

Stefan lachte. »Genau das hat meine Oma immer zu meiner Mama und meinen Schwestern gesagt.«

»Du hast Schwestern?«, fragte Sarah.

Stefan hob zwei Finger. »Zwei Schwestern und eine alleinerziehende Mutter.«

»Klingt nach Frauenüberschuss«, bemerkte Sarah lächelnd.

»Ist doch gut«, meinte Fräulein Weichsel. »Männer mit vielen Schwestern wissen, was uns Frauen wichtig ist. Mein Verlobter hatte drei Schwestern.«

Neugierig wandte sich Sarah ihrer Vermieterin zu, die noch nie von einem Verlobten erzählt hatte. Dann fiel ihr das Foto von dem jungen Mann im Esszimmer ein.

»Ich wusste gar nicht, dass Sie verlobt waren«, sagte Sarah.

Fräulein Weichsel lächelte. »Ich weiß ja auch nicht über Ihr Liebesleben Bescheid.«

Sarah errötete.

»Ist das der junge Mann auf dem Foto im Esszimmer?«, fragte Stefan.

»Sie waren im Esszimmer?«

»Wir sind eben vorbeigegangen, und die Tür war geöffnet«, sagte Stefan entschuldigend. »Ich habe eine Schwäche für alte Fotografien.«

»Ja, der Mann auf dem Foto ist mein Verlobter.«

»Was ist aus ihm geworden?«, fragte Sarah.

Fräulein Weichsel antwortete nicht, sondern nahm einen Bissen Paprika, kaute und schluckte. Vorwurfsvoll zeigte sie auf die Teller ihrer Gäste. »Das Essen wird kalt.«

Sarah griff nach dem Besteck. Wie immer schmeckte es köstlich. Als sie längst mit keiner Antwort mehr rechnete, sagte Fräulein Weichsel: »Simon ist tot. Es war uns keine gemeinsame Zukunft vergönnt.«

»Ist er im Krieg gefallen?«

Traurig hob Fräulein Weichsel den Kopf und sah Sarah eindringlich an. »Mein Verlobter hieß Simon Rosenthal.«

Es dauerte eine Weile, bis Sarah begriff.

Stefan reagierte schneller: »Das ist ein jüdischer Name.«

»Sie haben ihn mit seiner ganzen Familie nach Dachau gebracht«, erzählte Fräulein Weichsel. »Keiner von ihnen hat überlebt.«

»Das tut mir so leid«, sagte Sarah leise.

»Mir auch.« Fräulein Weichsels Augen wurden feucht. »Ich habe Simon in der Tanzschule kennengelernt. Seine Eltern hätten niemals zugelassen, dass wir heiraten, weil ich keine Jüdin war. Aber wir hätten es trotzdem getan. Wir haben uns sehr geliebt.«

Sarah schämte sich für die Gedanken über ihre Vermieterin, die sie in den letzten Tagen immer wieder gehabt hatte. Nun war doch alles ganz anders, als sie vermutet hatte.

Nach einer kurzen Pause redete die alte Frau weiter. »In der Reichskristallnacht haben die Nazis Simon, seine Eltern und seine Geschwister festgenommen. Die Villa seiner Familie wurde arisiert.«

»Ist es die Villa, in der wir uns gerade befinden?«, fragte Stefan.

Fräulein Weichsel nickte. »Ich habe um dieses Haus gekämpft wie eine Verrückte. Es gab einen Gauleiter, den ich noch aus Jugendtagen kannte und der damals ein Auge auf mich geworfen hatte. Ein ganz unangenehmer Mensch. Doch irgendwie ist es mir gelungen, ihn zu überzeugen, dass ich in dieser Villa wohnen darf. Nicht meinetwegen, sondern für Simon und seine Familie. Ich war davon überzeugt, dass er wieder zurückkommen würde. Niemals hätte ich gedacht, dass sie ihn umbringen. Wir haben das alle nicht für möglich gehalten. Ich dachte, dass man ihn nach ein paar Wochen oder Monaten wieder freilassen würde. Sobald sich der Wahnsinn legte. Aber sie haben ihn nicht freigelassen. Sie haben ihn getötet.« Ihre Stimme brach, und Tränen rannen über ihre faltigen Wangen. »Alles, was mir geblieben ist, sind die Erinnerungen an Simon und dieses Haus, das immer viel zu groß für mich war. Nach 1945 konnte ich nachweisen, dass ich ein Recht auf das Haus hätte, da ich mit Simon verlobt gewesen bin und es keine lebenden Verwandten der Familie mehr gab.«

Fräulein Weichsel holte den goldenen Halskettenanhänger unter ihrer Bluse hervor. Mit zitternden Fingern öffnete sie das Schmuckstück. »Dieses Foto haben wir drei Wochen vor der Reichskristallnacht machen lassen.« Ohne die Kette abzunehmen, drehte sie den Anhänger in Sarahs Richtung. Sie konnte ein junges Paar erkennen, das voller Zuversicht in die Kamera strahlte.

»Haben Sie nie daran gedacht, das Haus zu verkaufen und völlig neu anzufangen?«, fragte Stefan. »Mit dem Erlös hätten Sie sich eine hübsche moderne Wohnung kaufen können, auf Reisen gehen, sich die Welt anschauen.«

Fräulein Weichsel schüttelte entschieden den Kopf. Sie klappte den Anhänger zu und steckte ihn wieder unter ihre Bluse. »Dieses Haus ist ein Teil von Simon. Solange ich hier wohne, bin ich ihm nah. Ich wollte niemals einen anderen Mann. Ich wollte ein Leben mit ihm.«

Die Worte der alten Frau berührten Sarah. Sie war ihr ganzes Leben lang allein geblieben. Sie lebte in einem Haus, dessen Erhalt sie sich vermutlich nicht leisten konnte. Nur um sich einem Mann nah zu fühlen, der seit über vierzig Jahren tot war.

»Das ist der Grund, warum ich all die hässlichen Geschichten über die Vergangenheit nicht mehr hören möchte. Irgendwann muss Schluss damit sein. Die Nazis sind Geschichte. Sie leben zwar immer noch unter uns, aber ich will nichts mehr mit ihnen zu tun haben.«

»Denken Sie nicht, dass es wichtig ist, die Gräuel nicht zu vergessen? Um den Menschen, denen Unrecht widerfahren ist, endlich gerecht zu werden?«, fragte Stefan.

»Keine Gedenktafel der Welt kann das Unrecht ungeschehen machen. Darüber zu reden bedeutet, die Wunden immer und immer wieder aufzureißen. Ich will, dass sie heilen. Können Sie das nicht verstehen?« Fräulein Weichsel holte ein kariertes Stofftaschentuch aus ihrer Rocktasche. Sie schnäuzte sich laut und wischte über ihre nassen Augen. Dann stand sie auf.

»Jetzt mache ich uns Palatschinken.«

Sarah gingen die Worte ihrer Vermieterin nah. Fräulein Weichsel wünschte sich, dass ihre Wunden heilten, und wollte sich deshalb manchen Themen nicht stellen.

Das kam Sarah in gewisser Weise bekannt vor. Auch sie versuchte, die schmerzhaften Themen in ihrem Leben zu meiden. Sie hatte es ihrem Vater nie verziehen, dass er weggegangen war und sie mit einem behinderten Bruder und einer überforderten Mutter zurückgelassen hatte. Vielleicht hatte sie sich deshalb in eine Beziehung gestürzt, von der sie wusste, dass sie keine Zukunft hatte. Benedict wollte ihr nie mehr geben, und tief in ihrem Inneren wünschte sie sich auch nicht mehr.

Doch jetzt saß Stefan neben ihr. Ein Mann, bei dem ihr Herz schneller schlug, sobald sie in seiner Nähe war. Ein Mann, der sich für sie interessierte und der keine oberflächliche Beziehung haben wollte. Ein Mann, der selbst verletzt worden war und es verdient hatte, dass sie sich ehrlich auf ihn einließ. Doch war Sarah bereit dazu?

»Das sind ja viele Kopien, die du da machst.« Johannes stand neben Sarah vor dem gemeinsamen Büro und beobachtete sie mit vor der Brust verschränkten Armen.

»Hast du nichts Besseres zu tun, als mich beim Kopieren zu beobachten?«

»Ui, da ist heute jemand aber schlecht gelaunt. Läuft es nicht so gut mit dem Herrn Reporter?«

Sarah hatte keine Lust auf Johannes' Sticheleien. Sie hatte gestern Abend die beiden Briefe gelesen. Der ihrer Mutter war wie immer voller Vorwürfe, warum sie weggegangen sei, wo sie doch wisse, dass Harry sie vermisse. In Wirklichkeit war es ihre Mutter, die sie vermisste. Warum konnte sie ihr das nicht einfach sagen? Immer musste Harry für alles herhalten. Er hatte sich in einem Extraschreiben für die Pinguinkarte bedankt. Sachlich und emotionslos wie immer hatte er ihr seinen Alltag in der Computerfirma geschildert, für die er jetzt arbeitete. Er plante auszuziehen, wovon Sarahs Mutter aber nichts wissen wollte. Sie traute ihrem Sohn den Schritt in die Selbstständigkeit nicht zu. Sarah war froh, dass sie in Wien war. Sie wollte sich in diese Auseinandersetzung nicht einmischen. Harrys Therapeutin würde für ihn kämpfen. Das musste reichen.

Und dann war da noch der Brief von Benedict gewesen, der ebenfalls voller Vorwürfe war. Angeblich wusste seine Frau jetzt, dass er eine Affäre hatte. Er schrieb, er werde sie noch diesen Monat verlassen, um mit Sarah ein neues Leben anzufangen. Aber Sarah wollte keine Zukunft mit ihm, sie wollte gar nichts mehr von ihm. Am Vormittag hatte sie probiert, ihn zu erreichen, aber sie war nicht durchgekommen. Benedict sollte einfach akzeptieren, dass sie kein Interesse mehr an ihm hatte. Nicht nur der räumliche Abstand zu ihm hatte ihr die Augen geöffnet – der eigentliche Grund, warum sie nichts mehr von Benedict wissen wollte, hieß Stefan.

Sie drückte auf den Knopf des Kopierers. Es war die letzte Seite von Viktorines Tagebuch.

»Hast du deine Forschungsergebnisse gut geschützt?«, fragte Johannes.

»Vor wem? Hast du etwa vor, dich auf Autismus zu spezialisieren?«

»Unsinn«, schimpfte Johannes. »Du weißt genau, wen ich meine. Pass auf, dass du deine Arbeit und deinen Namen nicht bald in einem schmutzigen Artikel liest. Nach der Wahl am Sonntag werden Themen über Nazis beliebter sein denn je.«

»Was meinst du?«

»Was bekommst du eigentlich von dem Land mit, in dem du gerade lebst?«

Entschuldigend hob Sarah die Schultern. »Am Wochenende hat die Nationalratswahl stattgefunden?«

Sie erinnerte sich, dass Fräulein Weichsel sich hübsch angezogen hatte und zum Wahllokal gegangen war, hatte aber nicht weiter darüber nachgedacht. Im Moment gab es andere Probleme in ihrem Leben.

»Die Sozialisten und die Volkspartei haben Stimmen verloren, und die Freiheitlichen unter Jörg Haider haben einen Erdrutschsieg erreicht und zehn Prozent aller Stimmen bekommen.«

»Das ist der junge, charismatisch aussehende Politiker, von dem du meinst, er wäre ein Rechtspopulist?«

»Er und seine Buberlpartei sind Nazis.«

»Buberlpartei?«

»Weil alle so jung sind.«

»Wie können sie dann Nazis sein?«

»Natürlich keine ehemaligen Täter, aber junge Politiker, die die Gräuel der Nazis leugnen und das Gedankengut der Ewiggestrigen teilen.«

Sarah nahm die Kopien aus dem Fach und formte einen sauberen Stapel, den sie in eine Mappe legte.

»Offenbar gefällt es vielen in Österreich nicht, dass der Mythos vom ersten Opfer Hitlerdeutschlands langsam zu bröckeln beginnt«, bemerkte sie.

Johannes lachte. »Da hast du recht. Du bist ja doch viel informierter, als du vorgibst.«

»Ich bin durchaus interessiert«, verteidigte sich Sarah. »Aber im Moment hadere ich mit meiner Forschungsfrage.«

»Wieso? Ist doch spannend. Oder ist dir Dr. Aspergers Vergangenheit zu braun?«

»Ich weiß nicht, wie braun sie war«, sagte Sarah. »Aber vieles ist seltsam.«

»Was zum Beispiel?«

»Ich habe mir noch mal alle Artikel angesehen, die er nach dem Zweiten Weltkrieg geschrieben hat. In so gut wie keinem davon hat er sich mit Autismus beschäftigt. Lorna Wing will, dass die Diagnose seinen Namen bekommt. Das Asperger-Syndrom. Sie kämpft mit allen Mitteln darum, dass die WHO den Begriff in ihre internationale statistische Klassifikation der Krankheiten und verwandter Gesundheitsprobleme aufnimmt.«

»Und du sollst ihr dabei helfen. Klingt doch gut.«

»Erst 1968 veröffentlichte er wieder etwas zum Thema Autismus. Es war mehr oder weniger eine Abschrift seiner Habilitationsschrift von 1944. Er hat darin bloß die Namen der Fallstudien verändert.«

»Warum hat er das gemacht?«

»Keine Ahnung«, sagte Sarah. »Vielleicht wollte er nicht, dass man die Kinder wiedererkennt.«

»Weil sie am Spiegelgrund gestorben sind?«

Sarah zuckte unter Johannes' Worten zusammen. Sie hatte keinerlei Beweise dafür, aber die Angst, dass es so gewesen sein könnte, war da. Und die nagende Frage kehrte zurück: Was war aus Erich geworden?

»Aspergers Forschungen waren offenbar nur seinem unmittelbaren beruflichen Umfeld bekannt«, berichtete Sarah. »Er publizierte ausschließlich im deutschsprachigen Raum. In den USA und im Rest der westlichen Welt ist Leo Kanners Definition von Autismus bis heute die maßgebliche.«

»Was denn nun? Jetzt kenne ich mich gar nicht mehr aus. Ich dachte, das wäre dieselbe Definition gewesen. Kanner hat ja mit den Forschungen von Weiss und Frankl gearbeitet.«

»Ja, um die Defizite zu erklären, nicht aber die Stärken. Asperger war davon überzeugt, dass Autismus mit besonderen Begabungen der Patienten einhergeht, und hat behauptet, dass jeder Mensch sich ›autistisch verhalten‹ könne. Kanner hingegen beschrieb die hohe geistige Aktivität als psychoseähnlichen Zustand.«

»Ist es nicht egal, wie es genannt wird?«

»Natürlich nicht«, widersprach Sarah. »Die eine Sichtweise ist ressourcenorientiert, die andere defizitorientiert.« Sarah dachte an Harry. Er war schwierig, aber er war kein Mensch mit Psychosen. Patienten mit psychotischen Schüben lebten in geschlossenen Anstalten und wurden mit Medikamenten vollgepumpt.

Johannes schüttelte den Kopf. »Ich verstehe immer noch nicht, wo dein Problem liegt. Du liegst super im Zeitplan, hast lauter Material zusammengetragen, das du auswerten und für deine Doktorarbeit verwenden kannst. Wahrscheinlich reicht es für drei oder vier Arbeiten. Und trotzdem motzt du herum und wirkst unglücklich.«

»Weil ich so gerne verstehen würde, wie jemand, der ein

so menschenfreundliches Bild seiner Patienten zeichnet wie Asperger, gleichzeitig Kinder in den sicheren Tod schicken kann.«

»Hat er das denn?«

Sarah nickte und dachte an die kleine Herta, die vielleicht nur eine von vielen war.

»Kann es nicht sein, dass sich Menschen verändern? Vielleicht hat er seine Fehler eingesehen und ist nach dem Krieg ein neuer, besserer Mensch geworden?«

Sarah dachte über Aspergers Sprache nach. Die Ausdrücke »Gemüt« und »Gemütsarmut« hatte er nach 1945 aus seinem Wortschatz gestrichen. Er hörte auch auf, Kollegen aus der Zeit des Nationalsozialismus wie Paul Schröder oder Hans Heinze zu zitieren.

Aber waren seine Taten deshalb weniger verwerflich? Auch wenn Asperger selbst kein einziges Kind getötet hatte, so hatte er dennoch mit seinen Diagnosen dafür gesorgt, dass das Mordsystem funktionierte. Möglicherweise hatte er Kinder gerettet, aber andere hatte er mit seinen Beurteilungen auch indirekt getötet.

»Ich finde es schwierig, aus unserer heutigen Position ein Urteil über die Menschen zu fällen, die im System gearbeitet haben und sich arrangieren mussten«, sagte Johannes. »Ich habe keine Ahnung, wie ich agiert hätte – ob ich der große Held gewesen wäre oder auch bloß ein stiller Mitläufer.«

»Du hast recht«, entgegnete Sarah. »Ich bin mir auch nicht sicher, wie angebracht ein moralisches Urteil ist.«

»Tatsache ist doch, dass er bloß eine eher untergeordnete Rolle im nationalsozialistischen Kindereuthanasieprogramm gespielt hat«, meinte Johannes.

Sarah antwortete nicht. Was hätte sie darauf auch sagen sollen? Dass sie gehofft hatte, ihrem Helden zu dem Ruhm verhelfen zu können, der ihm zustand, und jetzt erkennen musste, dass der Held gar kein Held war? Johannes würde sie nicht verstehen. Sie steckte die Mappe in ihre Tasche.

»Wirst du dem Institutsleiter sagen, wie viele Kopien du gemacht hast?«, fragte Johannes.

»Willst du, dass ich es ihm sage?«, konterte Sarah.

»Nein, ich habe kein Problem damit, wenn es unser Geheimnis bleibt.« Er grinste schief, und Sarah ergriff förmlich die Flucht.

Gerade hatte sie sich im Büro an den Schreibtisch gesetzt, als das Telefon klingelte.

»Sarah Winter«, meldete sie sich.

»Ah, was für ein Glück, dass ich dich gleich am Apparat habe.«

Es dauerte einen Moment, bis Sarah die Stimme wiedererkannte. Es war Gerald, Stefans Freund, der im Archiv der Klinik Am Spiegelgrund forschte.

»Ich habe da etwas gefunden, was von Bedeutung für dich sein könnte.«

»Was?«

»Es geht um diesen Jungen, der dich so interessiert.«

»Erich Heizinger?«

»Ja.«

»Was ist mit ihm? Weißt du, wie und woran er gestorben ist?«

»Ich bin mir nicht sicher, ob die Unterlagen in die Heilpädagogische Abteilung oder ins Spiegelgrundarchiv gehören. Eigentlich sind es Unterlagen der Alliierten.«

»Der Alliierten?«, fragte Sarah erstaunt.

»Ja, das eine Blatt ist auch auf Englisch, weshalb ich gleich an dich gedacht habe. Offenbar haben die Amerikaner von dem Jungen erfahren. Nach der Befreiung haben sie nach ihm gesucht.«

»War er denn da noch am Leben?«

»Das geht aus den Unterlagen nicht hervor. Komm am besten her, und schau dir die Blätter an. Es handelt sich um zwei Beobachtungsprotokolle, die 1942 von Wien nach Maryland in den USA verschickt wurden, an die Johns Hopkins University. Das andere ist ein Suchauftrag aus dem Jahr 1945.«

»Jemand hat 1942 Beobachtungsprotokolle von Erich Heizinger versendet?«, fragte Sarah. Das klang wie in einem billigen Spionagefilm.

»Es schaut zumindest so aus. Aber vielleicht versteh ich irgendwas nicht richtig. Mein Englisch ist wie gesagt nicht das beste.«

»Bin schon unterwegs«, sagte sie und legte auf. Hastig griff sie nach ihrer Jeansjacke und eilte davon.

Die Fahrt zog sich schier endlos in die Länge. Am liebsten wäre Sarah aus der Straßenbahn gesprungen und hätte den roten Wagen angeschoben, um schneller ans Ziel zu gelangen. Die anderen Fahrgäste schienen sich an den langen Wartephasen bei den Ampeln nicht zu stören. Sie unterhielten sich, lasen Zeitung oder schauten aus dem Fenster.

Endlich fuhr die Straßenbahn in die Station ein und hielt. Sarah sprang hinaus und rannte ungeduldig durch den herbstlich gefärbten Krankenhauspark.

Die Tür zum Pavillon 15 stand offen. Sarah fand Gerald über einen Haufen Unterlagen gebeugt.

»Du warst aber schnell«, sagte er beeindruckt. »Bist du geflogen?«

»Machst du Scherze? Die Fahrt hat eine halbe Ewigkeit gedauert. Wo sind die Unterlagen?«

Er grinste. »Ich wusste, dass sie dich interessieren würden.« Er zeigte aufs andere Ende des Tisches, wo ein dünner Ordner aus braunem Karton lag. Sarah schlug ihn auf. Er enthielt zwei Beobachtungsprotokolle in einer Sarah sehr vertrauten Handschrift. Sie stammte von Viktorine Zak. Hatte sie die Protokolle verschickt, um Erich zu retten? Aber warum hatte man nach dem Krieg nach ihm gesucht? Das passte alles nicht zusammen.

»Und bringt der Ordner Licht in deine Geschichte?«, wollte Gerald wissen.

»Leider nein.«

»Wir haben Erichs Namen übrigens noch ein weiteres Mal gefunden.«

»Mach es bitte nicht so spannend. Wo?«

»Die Antwort wird dir nicht gefallen«, sagte Gerald. »Sein Name steht auf der Liste der Kinder, die im Pavillon 15 untergebracht waren.«

Sarah wurde übel. Sie fühlte sich mittlerweile dem unbekannten Jungen so verbunden, dass sie sich wünschte, er hätte ein friedlicheres Ende als am Spiegelgrund gefunden. »Das heißt, er wurde umgebracht?«

»Das kann man nicht mit Sicherheit sagen«, meinte Gerald. »Aber es ist anzunehmen, dass er zumindest für eine Zeit in diesem Pavillon war.«

»Wie viele Kinder haben den Pavillon lebend verlassen?«, wollte Sarah wissen.

Gerald verzog traurig den Mund. Das reichte als Antwort. Sarah wusste von Stefan, dass keines der Kinder den Tötungspavillon lebend verlassen hatte.

»Und die Amerikaner haben den Jungen nicht gefunden. Sonst wäre das hier vermerkt, oder?« Sarah tippte mit dem Zeigefinger auf den Ordner.

»Ich nehme es an«, antwortete Gerald. »Allerdings darfst du nicht vergessen, dass die Zeit der Befreiung sehr chaotisch war. Unterlagen können durchaus verschwunden sein. Es ist ein Wunder, dass dieses Archiv nicht verwüstet wurde. Offenbar hat sich niemand für die Kinder interessiert.«

»Für eines aber schon«, widersprach Sarah.

»Ja, aber auch das Interesse scheint sich in Grenzen gehalten zu haben.«

»Darf ich mir die Blätter ausleihen?«, fragte Sarah. »Ich werde das Institut wohl um ein paar Kopien ärmer machen müssen.«

Gerald lachte schallend. »O mein Gott. Sind sie bei euch auch so knauserig mit Kopien? Ich dachte, dass nur die Historiker so kurzgehalten werden.«

»Ich glaube, das betrifft alle Institute. Offenbar will man den Studenten und Dozenten durch übertriebene Sparsamkeit das Leben schwer machen.«

»Du meinst, dass System dahintersteckt?«

»Nein, bloß Kurzsichtigkeit und Kleingeist.«

»Oje, ich höre ganz viel Frust in deiner Stimme. Ich fürchte, dass der nichts mit den Kopien zu tun hat.«

»Du hast recht«, gab Sarah zu. »Ich würde so gerne wissen, was aus dem Jungen geworden ist.«

»Wenn ich noch etwas finde, melde ich mich. Versprochen.«

»Vielen Dank.«

Zwei Stunden später traf sie sich mit Stefan vor dem Hauptportal des Stephansdoms in der Innenstadt. Wegen der kühleren Temperaturen trug er eine dünne Wollmütze auf dem Kopf. Er trat von einem Fuß auf den anderen und blies seinen Atem zwischen seine Hände. Offenbar wartete er schon länger auf sie. Sarah warf schuldbewusst einen Blick auf ihre Armbanduhr. Sie war pünktlich. Rasch lief sie auf Stefan zu. Als er sie erblickte, breitete sich ein Lächeln auf seinem Gesicht aus. Sarah spürte, wie Vorfreude sie erfasste. Das Strahlen in seinen Augen galt ausschließlich ihr. Sie teilten eine Verbundenheit, die ihr neu war. Sie gehörte nur ihnen beiden. Stefan begrüßte sie mit einem Kuss. Sarah fühlte sich mit jeder Faser ihres Körpers zu ihm hingezogen. Sie forderte einen weiteren Kuss ein, den er ihr bereitwillig gab. Seine Lippen waren weich und schmeckten nach mehr. Nur ungern löste sich Sarah von ihm.

»Kaffeehaus?« Seine Stimme klang belegt.

Sarah nickte bloß.

Hand in Hand gingen sie über den Graben und den Kohlmarkt Richtung *Café Central*. Hier reihten sich die Geschäfte großer Luxusmarken neben kleine Traditionsbetriebe. Sarah sah weder den Laden, der Knöpfe aus Hirschhorn verkaufte, noch die Auslage der Konditorei, in der schon der Kaiser seinen Schmarrn verspeist und die Kaiserin ihr Veilcheneis bestellt hatte. Alles, was sie wahrnahm, war Stefans Hand. Seine Finger fühlten sich so gut an. Erst als sie in die Herrengasse einbogen, fand Stefan seine Stimme wieder.

»Neue Erkenntnisse?«, fragte er.

»Ja und nein. Ich war eben bei Gerald.«

»Du warst im Spiegelgrundarchiv und hast mir nichts davon erzählt?«

Sarah berichtete ihm von den Unterlagen, auf die Gerald sie aufmerksam gemacht hatte.

»Das ist wirklich interessant«, sagte Stefan.

»Vor allem, wenn man bedenkt, dass der Junge 1943 einfach aus Viktorine Zaks Tagebüchern verschwunden ist. So, als hätte es ihn nie gegeben. Sie erwähnt ihn mit keinem Wort mehr. Auch nicht die Tatsache, dass er zum Spiegelgrund überwiesen wurde. Allerdings scheinen im Tagebuch ein paar Seiten zu fehlen. Auch wenn Viktorine nicht regelmäßig Tagebuch geschrieben hat, kommt mir die Lücke zwischen März 1943 und dem letzten Eintrag 1944 zu groß vor. Und genau dort sind offenbar ein paar Seiten rausgerissen worden.«

»Stimmt, das ist seltsam. Vielleicht hat sie sich auch nur verschrieben und die Seiten dann rausgerissen und weggeworfen«, meinte Stefan. »Denkst du, dass sie die Beobachtungsprotokolle nach Amerika geschickt hat?«

»Dr. Asperger wird es wohl kaum gemacht haben. Und von den anderen Mitarbeitern wissen wir zu wenig.«

»Kann es sein, dass die Protokolle älter sind und gar nicht aus dem Jahr 1942 stammen? Steht darin, wie alt Erich zu dem Zeitpunkt war?«, wollte Stefan wissen.

»Ich habe mir das noch gar nicht so im Detail angesehen«, gab Sarah zu.

Inzwischen hatten sie das *Café Central* erreicht, und Stefan hielt ihr die Tür auf. Der Duft von gerösteten Kaffeebohnen schlug ihnen entgegen. In einer Nische fanden sie die letzten beiden freien Plätze. Stefan nahm Sarah ihre Jacke ab und hängte sie gemeinsam mit seiner eigenen auf einen Garderobenständer. Dann bestellten sie sich zwei Melange.

Sarah nahm den dünnen Ordner aus ihrer Tasche und schlug ihn auf. Vorsichtig zog sie das eine Beobachtungsprotokoll heraus, dessen Papier bereits vergilbt war. Am oberen Rand stand ein Datum mit Stempel: *5th of September 1942*.

Sie reichte das Blatt über den Tisch. Stefan nahm es in Empfang, doch etwas schien ihn zu irritieren. Er hielt es gegen das Fenster. Helles Sonnenlicht fiel auf die alte Schrift.

»Das Protokoll ist älter«, sagte er. »Der Stempel hat ein handschriftliches Datum überdeckt.«

»Wirklich?« Sarah wollte ihm das Papier wieder wegnehmen, aber Stefan hielt es fest, und so musste sie sich über die Tischplatte beugen, um die fragliche Stelle besser zu sehen. Stefan hatte recht. Wie hatte sie die kleinen Schnörkel übersehen können?

»Kannst du das ursprüngliche Datum erkennen?«, fragte sie.

»Nicht mit bloßem Auge«, gab Stefan zu. »Es könnte 1933 sein, vielleicht aber auch 1936 oder 1938. Aber ganz gewiss nicht 1942. Dazu ist die dritte Zahl zu rund.«

»Wenn die Protokolle schon 1934 oder 1937 nach Amerika gelangt sind, kann es sein, dass Anni Weiss oder Georg Frankl sie mitgenommen haben«, meinte Sarah.

»An welcher Universität haben die beiden denn gearbeitet?«

Mit zitternden Fingern holte Sarah ihr Notizbuch aus ihrer Tasche. Sie blätterte es durch. Irgendwo hatte sie sich aufgeschrieben, wohin Anni Weiss und Georg Frankl gegangen waren. Es war die Universität, an der Leo Kanner unterrichtet hatte.

»Hier!« Sie hielt den Finger auf eine Zeile in ihren Aufzeichnungen. »Am Harriet Lane Children's Home der Johns Hopkins University in Maryland.«

»Schaut ganz so aus, als wären Viktorines Aufzeichnungen mit einem der beiden über den Atlantik gelangt. Wäre interessant zu wissen, ob mit ihrem Einverständnis oder ohne.«

»Warum ist der Stempel aus dem Jahr 1942?«, fragte Sarah.

»Darüber können wir nur spekulieren. Aber nehmen wir mal an, jemand befand, dass ein so hochbegabter Junge von Interesse fürs Militär sein könnte oder für den Geheimdienst. Vielleicht wollte man ihn für die Staaten gewinnen. 1942 schickte man die Unterlagen an die zuständige Stelle, und 1945 machte man sich auf die Suche nach ihm.«

»Denkst du, sie haben ihn gefunden?« Sarah hörte selbst, wie hoffnungsvoll sie klang.

»Eher unwahrscheinlich, wenn er schon 1943 aus Viktorines Tagebüchern verschwunden ist. Wahrscheinlich haben die Nazis ihn umgebracht.«

»Aber er wäre doch auch für sie von Nutzen gewesen.«

Stefan verzog den Mund. »Hast du vergessen, wie viele kluge Wissenschaftler sie in den Konzentrationslagern vernichtet haben?«

Die grausamen Bilder von dürren, entstellten Leichen drängten sich in Sarahs Gedanken. Stefan hatte recht. Die Nazis hatten genauso wenig davor zurückgeschreckt, kluge Wissenschaftler umzubringen, wie hochbegabte Künstler, Musiker, Schriftsteller oder Maler. Ein kleiner Junge mit einem außergewöhnlichen Talent für Zahlen war für sie bloß ein weiteres Opfer auf ihrem grausamen Feldzug gegen die Menschlichkeit.

Der Kaffee schmeckte auf einmal bitter.

»Frau Schlögl ist die Einzige, die uns weiterhelfen kann«, meinte Stefan. »Vielleicht ist sie jetzt gesprächsbereiter.«

»Das glaube ich nicht«, sagte Sarah. »Ich werde ihr auf jeden Fall das Tagebuch zurückbringen, ich habe es mir ja kopiert.«

»Heute noch?«

»Das war mein Plan.«

»Magst du hinterher mit zu mir kommen? Ich wohne ganz in der Nähe.« Die Frage sollte beiläufig klingen, doch Sarah war sich sicher, dass er sich schon vor dem Treffen Gedanken dazu gemacht hatte.

Ihr Herz schlug schneller. Stefan hatte nur einmal beiläufig erwähnt, er wohne in einer Einzimmerwohnung, einer sogenannten Garçonnière, doch sie wusste nicht, in welchem Stadtviertel.

Als hätte er ihre Gedanken gelesen, fuhr er fort: »Das Haus, in dem ich wohne, liegt am anderen Ende der Alten Donau. Wir könnten hinspazieren. Dauert halt ein bisserl.«

Sarah überlegte. Nach dem Spaziergang konnte sie immer noch einen Rückzieher machen – oder sich auf Stefan einlassen. Ihr Körper wusste mehr als sie selbst. Er zeigte deutliche Signale.

»Gern!«, sagte sie. »Aber erst besuchen wir Frau Schlögl, ja?«

Stefan küsste sie auf die Nasenspitze. Und obwohl es nur eine kleine, zarte Berührung war, durchfuhr Sarah ein sehnsüchtiges Ziehen.

HEILPÄDAGOGISCHE ABTEILUNG
DER UNIVERSITÄTSKINDERKLINIK, WIEN 1944

VIKTORINE

»Heute Nachmittag ist wieder ein Fliegeralarm angesagt. Sollen wir die Kinder gleich in den Keller bringen?«, will Babette, die neue Aushilfe, wissen. Sie steht neben Viktorine in der Teeküche und sortiert das Besteck in eine Lade.

Alles hat sich im letzten Jahr verändert. Dr. Asperger ist an der Front. Ein Großteil der Kinder wurde in anderen Institutionen untergebracht. Das Personal auf der Station hat man drastisch gekürzt und die Unterrichtseinheiten der Kinder auf ein Minimum reduziert. Es ist fast wieder so wie kurz nach dem Ersten Weltkrieg. Trost- und hoffnungslos. Viktorine versucht, den Alltag für die Kinder so freudvoll wie irgendwie möglich zu gestalten.

»Nein, wir gehen erst, wenn die Alarmsirene angeht«, erwidert sie. »Der Keller macht den Kindern Angst.« Und ihr selbst auch. Aber das fügt sie nicht hinzu. Es ist ein dunkler, enger und feuchter Raum ohne Fenster. Die einzige Glühbirne flackert nur notdürftig und fällt immer wieder ganz aus. Dann sieht man nicht einmal die eigene Hand vor Augen. Die Kinder wimmern, einige schreien vor Angst, sobald das Dröhnen der Kampfflieger ertönt. Das letzte Mal hat Josef sich übergeben. Direkt über Viktorines Schoß. Ein paar Flecken sind immer noch in ihrer Schwesternuniform. Dabei hat sie mit der Bürste und Gallseife nachgebessert, als sie aus der Wäscherei zurückgekommen ist.

»Beim letzten Mal hätten wir es fast nicht geschafft«, erinnert die junge Kollegin. Sie ist mit ihren sechzehn Jahren selbst noch ein Kind, kaum älter als die größeren Patienten. Babette ist fleißig und hilfsbereit, aber sie hat nicht die schnellste Auffassungsgabe. Manchmal muss Viktorine ihr Dinge dreimal erklären, bis sie sie endlich versteht. Immer wieder muss Viktorine selbst Hand anlegen, weil es ihr an Geduld mangelt, die sie lieber für ihre Patienten aufbringt.

»Wir schaffen das schon, keine Sorge.« Gerade als sie ihren Satz zu Ende spricht, gehen die Sirenen an. Ein alles durchdringendes Geräusch, das den drohenden Tod ankündigt.

»Die Diskussion hat sich erübrigt«, sagt sie. »Rasch, Babette, du übernimmst die jüngeren Kinder aus Zimmer vier. Ich kümmere mich um die Älteren aus Zimmer drei.« Unter den Älteren sind drei autistische Psychopathen. Viktorine ist die Einzige, die mit ihnen halbwegs konfliktfrei umgehen kann.

Mittlerweile gibt es fast täglich einen Fliegeralarm. Sie alle sind das Prozedere bereits gewöhnt. Die Kinder scheinen die Gefahr zu erkennen, in der sie sich befinden, aber sie ist Bestandteil ihres Alltags geworden. Vorgestern hat die kleine Marie zu ihr gesagt: »Du brauchst keine Angst haben, Viktorine. Es kann nichts Schlimmeres passieren, außer, dass wir alle sterben.« Die Worte haben Viktorine hart getroffen. Der Tod ist für die Kinder allgegenwärtig. Einige von ihnen fürchten ihn nicht. Er gehört für sie dazu, so wie für andere Kinder der tägliche Nachtisch. Es sind die Erwachsenen, die sich ans Leben klammern und nicht davon trennen wollen.

Als Viktorine in den Schlafraum kommt, sind die meisten Kinder bereits fertig angezogen. Mit großen Augen sehen sie sie erwartungsvoll an.

Ein Laufbursche vom Nebentrakt kommt über den Gang gelaufen. »Heute nicht in den Keller. Wir müssen in den Luftschutzbunker.« Sein Gesicht ist vor Anstrengung gerötet.

»Der ist drei Straßenzüge weit entfernt«, entgegnet Viktorine. Wie soll sie mit den Kindern so schnell dorthin gelangen? Sie haben diese Strecke nie geübt.

»Befehl von oben.« Der Bursche läuft weiter, um auch die anderen zu informieren.

Viktorine schnauft verärgert. Es ist nicht die erste Anordnung, die sie gerne missachten würde. »Dann schlüpft in eure Jacken, es ist kalt draußen!«

Gottfried weint, er verweigert die Jacke.

»Auch gut, dann keine Jacke! Kommt schnell.« Viktorine nimmt zwei der besonders schwierigen Kinder an der Hand. Sie bittet die zwölfjährige Karoline, zwei andere Kinder zu übernehmen. Karoline ist minderintelligent, aber eigentlich kein Fall für die Heilpädagogische Abteilung. Ihre Eltern wollten sie einfach loswerden, denn sie ist das vierzehnte Kind der Familie.

Die anderen folgen der Gruppe anstandslos. Richard will in den Keller abbiegen.

»Nein, heute gehen wir in den Bunker.« Viktorine weiß, dass er mit der Erklärung nichts anfangen kann. Es bleibt keine Zeit für geduldiges Abwarten und Erklären. Der Junge zieht an ihrer Hand und schreit. Zum Glück ist Viktorine stärker. Sie ignoriert seinen Protest und zerrt ihn in die entgegengesetzte Richtung. Es geht um Minuten. Wenn sie zu spät zum Bunker kommen, erwischt sie vielleicht eine Bombe.

Auf der Straße liegen die Trümmer der letzten Tage. Ziegel, Bauschutt, zersplittertes Holz und Glas türmen sich in ungeordneten Haufen. Die Überlebenden kommen mit den Aufräumarbeiten nicht nach. Viktorine steigt über Steine und Splitter. Die kleine Marie stürzt und schlägt sich beide Knie auf, doch Viktorine hat keine Zeit, sie zu trösten oder gar zu verbinden.

»Wir machen das später, Marie. Versprochen. Komm jetzt.« Während sie der Kleinen aufhilft, nutzt Richard die Gelegenheit, um wegzurennen. Viktorine hastet ihm nach und schimpft: »Bleib hier.« Zu ihrer großen Überraschung reagiert Richard und hält an.

Dann widmet sie sich der weinenden Marie. Das Mädchen schnieft und streckt die Arme nach Viktorine aus. Sie will hochgehoben werden. »Das geht nicht, Mariechen. Wir müssen schnell sein. Komm, lauf.« Das Mädchen nickt tapfer und humpelt weinend weiter. »Das ist gut so, gleich sind wir in Sicherheit«, lobt Viktorine.

Sie verschafft sich einen Überblick, sind alle noch da? Wo bleibt Babette? Hektisch dreht sie sich nach allen Seiten. Da entdeckt sie die junge Hilfskrankenschwester. Sie hat bloß vier Kinder dabei. Es sollten fünf sein. Der kleine Gunther fehlt.

»Wo ist Gunther?«, schreit Viktorine ihr über die Straße zu. Der Bunker ist bereits in Sichtweite.

»Er wollte nicht gehen. Ich hab's einfach nicht geschafft, ihn aus dem Gitterbett zu bringen.«

»Du hast ihn auf der Station gelassen?«

»Was hätte ich sonst tun sollen?« Babette ist den Tränen nahe.

»Schon gut«, sagt Viktorine. »Ich hole ihn. Geh du mit dem Rest zum Bunker. Es ist nicht mehr weit.«

Babettes Augen werden groß vor Angst. Sie traut sich die Aufgabe nicht zu.

»Dann lass uns laufen«, fordert Viktorine und drängt die kleinen Schützlinge zu einem höheren Tempo. »Los, Kinder, rasch!«

Von allen Seiten strömen jetzt Menschen zum Schutzbunker. Frauen und Kinder, ein paar Alte sind auch dabei. Viktorine spricht eine der Frauen an. »Können Sie der jungen Schwester helfen, die Kinder in Sicherheit zu bringen? Ich muss noch ein Kind holen.«

»Ja, natürlich.« Die Frau ist um die sechzig, hat graues Haar und ein freundliches Gesicht. Mit einer Selbstverständlichkeit und Ruhe, als hätte sie in ihrem Leben nie etwas anderes getan, fasst sie Marie an der Hand und winkt die anderen Kinder zu sich. Sogar Richard reagiert, wenn auch in gebührendem Abstand.

»Ich hole jetzt Gunther«, sagt Viktorine zu Babette.

»Das wird nicht gehen. Er klammert sich am Gitterbett fest.«

Viktorine macht sich nicht die Mühe, zu antworten, sondern rennt los. Dabei stolpert sie über einen Trümmerhaufen und kann sich erst im letzten Moment an einer ramponierten Litfaßsäule festhalten. Sie rappelt sich auf und taumelt weiter, vorbei am verwaisten Pförtnerhäuschen vor dem Krankenhaus. Mit rasendem Herzen rennt sie zum Eingang. Der Flur ist gespenstisch leer, ein Servierwagen ist umgekippt, Medikamente und Verbandszeug liegen auf dem Fliesenboden. Das Material wird ihnen in den nächsten Tagen fehlen. Viktorine weicht aus und hetzt zum Schlafraum, in dem Gunthers Bett steht.

»Gunther, wo bist du?«

Ein leises Wimmern kommt aus dem Schrank am Ende des Saals. Mit drei großen Schritten ist sie dort, reißt die Tür auf und findet den Vierjährigen, der im untersten Fach kauert. Den Daumen hat er im Mund, die Augen sind fest geschlossen.

»Gunther, wir müssen hier weg. Es wird gefährlich.«

Das Dröhnen herannahender Kampfflieger ist bereits zu vernehmen. Erneut heulen die Sirenen.

Gunther presst die Augen noch fester zu, nimmt den Daumen aus dem Mund und hält sich beide Hände gegen die Ohren. Viktorine kniet nieder, zieht den Jungen mit einem kräftigen Ruck aus dem Schrank. Es bleibt keine Zeit für einfühlsames Reden. Der Junge lässt es geschehen, wehrt sich nicht. Sie hebt ihn hoch und drückt den kleinen, warmen Körper an sich. Das feine, blonde Haar riecht nach Sonne und Sandkasten. Das passt nicht zum Knattern der Flugzeuge, die jetzt direkt über dem AKH sind. Irgendwo explodiert eine Bombe. Der Lärm ist ohrenbetäubend, die Ausläufer der Druckwelle sind bis hierher zu spüren.

Viktorine rennt, so schnell sie kann, mit dem Jungen im Arm zum Ausgang. Schon hat sie das Tor erreicht, wieder vorbei am Pförtnerhäuschen. Genau in dem Moment braust ein Flugzeug mit lautem Getöse dicht über ihr hinweg. Schon glaubt sie, dass sie in Sicherheit ist, als sie die Bombe sieht, die abgeworfen wird. In diesem Augenblick weiß sie, dass es vorbei ist. Wie in Zeitlupe knallt das Geschütz in den vorderen Teil des Verwaltungsgebäudes. Faustgroße Mauerstücke sausen in ihre Richtung. Sie treffen Gunther mit voller Wucht am Hinterkopf. Der Junge ist auf der Stelle tot. Er hat nicht einmal Zeit zu weinen. Im nächsten Moment wird Viktorine getroffen. Zuerst an der Brust, dann am Oberarm. Sie stürzt und landet auf Gunthers kleinem Körper. Er ist warm und weich. Weiteres Mauerwerk schlägt gegen ihren Kopf. Der Tod tritt bei ihr nicht so schnell ein wie bei Gunther. Sie hört weitere Flieger, spürt den Schmerz, der sich mit Verzögerung in ihrem Körper ausbreitet, und weiß, dass ihr Leben hier endet. Seltsamerweise hat sie sich den Tod grausamer vorgestellt. So gern hätte sie sich von Maria verabschiedet. Sie noch einmal umarmt und sich bedankt für alles, was sie für sie getan hat.

Viktorine schließt die Augen mit dem Wunsch, sie eines Tages wiederzusehen. Sie will ihr sagen, dass sie sie liebt und stolz auf sie ist.

WIEN 1986

SARAH

»Hat Ihnen das Tagebuch weitergeholfen?«

»Ja, sehr. Vielen Dank, dass Sie es mir anvertraut haben.«

»Gerne. Wollen Sie auf einen Kaffee hereinkommen?« Maria Schlögl öffnete die Tür ihrer Wohnung ganz weit.

Sarah hatte auf die Einladung gehofft. »Sehr gerne.«

»Heute habe ich aber keinen Gugelhupf.«

»Das macht überhaupt nichts.« Stefan zog eine rosa Verpackung aus seiner Tasche: vier quadratische Päckchen, die zu einem Würfel zusammengeschnürt waren. »Wir haben Mannerschnitten dabei.«

Frau Schlögl lächelte. »Die sind noch genauso gut wie in meiner Kindheit.«

»Und werden es hoffentlich immer bleiben«, sagte Stefan.

Sie folgten der alten Frau in die Küche, wo bereits fertig aufgebrühter Kaffee stand. Als hätte sie mit Besuch gerechnet.

»Ich trinke Kaffee wie andere Menschen Wasser oder Limonade«, erklärte sie und bot ihren Gästen Plätze am Tisch an. Bereitwillig setzten sie sich.

Frau Schlögl öffnete eine der quadratischen Packungen und verteilte die Haselnussschnitten auf einem Teller. Sie schnappte sich eine und biss davon ab.

»Meine Schwester hat die Schnitten auf eine ganz spezielle Weise gegessen«, erzählte sie. »Zuerst hat sie vorsichtig die oberste Waffel abgehoben, dann hat sie mit den Zähnen die Haselnusscreme abgekratzt und dann wieder eine Waffel gegessen, danach die Creme und so weiter.«

Stefan lachte. »Genauso habe ich es als Kind auch immer gemacht. Heute dauert mir das zu lange.« Er steckte die ganze Schnitte auf einmal in den Mund.

»Wir sind hier, weil wir gerne mehr über Erich Heizinger erfahren wollen«, verkündete Sarah.

Augenblicklich verschloss sich Maria Schlögls Gesicht. »Warum interessieren Sie sich so für ihn?«

»Ihre Schwester hat ihn sehr gemocht. Sie hat fast täglich über ihn geschrieben und dann plötzlich nicht mehr. Ab 1943 wird er mit keinem Wort erwähnt. In diesem Jahr wurde er in die Anstalt Am Spiegelgrund überwiesen, aber danach verlieren sich alle Spuren. Es hat mich gewundert, dass Ihre Schwester dieses schlimme Ereignis gar nicht erwähnt. Außerdem habe ich den Eindruck, dass im Tagebuch ein paar Seiten fehlen. Kann das sein?« Sarah suchte die Stelle heraus und zeigte sie Frau Schlögl.

»Keine Ahnung«, sagte die alte Frau. »Vielleicht hat Viki Papier gebraucht und deshalb ein paar Blätter aus dem Tagebuch herausgerissen. Und leider weiß ich auch nicht, was aus Erich geworden ist. Vermutlich ist er am Spiegelgrund ums Leben gekommen.«

Doch Sarah spürte, dass die alte Frau nicht die Wahrheit sagte.

»Kinder wie Erich waren unter den Nazis unerwünscht«, fuhr Frau Schlögl fort. »Sie waren nicht in der Lage, sich in die Gemeinschaft einzufügen, deshalb wollte man sie nicht haben.«

»Erich hätte der Gemeinschaft viel geben können«, wandte Sarah ein.

»Das trifft auf jedes Kind zu«, sagte Maria Schlögl. »Und sei es nur ein Lächeln.«

»So habe ich das nicht gemeint«, entgegnete Sarah. »Ich dachte eher an Erichs besonderes Talent für Zahlen.«

»Den Nazis waren solche besonderen Begabungen egal.«

»Aber Dr. Asperger muss doch Interesse daran gehabt haben, dass Erich geschützt wird, zumal er ihn ja für seine Forschungen beobachtet hat«, sagte Sarah.

»Ich nehme an, er hat seine schützende Hand über ihn gehalten, so lange es ging«, erwiderte Maria Schlögl bitter. »Für seine besonderen Patienten hat er sich schließlich eingesetzt.«

»Für die anderen nicht?«

Frau Schlögl verzog den Mund zu einer Grimasse. »Ich will keine Behauptungen aufstellen, die ich nicht beweisen kann. Viki hat immer erzählt, dass ihm die Autisten im ganz großen Maße am Herzen lagen. Ob das stimmt, weiß ich nicht. Ich habe ja nicht in der Heilpädagogischen Abteilung gearbeitet.«

»Hat Ihre Schwester jemals erwähnt, dass er Kinder in den Tötungspavillon vom Spiegelgrund überstellt hat?«, wollte Stefan wissen.

Ein Schatten legte sich über Frau Schlögls Gesicht. »Das

herauszufinden ist Aufgabe der Historiker. Der Mann hat Karriere in einem mörderischen System gemacht. Dass seine Weste dabei völlig weiß geblieben ist, halte ich für unwahrscheinlich.« Sie nahm einen Schluck Kaffee. »Ganz sicher wollte er nicht, dass Erich zu Schaden kommt, aber mit seinem Einberufungsbefehl im Frühjahr 1943 fiel seine schützende Hand weg. Viki war Krankenschwester. Ihre Stimme war unwichtig.«

»Das heißt also, dass Erich am Spiegelgrund getötet wurde?« Sarah konnte die Worte kaum aussprechen, so schrecklich fand sie die Vorstellung.

»Ich weiß es nicht.«

Es war sinnlos. Frau Schlögl würde nichts über Erichs Schicksal preisgeben. Weil sie es wirklich nicht wusste oder weil es so traurig war, dass sie nicht darüber reden wollte? Aber hatte Frau Schlögl nicht selbst gesagt, dass eine Kultur der Erinnerung etabliert werden müsse?

»Wenn Erich Unrecht widerfahren ist, dann sollte die Welt davon erfahren«, sagte Sarah ernst.

»Warum ist Ihnen der Junge so wichtig?«

Die Erinnerungen an ihren kleinen Bruder verschwammen mit den Beschreibungen der Klinik Am Spiegelgrund, von denen Sarah gelesen hatte – mit Giftspritzen, toten Körpern, weinenden Kindern. Ihr wurde schwindelig. Die Bilder kreisten in ihrem Kopf, immer schneller und schneller. Sie schloss die Augen und beruhigte sich.

Als sie sie wieder öffnete, sagte sie: »Mein Bruder ist Autist. Die Vorstellung, dass Hitlers Helfer ihn kaltblütig umgebracht hätten, nur weil er ist, wie er ist, finde ich unerträglich. Deshalb würde ich gern wissen, was aus Erich geworden ist.«

Für einen Moment schwiegen alle. Sowohl Frau Schlögl als auch Stefan sahen sie betroffen an. Die alte Frau brach die Stille als Erste.

»Das tut mir sehr leid«, sagte sie. »Ich kann gut verstehen, dass Sie mehr über Erichs Schicksal wissen wollen.« Sie machte eine Pause. »Aber ich kann Ihnen wirklich nicht mehr darüber sagen.«

Sarah nickte enttäuscht.

»Was ist denn nach dem Krieg aus Ihrer Schwester geworden?«, fragte Stefan. Er fasste unter dem Tisch nach Sarahs Hand und drückte sie. Die kleine Geste tat gut. Langsam hob Sarah den Kopf und blickte in seine Augen, die Wärme und Zuneigung ausstrahlten.

»Meine Schwester hat den Krieg nicht überlebt«, erzählte Frau Schlögl. »Sie wurde 1944 bei einem Fliegerangriff getötet.« Ihre Stimme wurde ganz leise. Es schien ihr auch nach all den Jahren schwerzufallen, über den Tod ihrer Schwester zu sprechen. »Sie wollte ein Kind von der Station in den Bunker bringen. Dabei hat eine Bombe sie erwischt. Das Kind, ein kleiner Junge namens Gunther, und sie waren auf der Stelle tot.«

Die Schwere, die plötzlich im Raum lag, schien alle zu erdrücken. Weder Sarah noch Stefan fanden passende Worte.

»Ich dachte immer, dass ich die Mutigere von uns beiden sei.« Frau Schlögl wischte sich mit dem Handrücken eine Träne weg. »Wie oft habe ich Viki Vorwürfe gemacht, dass sie gutgläubig und blind sei. Am Tag ihres Todes hat sich das schlagartig geändert. Ich war zwar leichtsinniger, lauter und wütender, aber die Mutigere von uns war Viki. Sie hat im Stillen Widerstand geleistet. Sie hat versucht, die ihr anvertrauten Kinder zu schützen. Ihr Mut hat sie das

Leben gekostet. Ich wünschte, ich hätte es ihr noch sagen können.«

Als sie wieder im Freien standen, setzte die Dämmerung ein. Ein warmer Wind strich über Sarahs Wangen. Wie schnell der Wind in dieser Stadt die Temperaturen wechselte, dachte sie. Doch sie fröstelte trotzdem. Stefans Arm, den er liebevoll und beschützend um ihre Schultern legte, nahm sie dankbar an. Auch er wirkte mitgenommen nach den letzten zwei Stunden.

»Ein Spaziergang wird uns guttun«, schlug er vor.

Sarah ließ sich überreden. Bis auf ein paar Hundebesitzer, die ihre Vierbeiner ausführten, waren sie die einzigen Fußgänger an der Alten Donau. Der aufgehende Mond spiegelte sich auf der unruhigen Wasseroberfläche. Hin und wieder stieg der Geruch von Fisch auf und ließ Erinnerungen an den Sommer wach werden.

»Ich bin froh, dass du deinen Bruder erwähnt hast.«

»Warum?«

»Weil es ehrlich war und ich auf Wahrheit stehe.«

Er hielt an, zog sie zu sich und flüsterte in ihr Ohr: »Und ich steh auf dich.«

Seine dunkelbraunen Augen funkelten im Laternenlicht.

Noch nie hatte Sarah solche Gefühle für einen Mann zugelassen. Warum ausgerechnet bei Stefan? Was hatte sich verändert?

»Woran denkst du?«, wollte er wissen.

»Ich frage mich, ob es leichtsinnig wäre, wenn ich mit dir in deine … wie hast du sie genannt … Garçonnière käme.«

»Denkst du, dass ich über dich herfallen werde?« Er zog amüsiert die Augenbrauen hoch.

»Ich weiß nicht, wie es sich anfühlt, wenn ein Liebespaar aus uns wird.«

»Sind wir das nicht längst?« Er zog sie noch näher an sich und besiegelte seine Aussage mit einem Kuss, der in Sarah jeden Zweifel erstickte.

Eine Stunde später lag sie in Stefans Bett. Sein Körper, seine Berührungen, seine Küsse – alles fühlte sich seltsam vertraut und richtig an. Dabei kannte sie ihn erst seit kurzer Zeit. Stefans Augen waren geschlossen, sein Atem ging regelmäßig und ruhig. Sarah stützte sich auf den Ellbogen und sah ihn an. Seine helle Haut mit den Sommersprossen glänzte im fahlen Mondschein, und Sarah unterdrückte den Wunsch, jedes seiner Lachfältchen an den Augen mit dem Zeigefinger nachzufahren. Sie wollte ihn nicht aufwecken. Doch sein Schlaf war nicht tief, er schien zu spüren, dass sie ihn ansah. Schläfrig öffnete er die Augen, sein Lächeln schickte eine neue Welle der Lust durch ihren Körper. Stefan interpretierte ihren Blick richtig. Er zog sie ganz nah zu sich, und sie liebten sich ein weiteres Mal. So zärtlich und sanft, wie Sarah es nie zuvor erlebt hatte.

Am nächsten Morgen läutete der Wecker erbarmungslos früh. »O mein Gott. Es ist noch mitten in der Nacht«, sagte Sarah gähnend.

»Bleib liegen.« Stefan küsste ihre Stirn. »Ich hab ein Vorstellungsgespräch bei einer der größten Tageszeitungen des Landes. Drück mir ganz fest die Daumen. Wenn ich diesen Job bekomme, ist meine Zukunft gesichert.«

»Das ist heute?« Verschlafen blinzelte Sarah ihn an. Stefan hatte ihr von dem Termin erzählt, aber sie hatte nicht gewusst, wann er stattfinden sollte.

Dafür, dass es sich um ein wichtiges Vorstellungsgespräch handelte, nahm sich Stefan erschreckend wenig Zeit für sein Äußeres. Er schlüpfte in Jeans, T-Shirt und Pullover, fuhr sich mit den Fingern durchs Haar, spritzte sich ein paar Tropfen Wasser ins Gesicht und putzte sich die Zähne. Das war's. Seufzend stellte Sarah fest, dass es gar nicht mehr brauchte. Sie fand, er sah auch so hinreißend aus.

»Ich hab Kaffee, Milch und Fredi-Kekse da, das sind trockene Butterkekse. Bedien dich. Wir sehen oder hören uns später.« Er küsste sie, diesmal auf den Mund. Der Kuss schmeckte nach Zahnpasta und entfachte in ihr den Wunsch nach weiteren Berührungen, doch Stefan löste sich von ihr. »Schmeiß die Tür einfach hinter dir zu.« Er winkte ihr noch einmal zu, dann war er weg.

Sarah drehte sich im Bett um und verkroch sich erneut unter der warmen Decke. Sie roch nach Stefan und nach erfülltem Sex.

In der ganzen Zeit mit Benedict hatte sie sich nie so innig berührt gefühlt wie beim ersten Mal mit Stefan. Zufrieden vergrub sie ihre Nase in seinem Kopfkissen und nickte noch einmal ein. Als sie das nächste Mal aufwachte, war die Sonne vollständig aufgegangen. Auch für sie war es jetzt höchste Zeit, aufzustehen.

Nur widerwillig verließ sie das warme Bett. Sie suchte ihre Kleidung zusammen, die auf dem Boden verstreut war, nachdem Stefan sie gestern Schicht für Schicht ausgezogen hatte. Dann duschte sie schnell und machte sich anschließend auf die Suche nach Kaffee. In einer alten Blechdose mit der Aufschrift »Suchard Kakao« wurde sie fündig. Sie löffelte Kaffeepulver in eine French Press, kochte Wasser und goss auf. Aus der Spüle nahm sie eine Tasse, wusch sie aus, füllte den frischen Kaffee ein und machte es sich damit vor dem winzigen Schreibtisch gemütlich. Sie schob die Zettel, die darauf lagen, zur Seite.

Ihr Blick blieb an einer Überschrift hängen: *Dr. Asperger – ein weiterer Kindermörder vom Spiegelgrund?* Vor Schreck fiel ihr beinahe die Tasse aus der Hand. Sie überflog den Artikel. Er handelte von Erich und Herta und von anderen Kindern, deren Namen sie bisher nicht gehört hatte. Es war ein böser Artikel, in dem Stefan auch über ihre Professorin Lorna Wing herzog.

Die britische Wissenschaftlerin, die selbst eine Tochter mit der Diagnose Autismus hat, will einen Kindermörder posthum zum Helden machen. Eine Diagnose soll nach ihm benannt werden. Würde es nach Wing und ihrer Studentin gehen, würden in Zukunft Tausende Kinder in ihren Befunden den Namen eines Nazihandlangers wiederfinden.

Die Buchstaben verschwommen vor Sarahs Augen. Ihr schlimmster Albtraum war gerade wahr geworden. Sie hatte sich einem Mann geöffnet, und er hatte ihr Vertrauen missbraucht. Johannes' warnende Worte kamen ihr in den Sinn: »Pass auf, dass du deine Forschungsergebnisse und deinen Namen nicht bald in einem schmutzigen Artikel liest.«

Sarah schob den Artikel zur Seite. Es war bloß ein Durchschlag, doch wo war das Original? Hatte Stefan es mitgenommen? War das der Artikel, mit dem er zum Vorstellungsgespräch ging?

Das Dröhnen und Surren in ihren Ohren wurden lauter. Bald würden die Kopfschmerzen hämmernd in ihrem Kopf wüten. Die Lust auf Kaffee war ihr vergangen. Sie stellte die Tasse einfach neben den Artikel auf dem Schreibtisch. Dann nahm sie ihre Tasche, schnappte sich ihre Schuhe und die Jacke, bevor sie enttäuscht die Wohnung verließ.

Sie wollte Stefan nie wieder sehen.

WIEN 1986

MARIA

Nachdem die beiden jungen Menschen gegangen waren, räumte Maria das Geschirr weg. Sie wusch es sorgfältig ab und trocknete es mit dem Geschirrtuch. Von einem Geschirrspüler hielt sie nichts. Wozu hätte sie sich so ein neumodisches Ding zulegen sollen? Sie lebte allein, da brauchte man nicht viel Geschirr. Die paar Teller und Töpfe konnte man gut mit der Hand abwaschen. Damals, als Michael noch am Leben gewesen war, wäre so eine Maschine fein gewesen. Aber da hatte es sie noch nicht gegeben. Oder als Viki bei ihr gewohnt hatte oder als …

Maria wollte den Namen nicht einmal denken. Sie hatte Viki hoch und heilig versprochen, Erichs Geheimnis niemals preiszugeben. Bis jetzt war ihr das auch gelungen. Heute war sie ganz knapp davor gewesen, sich der jungen Frau anzuvertrauen. Im letzten Moment hatte sie sich an ihr Versprechen erinnert. Die Wahrheit war immer noch gefährlich, wenn auch nicht in dem Ausmaß wie damals.

Menschen wie Erich waren der Willkür anderer ausgesetzt, auch als Erwachsene. Egal, wie klug sie waren, egal, zu welchen kognitiven Leistungen sie imstande waren – sie waren auf die Unterstützung anderer angewiesen. Sie brauchten Dolmetscher, die ihnen die Gefühle ihrer Mitmenschen erklärten. Sie waren durchaus fähig zu Empathie und waren keineswegs die gefühlskalten Monster, als die sie in der Literatur gerne beschrieben wurden. Aber sie waren nicht dazu geschaffen, ohne Unterstützung durch diese Welt zu gehen.

Viki hatte das erkannt. Sie war zu früh gestorben, um ihre Beobachtungen mit anderen zu teilen. Dr. Asperger hatte sich auf die Genialität von Kindern wie Erich konzentriert. Das allein war ihm wichtig gewesen. Wäre er imstande gewesen, Erich zu schützen? Maria stellte das trockene Häferl in ihre Kredenz. Sie glaubte, die Antwort mit einem klaren Nein beantworten zu können.

WIEN 1986

SARAH

»Gut, dass Sie da sind. Kommen Sie schnell!« Fräulein Weichsel winkte Sarah mit hektischen Bewegungen zum Telefon.

»Wer ist dran?«, fragte Sarah. Sie fühlte sich immer noch ganz erschlagen.

»Der Mann, der gestern Abend hier war und nach Ihnen gefragt hat. Er war völlig außer sich, als ich ihm gesagt habe, dass Sie nicht da sind.«

Bestimmt war das Johannes, dachte Sarah genervt. Nur widerwillig nahm sie den Hörer entgegen.

Ihre Überraschung hätte nicht größer sein können. Am anderen Ende der Leitung war Benedict.

»Wo bist du?«, fragte sie.

»Ich habe mir ein Zimmer genommen, weil deine Vermieterin sich strikt geweigert hat, mich bei ihr übernachten zu lassen. Wie lächerlich. Das Haus ist riesig.« Benedict klang eingeschnappt.

»Du bist in Wien?«

»Ja, das habe ich dir doch gesagt.«

Sarah fehlten die Worte. Nach Stefans Artikel war Benedicts Überraschungsbesuch das Letzte, was sie jetzt brauchte.

»Es war ausgemacht, dass du nicht kommst.«

»Die Sehnsucht nach dir war zu groß! Freust du dich denn gar nicht? Ich kann es kaum erwarten, dich wiederzusehen. Komm zu mir, Honey.« Er machte eine Pause und fügte ein flehendes »Bitte!« hinzu.

Noch vor wenigen Monaten wäre Sarah auf der Stelle losgelaufen. »Ich habe einen Termin mit meinem Professor«, behauptete sie jetzt. Sie brauchte Zeit, um sich eine Strategie auszudenken, denn eines wusste sie mit Sicherheit: Sie wollte nicht erneut in Benedicts Bett landen. Die Affäre war für eine Weile wichtig und gut gewesen, aber jetzt war es Zeit, dieses Kapitel in ihrem Leben abzuschließen.

»Sag den Termin ab«, forderte Benedict. »Ich bin über den Ärmelkanal geflogen, um dich zu sehen.«

Ich habe dich nicht darum gebeten, dachte Sarah, aber sie war selbst in ihrem Ärger zu höflich, um diese Worte auszusprechen. Stattdessen sagte sie: »Das geht nicht. Wir können uns in einem der schönen Kaffeehäuser treffen. Es gibt eine Menge davon in Wien.«

»In einem Kaffeehaus? Soll das ein Witz sein? Ich will dich für mich allein haben.«

»Um zwei Uhr im *Café Central*«, schlug Sarah vor. »Dort gibt es hervorragenden Apfelstrudel.«

»Ich brauche aber …« Weiter kam er nicht, denn Sarah legte einfach auf.

Was dachte er sich eigentlich? Es war ausgemacht gewesen, dass er nicht nach Wien kam. Sie hatten eine Beziehungspause vereinbart, und er hielt sich einfach nicht daran. Er nahm ihre Wünsche nicht ernst. Bisher war es Sarah egal gewesen, da sie ohnehin keine richtige Beziehung mit ihm hatte haben wollen. In den letzten Tagen hatte sie eine Ahnung bekommen, wie es sich anfühlen könnte, sich auf jemanden einzulassen. Sie hätte es wirklich wagen wollen. Wie naiv sie doch war.

Fräulein Weichsel stand im Türrahmen. »Sie sehen nicht sehr glücklich aus«, sagte sie mitfühlend. »Haben Sie schon gefrühstückt?«

Sarah schüttelte den Kopf.

»Was halten Sie von einem Omelett? Ich habe mir selbst gerade eines gemacht.« Wie immer duftete es aus der Küche.

»Ja, gerne.«

»Mit eingelegten Kirschen oder Schinken und Käse?«

»Bitte süß«, sagte Sarah.

»Eine gute Entscheidung«, meinte Fräulein Weichsel. »Wir streuen ganz viel Staubzucker drauf, der vertreibt jeden Kummer.«

Sarah sah sie ungläubig an, und Fräulein Weichsel zuckte mit den Schultern. »Zumindest für den kurzen Moment, in dem man ihn isst. Und das ist schon mal besser als nix.«

FÜRSORGEANSTALT AM SPIEGELGRUND,
WIEN 1943

ERICH

Dr. Jekelius ist gekommen und hat mir weitere Mathematikaufgaben gestellt. Er hat mich angeschrien. Ich habe kein Wort davon verstanden. Sein Brüllen hat in den Ohren geschmerzt, und es hat sich angefühlt, als würde mein Körper in tausend Teile zerreißen. Der Arzt hat einen Stuhl und einen Tisch bringen lassen. Dort hat er mich hingesetzt und mir die Aufgaben vorgelegt.

Die Zahlen sind meine Vertrauten. Auf sie kann ich mich immer verlassen. Sie schreien mich nicht an, sie sind konstant und berechenbar. Ich habe alle Beispiele gelöst. Das Gefängnis, die weißen Kacheln mit dem grünen Blumenmuster und Jekelius in seinem Arztkittel – alles ist in den Hintergrund getreten und in einem diffusen Nebel verschwommen. Als ich fertig war, stellte ich selbst weitere Aufgaben zusammen. Solange ich den Stift in der Hand halte und Papier habe, ist alles gut. Die Welt der Zahlen ist vorhersehbar. Es gibt keine bösen Überraschungen.

Doch wie aus dem Nichts hat Jekelius mir das Papier aus den Händen gerissen. Wieder hat er mich angebrüllt. Er hat versucht, meinen Kopf zu packen, um ihn mit einem Maßband abzumessen, und ich habe um mich geschlagen, geweint. Da hat Jekelius zugeschlagen. Zuerst mit der flachen Hand, dann hat er nach Hilfe gerufen. Zwei Schwestern sind gekommen. Eine hatte die Spritze dabei. Ich wollte wegrennen, doch sie hielt mich fest. Jekelius hat die Spritze in meinen Oberarm gejagt. Seither kann ich den Arm nicht mehr bewegen. Er ist blau und tut weh.

Aber der Schmerz ist nichts gegen die Übelkeit. Ich habe mich viermal übergeben. Mein Körper zittert, ich friere. Sie haben die Matratze aus dem Bett genommen. Ich kann dort nicht mehr liegen. Aber ich hätte ohnehin nicht die Kraft, ins Bett zu kriechen. Ich liege auf dem eiskalten Fliesenboden. Ständig muss ich würgen, weil mir so schlecht ist, dabei ist mein Magen schon völlig leer. Es kommt nur noch gelbe Flüssigkeit aus mir raus. Neulich beim Mittagessen hat der Junge am Nebentisch von den Speibspritzen gesprochen. Als ich das hörte, habe ich gedacht, er meint das Zeug, das Jekelius mir damals im AKH verabreicht hat. Aber die Spritze hier ist viel schlimmer. Mir ist, als würden alle Eingeweide aus mir herauskommen. Ich bin müde, will nur noch schlafen und nichts mehr spüren. Keinen Schmerz, keine Angst, kein Würgen.

Wenn ich die Augen schließe, sehe ich Viktorines Gesicht vor mir. Sie hat mich im Stich gelassen. Warum? Habe ich sie mit meinem Verhalten verletzt? Einmal hat sie zu mir gesagt: »Erich, du bist anders. Dein Verhalten kann andere Menschen vor den Kopf stoßen und verletzen.« Was habe ich getan? Ich weiß es einfach nicht.

Wieder muss ich würgen. Mir wird schwarz vor Augen, in meinen Ohren surrt es. Die Wände beginnen sich zu drehen. Sie drohen auf mich einzustürzen. Und auf einmal falle ich. Obwohl ich auf dem Boden liege, stürze ich in einen dunklen Abgrund. Immer tiefer. Zuerst wehre ich mich dagegen, doch dann lasse ich es geschehen.

WIEN 1986

SARAH

Benedict hatte sich im *Café Central* ausgerechnet den Tisch ausgesucht, an dem Sarah und Stefan vor Kurzem gesessen haben. Hätte er nicht irgendeinen anderen Platz wählen können?

Er sah hinreißend aus, wie immer. Die Haare grau meliert und leicht verstrubbelt. Ein Cordsakko mit Lederflecken an den Ellbogen, darunter ein hellblaues Hemd. Er las in einem Buch. Seine Lesebrille saß eine Spur zu weit unten auf der Nase, was ihm die Möglichkeit verlieh, jederzeit über den dünnen Metallrand zu schauen. Seine Aufmerksamkeit galt mehr dem Eingang des Kaffeehauses als seiner Lektüre, denn sobald Sarah das Lokal betrat, legte er das Buch weg. Seine hellblauen Augen ruhten jetzt auf ihr. Eine Vertrautheit lag in ihnen, die etwas in Sarah zum Schwingen brachte. Aber lange nicht mehr so intensiv, wie es noch vor ein paar Wochen der Fall gewesen wäre.

Mit weichen Knien ging sie auf ihn zu. Sofort stand er auf, beugte sich zu ihr und wollte sie küssen, doch Sarah wich aus, sodass er nur ihre Wange erwischte. Sein Rasierwasser löste Erinnerungen an heimliche Treffen während der Mittagspause in ihr aus.

»Du schaust gut aus«, sagte er. Sein Blick glitt über ihren Körper. »Hast du zugenommen?«

»Das Essen in Wien ist ausgezeichnet.«

Er lachte. »Ein paar Pfund mehr schaden dir nicht. Aber pass auf, dass du nicht wie ein Hefekloß nach Hause zurückkommst.«

Seine Worte waren als Witz gemeint, aber Sarah fand sie ganz einfach geschmacklos. Hatte er früher ähnlich frauenfeindliche Bemerkungen gemacht, und sie hatte sie nicht wahrgenommen, weil man nur hört und sieht, was man hören und sehen will?

Sarah nahm ihm gegenüber Platz. Sofort streckte er ihr suchend die Hände entgegen, doch sie wollte sie ihm nicht geben.

»Was ist los, Honey? Freust du dich denn gar nicht, mich zu sehen? Ich habe dich wahnsinnig vermisst.« Er lächelte sie gewinnend an. Er war charmant und attraktiv – und er wusste es.

»Hast du dich etwa schon von deiner Frau getrennt?«

Sein Lächeln erstarb. »Du weißt, dass das nicht so einfach ist. Wir haben zwei Kinder und ein Haus mit Schulden. Eine Scheidung wäre mein finanzieller Ruin.«

Sarah verschränkte die Arme vor der Brust und lehnte sich zurück. Der Ober kam und nahm brummend ihre Bestellung entgegen: eine Melange.

»Du kennst meine Situation. Die wird sich in den nächsten Jahren nicht ändern. Aber irgendwann werde ich mich scheiden lassen. Das verspreche ich dir.«

»Das hat in deinem Brief noch ganz anders geklungen.« Es war keineswegs Sarahs Intention, dass Benedict sich ihretwegen von seiner Frau trennte, aber sie wollte auch nicht weiter angelogen werden. Er sollte klipp und klar sagen, dass er mit ihr ins Bett gehen wollte und nicht mehr.

»Da siehst du, wie sehr ich unter deiner Abwesenheit leide. Ich denke nur noch an dich und vergesse sogar meine finanzielle Situation.«

Sarah musste ein zynisches »Du Armer« unterdrücken.

»Komm, gib mir deine Hände. Ich habe dich vermisst und will dich spüren.« Erneut streckte er ihr seine Finger entgegen. Sarah ignorierte sie weiter.

»Ich wollte nicht, dass du nach Wien kommst«, sagte sie ernst.

»Hast du einen anderen?« Er zog seine Hände zurück. Sein Gesicht verfinsterte sich, als hätte er ein Recht auf ihre Treue.

»Darum geht es nicht«, wich Sarah aus. »Wir hatten eine Vereinbarung, und du hast sie gebrochen.«

»Weil ich dachte, dass du dich auch nach mir sehnst und mich sehen willst. Aber da habe ich mich offenbar gehörig geirrt.« Er machte sich nicht einmal die Mühe, seinen verletzten Stolz zu verbergen.

»Was wir uns eine Zeit lang gegeben haben, war in Ordnung«, sagte Sarah versöhnlich. »Du wolltest ein Abenteuer und ich eine Beziehung, die keine Zukunft hat.«

»Du wolltest keine Zukunft mit mir? Warum drängst du dann ständig auf eine Scheidung?« Auch er verschränkte die Arme vor der Brust.

Warum Sarah das tat, wusste sie selbst nicht. Vielleicht war es eine Art Test oder Spiel gewesen, um zu sehen, wie weit er bereit gewesen wäre, zu gehen.

»Die Wochen in Wien haben mir gezeigt, dass jetzt Zeit für eine Veränderung ist«, sagte sie.

»Was soll das heißen? Eine Veränderung?«

»Ich will dich nicht mehr sehen.«

Benedict schüttelte fassungslos den Kopf. »Ich verstehe das alles nicht. Was ist bloß los mit dir? Es muss einen anderen Mann in deinem Leben geben. Eine andere Erklärung habe ich nicht.«

Sarah war die Diskussion leid. Sie wusste, dass sie zu nichts führen würde. Als der Ober mit ihrem Kaffee kam, drückte sie ihm zwanzig Schilling in die Hand, nahm einen Schluck von der heißen Melange, verbrannte sich dabei die Zunge und stand auf. »Leb wohl, Benedict.«

»Du kannst nicht einfach gehen.« Seine Stimme nahm einen aggressiven Unterton an. »Ich bin nur deinetwegen nach Wien geflogen. Denkst du, irgendetwas in dieser verstaubten Stadt interessiert mich?«

»Ach, bei so viel Kultur wirst du bestimmt etwas finden, was dir gefällt«, sagte Sarah ganz ruhig, griff nach ihrer Tasche, drehte sich um und ging Richtung Ausgang. Da sie den Blick gesenkt hielt, hätte sie beinahe den Mann übersehen, der im Foyer stand. Im letzten Moment trat sie einen Schritt zur Seite.

»Ich hätte es besser wissen müssen.« In Stefans Gesicht lag so viel Schmerz, dass sie am liebsten vergessen hätte, was sie am Morgen auf seinem Schreibtisch gesehen hatte. »Eine Frau, die sich mit einem verheirateten Mann einlässt, wird es immer und immer wieder tun.«

»Ich habe doch gar nicht …« Schon wollte Sarah sich verteidigen, was absurd war. Stefan schuldete ihr eine Erklärung und nicht umgekehrt.

»Schon gut.« Er drehte sich um und verließ das Kaffeehaus. Sarah folgte ihm, obwohl sie eigentlich keine Lust hatte, mit ihm zu reden. »Du kannst bei deinem Liebhaber bleiben. Denn das ist er doch, oder? Dieser Literaturprofessor aus England.« Er spuckte die Worte mit so viel Ekel und Enttäuschung aus, dass Sarah förmlich zurückprallte.

»Ja, das war Benedict«, sagte sie. »Ich denke, dass ich dir keinerlei Erklärung schulde.« Mit seinem Artikel hatte er sie betrogen und nicht umgekehrt. »Ich hoffe, dass dein Artikel dir den Ruhm einbringen wird, den du dir erhoffst.« Verärgert drängte sie sich an ihm vorbei und stürmte auf die Straße.

Mit Tränen der Wut in den Augen rannte sie zum Michaelertor, wo eine Gruppe Touristen Richtung Hofburg unterwegs war. Erst am Graben legte sie eine Pause ein, setzte sich auf eine Bank und atmete tief durch. Sie wollte nicht weinen, aber die Tränen liefen ihr einfach über die Wangen. Wie schnell sich alles verändern konnte.

Vielleicht hätte sie doch auf ihre Mutter hören und sich einem anderen Thema widmen sollen. Von einem Tag auf den anderen stand sie vor einem Trümmerhaufen. Ihre eigentliche Forschungsfrage interessierte sie nicht mehr. Sie wollte nicht über einen Mann schreiben, der mit den Nazis kooperiert hatte. Und obendrein war sie von dem Mann, dem sie ihr Herz hätte öffnen wollen, bitter enttäuscht worden. Schlimmer konnte es nicht mehr werden.

WIEN 1986

MARIA

Maria saß am Küchentisch, ihrem Lieblingsplatz. Natürlich hätte sie sich auch aufs Sofa im Wohnzimmer setzen können, aber dort fühlte sie sich nicht so wohl wie in ihrer Küche. Es war das Herzstück ihrer Wohnung. Sie hatte den Ort immer gemocht. Genau wie Michael. Auch er hatte hier gerne gesessen. Manchmal kam es ihr vor, als sähe sie ihn noch vor sich, dabei war es über fünfzig Jahre her, dass sie ihn erschossen hatten. Wenn Maria die Augen schloss und sich konzentrierte, war ihr sogar, als könnte sie sein Rasierwasser noch riechen. Dabei gab es die Marke schon lange nicht mehr.

Vor ihr standen eine Kanne Kaffee und eine Tasse, daneben lagen Viktorines Tagebuch und ein paar lose Blätter. Ihr gemeinsames Geheimnis, das sie beide an den Galgen gebracht hätte, wären sie jemals aufgeflogen. Immer noch wurden Marias Hände feucht, wenn sie sich die Ereignisse ins Gedächtnis rief. Wenn sie Vikis Worte las, raste ihr Herz.

Sie schenkte sich eine Tasse Kaffee ein, goss Milch dazu und rührte drei Löffel Zucker hinein. Sie konnte nicht verstehen, wie die jungen Leute Kaffee ohne Zucker trinken konnten. Maria nahm einen Schluck, dann griff sie nach den losen Blättern. Sie liebte die schönen, geschwungenen Buchstaben ihrer Schwester. Wenn sie die Schrift las, hatte sie das Gefühl, als sei ein Stück von Viki immer noch bei ihr. Was Viki und sie am Morgen des 12. August 1943 getan hatten, war eine Heldentat, auf die sie sehr stolz war.

11. August 1943. Ich kenne nun den Tagesablauf am Spiegelgrund genauso gut wie den in der Universitätskinderklinik. Es war ein außergewöhnlicher Glücksfall, dass ich Dorothea wiederbegegnet bin. Mit ihr habe ich vor bald zwanzig Jahren die Ausbildung zur Krankenschwester gemacht. Dr. Jekelius muss in einer Besprechung erwähnt haben, dass weiteres Personal für den Spiegelgrund gesucht wird, und ich habe Interesse geheuchelt und behauptet, ich wolle mich für eine Stelle dort bewerben.

Dorothea hat mir zuerst widerstrebend, aber dann immer bereitwilliger vom Alltag am Spiegelgrund erzählt. Sie und ihre Kolleginnen unterliegen der Schweigepflicht, was die Vorgänge in der Klinik betrifft. Trotzdem dringen immer mehr Gräuelgeschichten nach außen. Die Menschen ahnen, was sich hinter dem Stacheldrahtzaun abspielt. Ich kann immer noch nicht begreifen, wie Dorothea es schafft, diesen armen Kindern so viel Leid zuzufügen. Sie ist gewiss kein schlechter Mensch. Ich kann es mir nur so erklären,

dass sie beim Betreten der Klinik einen Teil ihrer Gefühle abstreift wie einen Mantel.
Dorothea ist für das Verabreichen der Barbiturate zuständig. Die Kinder bekommen sie in hohen Dosen gespritzt, damit sie lethargisch und müde werden. Wenn sie so schwach sind, dass sie nichts mehr essen und trinken können, verhungern sie elendiglich. Als Todesursache wird »Lungenentzündung« eingetragen. Dorothea ist davon überzeugt, das Richtige zu tun und der Menschheit mit ihrem Handeln einen großen Dienst zu erweisen. »Diese armen Würmchen hätten doch kein schönes Leben«, hat sie gesagt. »Da ist es doch besser, wir helfen ein bisschen nach. Sie liegen bis zum Ende friedlich in ihren Bettchen und schlafen einfach ein.« Über die Dosis der Barbiturate entscheiden die Ärzte. Manche von ihnen untersuchen hinterher die toten Körper der Kinder. Dr. Gross legt Kindergehirne in Flüssigkeiten ein und hält sie so für die Nachwelt fest.
Ich musste mir große Mühe geben, damit Dorothea nicht mitbekam, wie verwerflich ich das alles finde. Aber ich habe nun den genauen Tagesablauf der Klinik. Ich weiß, wer wann wo ist. Wo die »besonderen Fälle« untergebracht sind. Das sind Kinder, die bestraft werden müssen, weil sie unartig waren. Mein Erich gehört zu diesen Kindern. Er ist seit seiner Aufnahme der persönlichen Behandlung durch Dr. Jekelius ausgeliefert. Ich will mir gar nicht ausmalen, was er durchstehen muss. Aber wenn alles gut geht, hat das Martyrium bald ein Ende.

Maria nahm einen weiteren Schluck Kaffee und blätterte um.

13. August 1943. Wir hatten Maria als einfachen Arbeiter verkleidet. Dazu hatten wir ihr Gesicht alt geschminkt, ihr Haar eisgrau gefärbt und unter einer Mütze hochgesteckt. Sie trug ausgebeulte alte Hosen von Michael. Unter der Jacke hatten wir ihr mit einem Polster einen Buckel ausgestopft. Genau wie Gernot einen hat, der Hausmeister, der eigentlich schon viel zu alt für diese Tätigkeit ist.
Sie schob einen Leiterwagen vor sich her. Ich selbst trug meine Schwesterntracht. Wir warteten genau den Moment ab, als der Pförtner von seinem Kollegen abgelöst wurde, der die Tagesschicht übernahm. Es war eine kurze Zeit, in der nicht genau kontrolliert wurde. Die beiden Männer unterhielten sich, erzählten sich irgendwelche privaten Geschichten.
Wir konnten völlig problemlos das Tor passieren. Danach musste alles ganz schnell gehen. Ich bin in den Pavillon 15 gerannt. Fast hatte ich schlechtes Gewissen, dass ich Dorothea den Generalschlüssel aus der Handtasche gestohlen hatte. Sicher würde sie große Schwierigkeiten bekommen. Aber ich wollte den Schlüssel später vor ihrem Spind ablegen. Wenn sie mittags ihren Dienst antrat, würde sie ihn finden und sich denken, dass sie ihn einfach hier verloren hatte.
In allen Stationen fand ein Dienstwechsel statt. Ich konnte unbemerkt mit gesenktem Kopf den Gang entlanglaufen. Am Ende befand sich Erichs Zelle. Was, wenn es die falsche Tür war?, dachte ich. Oder wenn Dr. Jekelius gerade bei ihm war? Ich drückte mein Ohr

gegen die Tür. Nichts war zu hören. Mit klopfendem Herzen sperrte ich auf.
Ein entsetzlicher Gestank nach Erbrochenem und Urin schlug mir entgegen. Ich musste die Luft anhalten. Erich lag leblos auf dem Boden. Mir stockte der Atem. War er tot? Er war nur noch ein Gerippe, kaum mehr als Haut und Knochen. Mit drei Schritten war ich bei ihm. »Erich?«, flüsterte ich. Der Junge hob müde die Augen. Er lebte. »Komm, Erich. Wir müssen gehen. Ich bringe dich hier raus.« Ich habe viel zu schnell geredet und habe schon befürchtet, er bekomme gar nichts von dem mit, was ich ihm sagen wollte. Aber zu meiner großen Überraschung hat er sofort versucht, aufzustehen. Er hat meine Hand genommen und ließ sich von mir berühren. Ich konnte meinen Arm unter seine Achsel schieben. Er wog fast nichts. Im Notfall hätte ich ihn tragen können. »Warte kurz«, sagte ich zu Erich und stieg rasch auf das Bett ohne Matratze. Ich schaute aus dem Fenster. Niemand war da. Ich nahm meinen Mut zusammen und schlug das Fenster mit dem Hammer ein, den ich mitgebracht hatte. Klirrender Lärm durchdrang den Raum. Ich hoffte, dass es niemand gehört hatte. Dann sprang ich vom Bett, er griff Erich unter den Achseln und zog ihn aus der Zelle. Ich habe keine Ahnung, woher der Junge die Kraft nahm, aber er ging überraschend aufrecht. Ich sperrte die Tür wieder ab und eilte mit Erich den Gang entlang. Aus einem der Räume drangen Stimmen. Es wurde gelacht, und jemand sagte, dass er sich auf den freien Tag freue. Wir mussten uns beeilen, bevor das Personal mit der Arbeit begann.

Erich muss meine Anspannung gespürt haben. Er hat sich bemüht, flott zu gehen. Niemals hätte ich gedacht, dass der Junge es so schnell schaffen würde, meinen Aufforderungen zu folgen und sich auf mich einzustellen. Offenbar vertraut er mir.
Wir hasteten am Besprechungsraum vorbei zu einem Seitenausgang. Dort legte ich Dorotheas Schlüssel auf den Boden. Es war keine Zeit mehr für den Spind. Irgendwer würde ihn schon finden, dachte ich. Sie wird Probleme bekommen, aber es geht nicht anders.
Die Tür war offen. Maria wartete auf mich. Wir legten Erich auf den Karren, breiteten eine Decke über ihm aus. Nur eine Hand und ein nacktes Bein ließen wir rausschauen. »Du darfst dich auf keinen Fall bewegen. Hast du verstanden?«, sagte ich langsam und eindringlich, in der Hoffnung, dass Erich mich verstehen würde. Er nickte und wiederholte meine Worte. »Nicht bewegen.«
Sein dürrer Arm schaute gespenstisch aus. Genau wie die Kinderleichen, die ich hier gesehen hatte.
»Du musst den Karren nach hinten schieben, dort sammeln sie die Leichen zum Abtransport«, erklärte ich Maria und zeigte ihr den Seitenausgang. »Lass uns beten, dass er offen ist.«
»Ich glaube nicht an Gott«, meinte Maria. »Aber heute mach ich eine Ausnahme und bete.«
Dann ging sie hinkend weiter. Ich konnte sehen, wie schwer es ihr fiel, nicht schneller zu laufen. Aber sie wollte kein Aufsehen erregen. Während Maria Erich den Hügel hinaufschob, lief ich zum Ausgang. Ich bemühte mich, nicht zum Pförtner zu blicken. Er war

mit seinem Frühstück beschäftigt und hielt mich vermutlich für eine der Krankenschwestern, die gerade Dienstschluss hatten. Als er mir zuwinkte, erwiderte ich den Gruß mit gesenktem Kopf.
Dann rannte ich, so schnell ich konnte, den Hügel außerhalb des Krankenhausgeländes hinauf. Was, wenn das Tor nicht offen ist?, dachte ich. Dorothea hatte gesagt, dass der Pförtner regelmäßig vergisst, es abzuschließen. Immer wieder nutzen ältere Kinder die Lücke im Überwachungsapparat und reißen aus. Meistens werden sie schon nach ein paar Tagen von der Polizei wieder zurückgebracht.
Ich war so nervös, dass ich meine Lippen blutig kaute. Mir war schwindlig vor Angst, als ich um die Ecke bog. Doch dann fiel mir ein Stein vom Herzen. Maria hatte die Arbeiterkleidung abgestreift und sich die Mütze vom Kopf gezogen. Erich hatte sie eine alte Jacke von Michael übergestreift, die dem dürren Jungen viel zu weit war. Er sah erbärmlich aus, hielt sich aber tapfer aufrecht. Ich konnte erahnen, wie viel Kraft ihn das kostete.
Ich rannte ihnen entgegen. Auch wenn ich weiß, dass Erich das nicht ausstehen kann, umarmte ich ihn. Der Junge ließ es geschehen und weinte bitterlich.
»Wir haben keine Zeit«, drängte Maria. »Wir müssen von hier weg, und zwar rasch.«
Ich weiß nicht mehr, wie wir es geschafft haben, Erich zu Maria nach Hause zu bringen. Wegen der heißen Temperaturen waren nur wenige Leute in der Straßenbahn. Wer Zeit hatte und es einrichten konnte, war beim Baden. Mit Sicherheit merkten die Menschen,

dass wir jemanden bei uns hatten, den wir nicht hätten dabeihaben sollen. Aber niemand sagte etwas. Wir hatten Glück. Im Goethehof gelangten wir ungesehen in Marias Wohnung. Kaum dass die Tür hinter uns zu war, ließen wir uns alle drei auf den Boden fallen. Abwechselnd lachten und weinten wir – so laut und hysterisch, dass Maria die Fenster zumachte, aus Angst, jemand könnte uns hören. Ich habe mich in meinem ganzen Leben nicht so erleichtert und glücklich gefühlt.

Maria trank ihren Kaffee aus. Sie hatte diesen Eintrag schon so oft gelesen, und jedes Mal lösten die Worte dieselben intensiven Gefühle in ihr aus. Es war genau so, wie Viki es beschrieben hatte. Sie hatten gelacht und geweint, waren sich um den Hals gefallen und hatten im Kreis getanzt, bis sie vor Erschöpfung auf den Boden gesunken waren. Erst dann hatten sie sich um Erich und seine Verletzungen kümmern können. Für das, was sie auf dem dürren geschundenen Körper fanden, gab es keine Worte. Wie hatte ein Arzt dem Jungen solche Verletzungen beibringen können?

Und dann hatten sie einen Plan geschmiedet, der ebenso gefährlich war wie Erichs Rettung aus der Klinik.

WIEN 1986

SARAH

In den nächsten Tagen kam Sarah sich vor, als gehe sie durch dichten Nebel. Nichts schien zu ihr durchzudringen, es war ein Albtraum. Johannes hatte sie so lange gelöchert, bis Sarah ihm einen Teil ihres persönlichen Dramas erzählt hatte. Zuerst hatte er es sich nicht nehmen lassen, eine böse Bemerkung zu machen. Aber als er sah, wie niedergeschlagen sie war, hatte er rasch eingelenkt. »Bitte verzeih.« Er hatte ihr freundschaftlich auf die Schulter geklopft. »Das wird schon wieder. Ganz bestimmt. Konzentrier dich einfach auf deine Arbeit. Dann bist du abgelenkt.«

Aber auch das war ein Problem. Sarah hatte keine Lust mehr, sich mit Dr. Asperger zu beschäftigen. Es war ihr völlig egal, ob er als Erster die Diagnose definiert hatte und ob Leo Kanner seine Forschungsergebnisse verwendet hatte. Für sie hatte der Wiener Arzt seinen Glanz verloren. Mit dem Material, das sie gesammelt hatte, würde sie eine halbherzige Arbeit schreiben, um ihr Stipendium rechtfertigen zu können. Aber sie brannte längst nicht mehr für das Thema.

Immer wieder drängten sich die Bilder vom Spiegelgrund in ihre Gedanken. Sie sah Kinder wie Harry, die von den Nazis kaltblütig umgebracht wurden. Die Bilder verschwammen. Realität und Fantasie vermischten sich.

Wie hatte es sich für Dr. Asperger angefühlt, Herta in den Tod zu schicken? Welchen Werten hatte er sich verpflichtet gefühlt? Es waren immer dieselben Fragen, die Sarah quälten und auf die sie nie befriedigende Antworten finden würde.

Dabei war es immer noch besser, sich diesen Fragen zu widmen, als an Stefan zu denken. Sie war bereit gewesen, sich zu verlieben. Zum ersten Mal in ihrem Leben hätte sie sich einem Mann geöffnet, doch er hatte dieses Geschenk mit Füßen getreten.

Fräulein Weichsel beobachtete sie mit wachsender Sorge. »Sie sehen nicht gut aus«, sagte sie beim Abendessen.

»Ich fühle mich auch nicht gut.«

»Sie müssen aktiv werden«, sagte die alte Dame. Um Sarah aufzumuntern, servierte sie ihr köstlich duftende Powidltascherl, doch Sarah war auch der Appetit vergangen.

»Das Schlimmste ist, wenn man das Gefühl hat, nichts tun zu können. Wenn man dem Leben hilflos ausgeliefert ist. Mir hat es damals geholfen, um dieses Haus zu kämpfen.« Fräulein Weichsel setzte sich zu Sarah an den Tisch. »Das mag verrückt klingen, denn ein Haus war ja nichts im Vergleich zu dem geliebten Menschen, den ich verloren hatte. Aber es gab mir die Illusion, dass die Nazis nicht alles haben konnten. Dass ich ihnen etwas entgegenzusetzen hatte. Verstehen Sie, was ich meine?«

Das konnte Sarah gut verstehen, doch leider sah sie selbst im Moment kein Ziel, für das es sich lohnte, zu kämpfen.

Obwohl sie keinen Hunger verspürte, aß sie, um ihrer Vermieterin eine Freude zu machen. Später würde sie zur Telefonzelle gehen. Ein Gespräch mit ihrer Mutter war überfällig, bestimmt wartete sie seit Tagen darauf, dass sie sich meldete. Sarah hatte den Anruf hinausgezögert. Ihre Mutter würde ihre Niedergeschlagenheit sofort hören und dann so lange nachbohren, bis Sarah ihr irgendwas erzählte, um sie zu beruhigen. Die Vorstellung war Sarah ein Gräuel. Das Gespräch würde ihr Leben nicht einfacher machen.

Nach dem gemeinsamen Abwasch sagte sie: »Ich gehe noch eine Runde spazieren.«

»Frische Luft tut immer gut«, entgegnete Fräulein Weichsel.

»Bringen Sie mir bitte vorher noch die Zeitung aus dem Postkasten? Ich habe sie heute völlig vergessen, und ich fürchte, die von gestern und vorgestern stecken auch noch drin. Die Nachrichten interessieren mich nicht, aber das Kreuzworträtsel will ich nicht versäumen.«

Sarah schlüpfte in ihre Jacke, wickelte den warmen Wollschal eng um den Hals und machte sich auf den Weg. Der Garten lag im Dunkeln. Es war kalt und roch nach erstem Schnee. Fräulein Weichsel hatte gesagt, dass es in Wien oft schon im November zum ersten Mal schneite.

Sarah ging zum Briefkasten, hob den Deckel und holte die Zeitungen der letzten Tage heraus. Eine Tageszeitung mit hoher Auflage. Es war das Blatt, bei dem Stefan das Vorstellungsgespräch gehabt hatte. Im fahlen Schein der Straßenlaterne, die das Gartentor notdürftig beleuchtete, warf Sarah einen Blick auf die Titelseiten und erstarrte. Rechts oben auf einer der Zeitungen wurde ein Artikel angekündigt: »Ein weiterer Arzt, der am Spiegelgrund getötet und nach dem Krieg unbehelligt weitergearbeitet hat? Die undurchsichtige Rolle von Dr. Asperger.«

Sarah wurde übel. Die süßen Powidltascherl stießen ihr sauer auf. Sollte sie ihn noch einmal lesen? Obwohl sie wusste, dass es ihr nicht guttun würde, blätterte sie in der Zeitung, bis sie beim Artikel angekommen war. Dann lehnte sie sich gegen den Gartenzaun und las den Artikel, der vom »Juniorredakteur« Stefan Wagner stammte.

> *In Fachkreisen gilt Dr. Asperger als der eigentliche Entdecker des Autismus. Bis vor Kurzem war diese Form der Behinderung einem breiteren Publikum kein Begriff. Erst durch eine Freundin habe ich begonnen, mich damit zu beschäftigen. Bei der gemeinsamen Recherche stießen wir auf Dr. Aspergers möglicherweise unrühmliche Vergangenheit. Er war während des Zweiten Weltkriegs Leiter der Heilpädagogischen Abteilung des AKH. Kein leichtes Unterfangen in einer Zeit, in der behinderte Kinder nicht ins System passten. Aber welche Rolle spielte der renommierte Wiener Arzt dabei?*

Das war nicht der Artikel, den Sarah in Stefans Wohnung gelesen hatte. Ganz und gar nicht. Sie überflog den restlichen Text. Stefan warf darin kluge Fragen auf, ohne sie zu beantworten. Insbesondere wies er auf Dr. Aspergers Verdienste hin, was sein Verständnis für Menschen mit Autismus betraf. Mit keinem Wort stellte er ihn als Mörder dar. Letztlich betonte er, dass es die Aufgabe von Historikern sein werde, herauszufinden, welche Rolle Asperger im Zusammenhang mit der Klinik Am Spiegelgrund gespielt habe. Der letzte Satz lautete:

> *Man wird herausfinden müssen, ob der Mann Retter oder Mörder war. Möglicherweise war er beides. Was jetzt schon mit ziemlicher Sicherheit gesagt werden kann: Er war der Entdecker der Diagnose Autismus. Die Beweise dafür liefern Lorna Wing und ihr engagiertes Team, deren Forschungsergebnisse zum Thema hoffentlich bald einem breiteren Publikum zugänglich gemacht werden.*

Sarah ließ das Blatt sinken. Stefan hatte den Artikel komplett umgeschrieben, und zwar schon vor ihrer gemeinsamen Nacht. Sie musste zu ihm. Auf der Stelle. Rasch lief sie ins Haus.

»Ich lege die Zeitungen auf die Kommode!«, rief sie. »Es kann spät werden. Warten Sie nicht auf mich!« Und schon sauste sie los. Sollte sie Stefan anrufen und sich ankündigen? Er hatte sehr verärgert und verletzt gewirkt. Am Telefon ein klärendes Gespräch zu führen erschien ihr nicht sinnvoll. Außerdem hatte er bloß einen Viertelanschluss, der ständig besetzt war. Besser, sie fuhr zu ihm. Wenn er nicht zu Hause war, würde sie im Treppenhaus auf ihn warten.

Wieder fuhr die Straßenbahn im Schneckentempo. Es war kurz nach neun, als sie endlich vor seinem Haus stand. Zum Glück war die Eingangstür noch nicht abgesperrt. Sie lief in den zweiten Stock und klopfte an die Wohnungstür. Ihr Herz raste, ihre Hände waren feucht. Eigentlich rechnete sie nicht damit, dass Stefan zu Hause war. Sicher trieb er sich in irgendeinem Kaffeehaus herum. Umso größer war die Freude, als er öffnete.

»Du?« Auch seine Überraschung war unübersehbar. War da Skepsis, Ablehnung in seinen Augen?

»Darf ich reinkommen?«

Wortlos öffnete er die Tür. Sie konnte sein Rasierwasser riechen, die Wärme spüren, die von seinem Körper ausging. Die Sehnsucht nach seiner Nähe schmerzte.

»Ich habe deinen Artikel gelesen«, platzte sie heraus, kaum dass sie in der Wohnung stand.

»Er ist schon vorgestern erschienen.«

»Fräulein Weichsel hat die Zeitungen nicht aus dem Briefkasten geholt.«

»Aha.« Er verschränkte die Arme vor der Brust und lehnte sich gegen die Wand, wodurch er den Abstand zwischen ihnen vergrößerte.

»Der Artikel ist wirklich gut. Hast du den Job bekommen?«

»Ja.«

»Das ist großartig. Ich freue mich für dich.« Verlegen knetete Sarah ihre Hände.

»Was willst du hier? Was ist mit deinem Literaturprofessor?« Eine Haarsträhne fiel ihm in die Stirn. Er schüttelte sie zur Seite.

»An dem Nachmittag, als wir uns im Kaffeehaus trafen, hatte ich Benedict gerade eröffnet, dass ich ihn nicht wiedersehen werde. Weder in Wien noch in Gloucester.«

Es dauerte einen Moment, bis die Nachricht zu ihm vordrang. Er kniff die Augen zusammen und musterte sie voller Skepsis.

»Ich kann dich nicht zwingen, mir zu glauben«, sagte sie

ernst. »Und ich kann dein Misstrauen verstehen, aber es ist völlig unbegründet. Ich habe Benedict nie von Harry erzählt. Ich habe mich noch nie einem Mann so geöffnet wie dir. Ich habe noch nie eine Nacht erlebt wie …«

Weiter kam sie nicht, denn Stefan trat auf sie zu, nahm sie in den Arm und küsste sie so zärtlich, dass Sarah das Gefühl hatte, an die Decke zu schweben, doch sie tat es nicht, denn Stefan hielt sie fest.

Das Wochenende verbrachten die beiden fast durchgehend im Bett. Nur zum Essen standen sie auf.

Als Sarah sich am Montag Richtung Neustift auf den Weg machte, musste sie Stefan versichern, schon am Abend wieder bei ihm zu sein. Ein Versprechen, das sie nur zu gerne gab.

Sarah hatte Fräulein Weichsel telefonisch Bescheid gegeben, dass sie zwei Nächte nicht bei ihr schlafen werde. Die alte Frau hatte keine Fragen gestellt. Auch jetzt löcherte sie sie nicht, sondern lächelte bloß wissend.

»Sie haben Post bekommen. Das Kuvert liegt auf der Kommode.«

Sarah verdrehte die Augen. Was musste sie noch tun, damit Benedict endlich kapierte, dass sie nichts mehr von ihm wollte?

»Der Brief stammt aus Wien«, fügte Fräulein Weichsel hinzu.

»Aus Wien?« Sarah ging zur Kommode und griff nach dem Umschlag. Der Absender lautete: Maria Schlögl.

Sarah ließ sich im Vorzimmer auf den Stuhl neben der Kommode sinken und riss das Kuvert auf. Es enthielt ein paar lose Tagebuchblätter in der Handschrift, die ihr inzwischen schon so vertraut war, und zwei Briefe. Einer stammte von Frau Schlögl.

Liebes Fräulein Winter,
ich habe sehr lange darüber nachgedacht, ob ich Ihnen diesen Brief schreiben soll. Als ich den Artikel Ihres Freundes gelesen habe, war mir klar, dass Sie die ganze Wahrheit erfahren sollten. Ich bin mir sicher, dass Sie gewissenhaft damit umgehen werden.
Meine Schwester Viki und ich haben Erich 1943 aus den Fängen von Dr. Jekelius befreit. Sie können das in den Tagebuchseiten nachlesen, die ich Ihnen mitschicke. Danach wohnte der Junge gemeinsam mit uns in meiner Wohnung. Sie können sich vorstellen, wie schwer es war, ihn vor den Nachbarn geheim zu halten. Aber irgendwie gelang es uns. Wir gingen mit Erich nachts spazieren, kauften beide Essen ein, damit niemand Verdacht schöpfte, weil wir so viel Nahrungsmittel benötigten, und gaben Erich strikte Anweisungen, dass er die Wohnungstür auf keinen Fall öffnen durfte, wenn wir nicht zu Hause waren. Wir lebten in ständiger Angst. Es war ein Albtraum.
Aber es wurde noch schlimmer. Als die Alliierten Wien befreiten, da war Viki längst nicht mehr bei uns, standen auf einmal zwei Amerikaner vor meiner Tür. Ich weiß nicht, wie sie an meine Adresse gelangt sind. Sie ahnten nicht, dass Erich bei mir war, sie wollten von mir alles über Viki und über Dr. Aspergers Schüler wissen. Ich kann nicht sagen, woher sie von Erich erfahren haben. Aber sie wussten von seinem Ausnahmetalent und wollten ihn finden. Im Archiv vom

Spiegelgrund waren sie auf eine Notiz gestoßen, dass er weggelaufen sei. Sie hatten seine gesamte Akte dabei. Offenbar ist diese Notiz im großen Chaos nach dem Krieg verschwunden. Das ist auch der Grund, weshalb Sie nichts mehr davon im Archiv finden konnten.
Während die Männer bei mir waren, saß Erich die ganze Zeit über in meinem Schlafzimmer. Sie können sich nicht vorstellen, wie groß meine Angst war. Ich wollte den Jungen auf keinen Fall erneut zum Versuchskaninchen werden lassen und behauptete, dass ich keine Ahnung über seinen Verbleib hätte.
Als die Amerikaner weg waren, reagierte ich schnell. Im allgemeinen Durcheinander, bevor die Alliierten Österreich in Zonen einteilten, fuhr ich mit Erich in die Steiermark zu weit entfernten Verwandten. Sie besitzen einen Bergbauernhof in der Nähe von Judenburg. Dort lebt Erich bis heute. Er ist Teil der Familie geworden und führt ein ruhiges Leben. Ich lege diesem Schreiben seinen neuesten Brief bei, damit Sie sehen können, wie zufrieden er ist. Ich bitte Sie inständig, den Jungen, der längst kein Junge mehr ist, sondern ein alter Mann, nicht aufzusuchen. Bitte lassen Sie ihn das Leben führen, das ihn glücklich macht. Er hat es verdient.
Mit lieben Grüßen
Ihre Maria Schlögl

Sarah nahm das zweite Schreiben zur Hand. Es war an Maria Schlögl gerichtet. Die Schrift war klein, jeder Buchstabe akkurat und sauber gezogen. Mit zitternden Fingern entfaltete sie den Briefbogen.

Liebe Maria,
gestern hat die Ziege zwei Zicklein geworfen. Die Katze hat drei Jungen, und eine der Kühe hat ein Kälbchen zur Welt gebracht. So viel neues Leben. Es ist wunderschön. Die größte Freude bereitet mir Maxl, der mir ein ständiger und treuer Begleiter ist. Der Hund ist in die Jahre gekommen, genau wie ich. Anna und Horst sorgen sich um die Zukunft ihres Betriebs. Die Kinder helfen mit, wo sie können, doch keiner will den Hof übernehmen. Aber sie sind alle drei noch jung. Möglicherweise erkennen sie erst in ein paar Jahren, was für ein Schatz dieser Ort ist. Mit Bernhard mache ich täglich die Mathematikaufgaben. Er nennt mich »Lieblingsonkel«.
Jeden Tag bin ich dankbar dafür, dass du mich an diesen Ort gebracht hast. Hier bin ich zu Hause, hier gehöre ich hin. Ich hoffe, dass du genauso zufrieden und glücklich in Wien bist. Anna schickt dir ein großes Paket mit geräucherten Würsten, Käse und der Marmelade, die du so gerne isst. Lass dir alles schmecken.
Ich denke jeden Tag an dich und an Viktorine.
Dein Erich

NACHWORT

Liebe Leserinnen und Leser,

mit diesem Buch habe ich mir einen Traum erfüllt. Als Frühförderin arbeite ich seit Jahren mit Kindern, die die Diagnose ASS (Autismus-Spektrum-Störung) haben. Die Zahl der betroffenen Familien steigt von Jahr zu Jahr kontinuierlich. Und obwohl alle Verantwortlichen wissen, dass es in den nächsten Jahren noch mehr Kinder mit dieser Diagnose geben wird, fehlen passende Therapie- und Kindergartenplätze.

Eigentlich sollte dieser Roman eine Geschichte über die Heilpädagogische Abteilung in Wien in der Zwischenkriegszeit und über die »Entdeckung des Autismus« werden. Aber je tiefer ich in die Recherche eintauchte, umso klarer wurde, dass aus dem ursprünglichen Plan nichts werden würde. Die Geschichte wurde von Tag zu Tag vielschichtiger, und am Ende stellte sich heraus, dass es nicht bloß ein Text über Autismus werden würde, sondern einer, der sich mit der ungeklärten Rolle von Dr. Asperger im Zweiten Weltkrieg beschäftigt, mit der Frage, wie Dr. Aspergers Forschungsergebnisse zu Leo Kanner nach Amerika gelangten und warum sich der Name von Dr. Asperger auch im Archiv der früheren Fürsorgeanstalt Am Spiegelgrund fand. Einer Kinderklinik, die zu den dunkelsten Kapiteln der österreichischen Geschichte gehört.

Sollten Sie zu den Leserinnen und Lesern zählen, die das Nachwort eines Buchs wirklich erst nach der Geschichte lesen, dann werden Sie sich jetzt fragen, was an der Geschichte fiktiv und was real ist. Bis auf wenige Ausnahmen sind alle Figuren historisch belegt: Dr. Jekelius, Dr. Gross, Dr. Hamburger, Viktorine Zak, Anni Weiss, Georg Frankl, Friedrich Zawrel, Christine Berka, Herta Schreiber … Daher zähle ich lieber die Figuren auf, die meiner Fantasie entsprungen sind: Erich, Maria, Fräulein Weichsel, Sarah und Stefan.

Das Grauen, das in der Klinik Am Spiegelgrund geherrscht hat, habe ich vermutlich nicht einmal ansatzweise schildern können. Wer mehr dazu lesen möchte, dem lege ich das Buch *Spiegelgrund* von Johann Gross ans Herz. Ich muss Sie jedoch warnen, denn es ist ein Buch, für das man starke Nerven braucht.

Wer mehr über Dr. Asperger und die Heilpädagogische Abteilung in Wien erfahren möchte, dem empfehle ich das Buch *Aspergers Kinder* von der amerikanischen Historikerin Edith Sheffer. Es diente mir als eine der wichtigsten Quellen für diesen Roman.

Und wer sich jetzt für die Diagnose Autismus-Spektrum-Störung interessiert, dem möchte ich das Buch *Elternleit-*

faden Autismus von Dr. Brita Schirmer als Lesetipp mitgeben.

Erich steht in diesem Buch stellvertretend für Patienten mit Autismus. Das bedeutet nicht, dass alle Kinder mit dieser Diagnose so empfinden wie er. Ganz und gar nicht. Jedes Kind ist einzigartig. Nach fast fünfzehn Jahren Erfahrung in der Arbeit mit betroffenen Familien erscheint es mir fahrlässig, zu sagen: So verhalten sich und so empfinden Kinder mit einer Autismus-Spektrum-Störung. Um ein Kind mit dieser Störung zu verstehen, bedarf es ganz genauer Beobachtungen, viel Geduld und Einfühlungsvermögen. Genau wie Viktorine im Buch sagt: »Wir müssen den Schlüssel zu jedem Kind finden.«

Erst 2002 wurde für die ermordeten Kinder und Jugendlichen am Spiegelgrund ein Ehrengrab am Zentralfriedhof errichtet. Das Areal auf der Baumgartner Höhe kann man immer noch besuchen. Nach wie vor befindet sich auf dem Gelände eine große Klinik. In den Pavillons 15 und 17 sind heute Labore der Firma Lifebrain angesiedelt. Ein Mahnmal erinnert an die getöteten Kinder.

Jetzt bleibt mir nur, mich bei den Menschen zu bedanken, die bei der Entstehung dieses Romans mitgeholfen haben: bei meiner Agentin Franka Zastrow und meiner Lektorin Anne Scharf, die beide an die Geschichte geglaubt haben, von Anfang an. Wie immer hat Anne Scharf die Schwachstellen des Textes rasch erkannt, doch sie kann Kritik so charmant verpacken, dass man sie gerne annimmt. Danke an Annika Krummacher, die den Text in eine lesbare Form gebracht, ganze Kapitel umgestellt und umgearbeitet hat. Ein dicker Kuss geht an meine Töchter Ida und Flora und an meine Freundin Eva. Sie haben die Geschichte Probe gelesen und mich dazu ermutigt, weiterzuschreiben.

Ganz besonders danke ich allen Buchhändlerinnen, Bibliothekaren und natürlich Ihnen, liebe Leserinnen und Leser. Ohne Ihre Treue könnte ich Geschichten wie diese nicht schreiben.

Herzlichst
Ihre Laura Baldini

Ein Leben für die Kinder

Coveränderungen vorbehalten

Laura Baldini

Lehrerin einer neuen Zeit

Maria Montessori –
Die schwerste Entscheidung ihres Lebens traf sie für das Wohl der Kinder

Piper Taschenbuch, 368 Seiten
ISBN 978-3-492-06240-4

Rom, 1896. Die junge Maria Montessori ist erschüttert, als sie den Kindern in der Psychiatrie erstmals begegnet: Gespenstische Stille herrscht in dem nackten Raum, sie blickt in todtraurige Gesichter. Als sie darauf besteht, den Kindern Spielzeug zu geben, erwachen sie aus ihrer Starre. Es ist einer ihrer größten Glücksmomente und der Beginn einer beispiellosen pädagogischen Karriere. Als sie sich jedoch in einen Kollegen verliebt, wird sie vor die schwerste Entscheidung ihres Lebens gestellt.

PIPER

Leseproben, E-Books und mehr unter www.piper.de

Die Frau, die abstrakte Kunst erfand

Coveränderungen vorbehalten

Sofia Lundberg / Alyson Richman / M. J. Rose

Hilma

Roman

Aus dem amerikanischen Englisch von Karin Dufner
Piper, 352 Seiten
ISBN 978-3-492-07139-0

Stockholm 1896: Die Welt gehört den Männern, und die Kunstwelt Stockholms bildet keine Ausnahme. Doch die Malerin Hilma af Klint will radikal neue Wege beschreiten. Jeden Freitagabend trifft Hilma vier Freundinnen, um die Grenzen der Kunst zu sprengen und ihr gelingt etwas Spektakuläres: Sie erfindet die abstrakte Kunst, viele Jahre vor Kandinsky oder Mondrian. Ein Jahrhundert später entdeckt ein Kurator des Guggenheim-Museums ihr Werk und präsentiert es der staunenden Welt.

Leseproben, E-Books und mehr unter **www.piper.de**